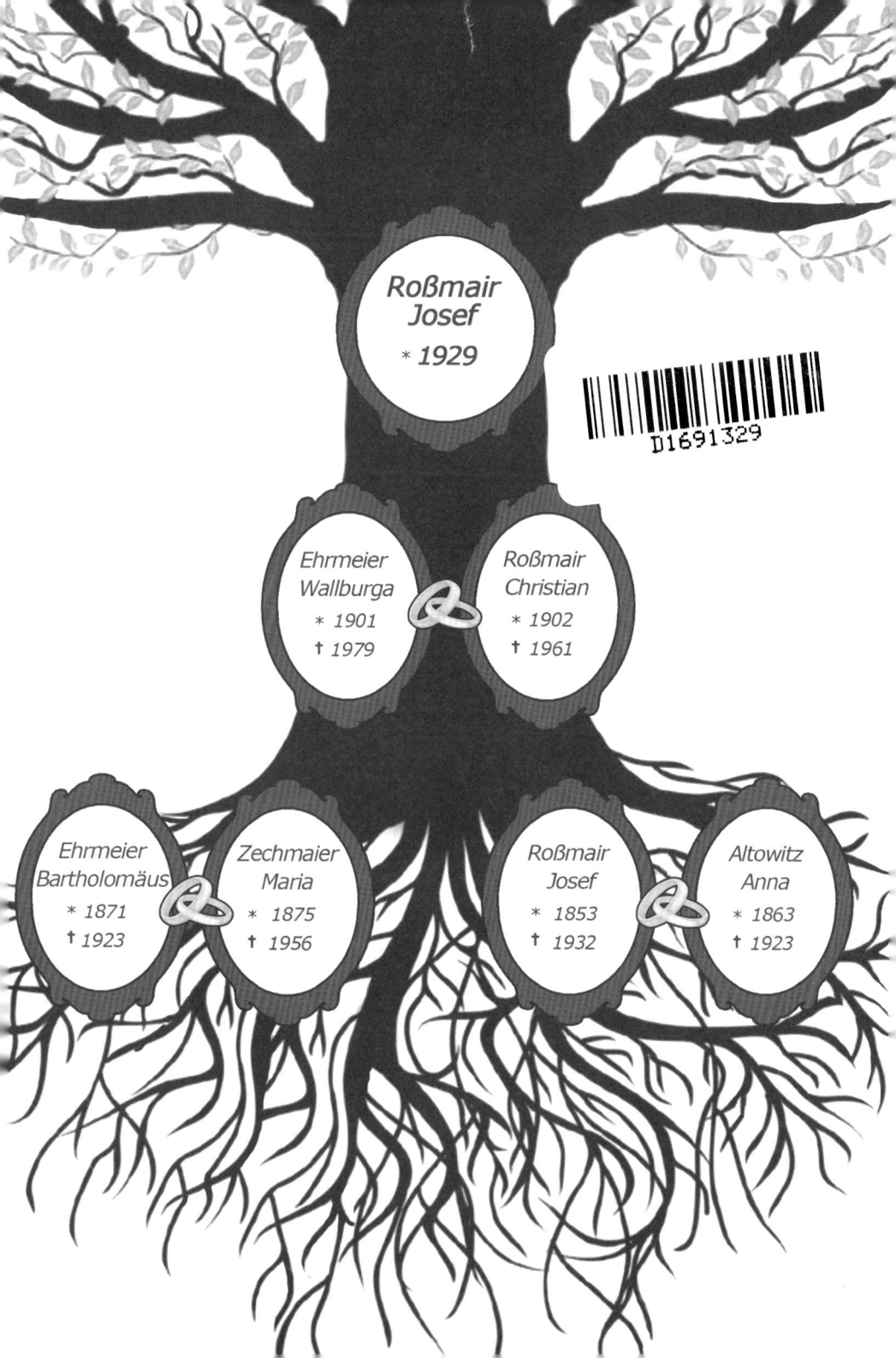

Josef Roßmair

A Massl g'habt

In einem guten Leben

Verlag Rossmair

2. Auflage
© Copyright 2018 – Markus Roßmair
Gedruckt in Deutschland 2016 und 2018
Druck: Rapp-Druck GmbH
Verlag Rossmair
E-Mail:Verlag@Rossmair.eu

ISBN: 978-3-9818073-0-1

Gleich haben wir,
Irmgard und ich, das fesche
Maderl aus dem Osten, aus Dresden,
liebgewonnen und waren glücklich,
als es unsere Schwiegertochter wurde.
Aber das Schicksal hat es anders gefügt.
Dennoch widme ich mein Erinnerungsbuch der Familie Kurzer mit vielen
guten Wünschen für frohe Festtage
und ein gutes Neues Jahr 2019
voller Liebe und in guter
Gesundheit.

Immelberg, 10.12.18

Sepp Rgl

Inhalt

Mensch sein 5
Großeltern Ehrmeier 7
Großeltern Roßmair 10
Meine Eltern 13
Kindheit 18
Haimhausen, Heimat 23
Raucherclub 28
Der Kater vom Kollerbauern 31
Der Maurer als Friseur 33
Bubenstreiche 37
Auf, ins Domgymnasium Freising 40
Wepsensonntag 47
Bauernknecht 50
Morituri – Elendsmarsch – Morituri 53
Weindepot 57
Die vier Verbrecher 60
Zurück im Gymnasium 64
Der Kraklauer 71
Kunstakademie Haimhausen 74
Abitur 80
Berufswahl 83
Studium und Praxis in Schweden 88
Studienfreund Haigl Sepp 91

Diplom-Landwirt sucht Arbeit	93
Eine Goldmarkhypothek	99
Familiengründung	102
Tochter in Amerika	105
Ein freudiges Ereignis	107
Hausbau	110
Chef geworden	115
München ruft an	118
MUC	122
Ottobrunn, die neue Heimat	128
Pfister Sonnen	131
Der Tod, ein ungebetener Gast	136
Seltsame Gäste	143
Neuanfang, zauberhaft	148
Hochzeit geplant	153
Ein Haus im Oberland	160
Dienst- und Lustreisen	165
Tschernobyl	174
Bayerisches Bier	177
Neue Liebe	181
Unruhiger Ruhestand	184
Grundgesetz, Artikel 6	187
Kinder	193
Ausblick	200

Mensch sein

Mehr als sieben Milliarden Menschen gibt es auf der Erde. Ich bin einer davon. Ich fühle mich als etwas Besonderes, weiß aber, daß jeder Mensch einmalig ist. Jeder hat einen besonderen Fingerabdruck, seine eigene unverwechselbare DNA. Jeder ist eine Persönlichkeit, hat eine Seele, seine Empfindungen, seine eigenen Freuden, Kummer und Leiden.

Jetzt bin ich schon deutlich über achtzig Jahre alt, gehe schon auf die neunzig zu und weiß, daß ich voraussichtlich in einem Dutzend Jahren nicht mehr leben werde. Jetzt habe ich noch viel Freude am Leben, habe eine große Familie, alle sind einigermaßen gesund und gehen ihren Weg.

Gerne besinne ich mich auch darauf, wo ich herkomme. Ich habe nur bäuerliche Vorfahren, soweit ich denken kann. Mein Sein ist das Ergebnis von Freuden und Mühen vieler Bauernmenschen.

Jeder von uns hat zwei Eltern, vier Großeltern und acht Urgroßeltern. Wenn ich nur zehn Generationen zurückgehe, dann hab ich schon über zweitausend Vorfahren, genau 1023 Männer und 1023 Frauen, die mich mit geprägt haben. Der eine oder andere hat vielleicht mehr Anteil an meinen ererbten Eigenschaften, aber wohl keiner dieser Ahnen ist ohne Wirkung auf mich geblieben.

Und dennoch fühle ich mich frei. Ich bin allein für mein Tun verantwortlich. Blaues Blut habe ich nicht in mir. Bis zu meinen Großeltern ist von meinen Urahnen nichts verbürgt. Trotzdem denke ich dankbar an die vielen Frauen und Männer, die Anteil an meiner Existenz haben. Das ist ein ganz großes Geheimnis.

Wir haben gelernt, daß die Wiege der Menschheit im zentralen Afrika steht. Dort haben die Urmenschen vor etwa drei Millionen Jahren den aufrechten Gang gelernt. Von Afrika aus hat der Homo sapiens vor etwa 70.000 Jahren die ganze Welt bevölkert.

Die Menschen waren als Jäger und Sammler unterwegs. Sie sind gewandert, seit es sie gibt. Auch Tiere wandern. Sie verändern ihre Standorte, wenn sich ihnen neuer Lebensraum bietet. In unserer Zeit sind das Braunbären, Wölfe, Wildkatzen, Luchse und Biber, die Regionen zurückgewinnen wollen, aus denen sie der Mensch vor Jahrhunderten vertrieben hat.

Mit dem aufrechten Gang hat der Urmensch die Fähigkeit erworben, die Arme und Hände vielseitig zu gebrauchen. So konnte er Werkzeuge und Waffen anfertigen und mit Holzspeeren große Tiere erjagen. In gleicher Weise hat sich allmählich das Volumen des Gehirns immer mehr erweitert.

Mit der Wanderung nach Norden, also nach Nordafrika, den Nahen Osten und nach Europa sind die Menschen immer hellhäutiger geworden. Es haben sich in den verschiedenen Erdteilen Rassen herausgebildet, zum Beispiel die Chinesen, die Inuit in der Polregion, die Malaien, die Indogermanen, in Amerika die Roten Indianer und schließlich die Weißen in Europa.

Erst seit etwa 12.000 Jahren wurden die Menschen Ackerbauern und haben Tiere domestiziert. Zuerst den Hund, dann Schafe, Hühner, Schweine, Rinder und Pferde.

Einige Wenige bei uns sind geneigt, andere Rassen für weniger intelligent zu halten, als wir Weiße es sind. Das ist ein Irrtum, eine dumme Überheblichkeit, die im sogenannten "Dritten Reich" zu einem fatalen Rassenwahn geführt hat. Die Menschen sind im großen Ganzen gleich begabt. In Europa und Nordamerika sind wir Weiße vielleicht besser geschult, aber deshalb sind wir noch lange nicht bessere Menschen.

Manche Menschen denken überhaupt nicht darüber nach, woher sie kommen, glaube ich. Haben sie eine innere Heimat? Sind ihnen ihre Vorfahren gleichgültig? Viele Menschen wissen auch nicht, wohin ihr Weg sie führen soll. Sie leben ihr Leben, sind möglicherweise über lange Strecken zufrieden, vielleicht sogar glücklich. Mir ist das nicht genug. Ich habe mein Leben immer hinterfragt und werde das auch weiterhin tun, bis ich sterbe.

Großeltern Ehrmeier

Beide schauen sie geradeaus. Sie schauen in eine gemeinsame Zukunft. Wir schreiben das Jahr 1900. Das Hochzeitsbild vom 9. Mai 1900 ist wahrscheinlich das einzige Foto-Bild von den beiden. Es hängt heute in meinem kleinen Schlafzimmer in Immelberg. Ich schaue es mir recht oft an.

Der Bräutigam kommt aus Volkenschwand, einem Pfarrdorf in der Holledau, zu Fuß eine Stunde von Mainburg. Die Braut ist in Tegernbach bei Pfaffenhofen an der Ilm aufgewachsen. Sie heißt Maria, ist die Tochter des Peter Zechmaier, meinem Urgroßvater. Wie und wo haben sich meine Großeltern zum ersten Mal getroffen? Wer hat sie zusammengebracht? Die beiden Geburtsorte sind wenigstens sechs bis acht Stunden Fußmarsch voneinander entfernt. Fahrrad oder gar Auto standen noch lange nicht zur Verfügung. Vielleicht waren es Viehhändler oder Schmuser, die zu damaligen Zeiten alle möglichen Geschäfte angebahnt haben, auch Heiraten.

Sie ist eine begehrte Partie, weil sie den gut geführten Hof übernehmen kann. 24 Jahre ist sie alt. Ihre Augen sind hellwach. Bestenfalls hat der Bräutigam sie ein paarmal gesehen, bevor sie sich einander versprachen und dann heirateten.

Ob Bartholomäus Ehrmeier mit dem Gäuwagerl nach Tegernbach kam, ist nicht überliefert, liegt aber nahe. Das Gäuwagerl ist ein kleiner Einspännerwagen, ganz leicht gebaut. Neben zwei Sitzplätzen hat er eine kleine Ladefläche, etwa für zwei, drei Säcke Getreide oder eine Ferkelkiste.

Sicher hat Bartl einen älteren Bruder, der den elterlichen Hof in Volkenschwand übernimmt. Für den Bartl ist es also verlockend, in ein Anwesen, wie man einen mittelgroßen Hof bezeichnet, einzuheiraten. Bartl gilt als ein braver Ehemann. Da bleibt ihm schon nichts anderes übrig. Das Sagen hat nicht er als Einheirater, sondern weiterhin sein Schwiegervater Peter Zechmaier, genannt "Peter Fax".

Der ist bei der Hochzeit seiner Tochter Maria mit dem Bartl erst 58 Jahre alt und noch im "besten Saft". Das hat so mancher junge Bursche im Umland von Tegernbach erfahren oder gar persönlich gespürt. Peter Zechmaier ist ein großer Kerl von wenigstens 1,90 Meter und deshalb als junger Soldat beim königlichen Garderegiment in München eingezogen worden. Er kann es sich leisten, gutmütig zu sein. Schon seine Präsenz verschafft ihm einen ganz natürlichen Respekt.

Bei den Gastwirten ist der "Peter Fax" immer noch sehr beliebt. Bei Raufereien, dem damaligen "Sport" der jungen Männer auf dem Lande, wird er oft vom Wirt zu Hilfe gerufen. Ja, er kann angeblich in einer Viertelstunde einen Tanzsaal räumen, indem er die Raufbolde beim Kragen packt und zum Fenster oder zur Tür hinauswirft.

Buchtipp

A Mass g'habt
In einem guten Leben

Josef Roßmair
A Mass g'habt
In einem guten Leben

Anschaulich schildert der Autor Josef Roßmair seine ganz persönlichen Erlebnisse während der Kriegs- und Nachkriegszeit in seinem biografischen Werk. Er erzählt von heiteren Lausbubenstreichen, von den Eindrücken, die den heranwachsende Rosse beim Elendszug nach Dachau tief bewegten, und auch von seinem jungen Familienglück, das jäh ein Ende fand. Wie er die Hürden seines Lebens meisterte und letztendlich resümiert, er habe schlicht und einfach "A Mass' g'habt" können Sie in diesem unterhaltsamen Buch lesen.

Josef Roßmair, oder Rosse, wie er schon als kleiner Seminarist genannt wurde, ist 1929 in der Holledau geboren. Aufgewachsen ist er in eher ärmlichen Verhältnissen auf einem Hintergut in Ottershausen im Dachauer Land. Er hat viele Höhen und Tiefen der Kriegs- und Nachkriegszeit erlebt und wurde schließlich ein Bauer ohne Hof. Auf der Suche nach Gerechtigkeit für sich und andere, lebt er heute umgeben von Enkeln in einem kleinen Bauerndorf im bayerischen Oberland. An Gott glaubt er wie ein Blinder an die Sonne.

Rosse, wie er schon als kleiner Seminarist genannt wurde, ist 1929 in der Holledau geboren, aufgewachsen ist er in ärmlichen Verhältnissen auf einem Hintergut in Ottershausen im Dachauer Land. Er hat viele Höhen und Tiefen der Kriegs- und Nachkriegszeit erlebt, begleitete KZ-Häftlinge eine kurze Strecke auf ihrem Elendsmarsch von Flossenbürg nach Dachau. Er wurde schließlich ein Bauer ohne Hof. Rosse ist ein Familienmensch auf der Suche nach Gerechtigkeit für sich und andere. Heute lebt er umgeben von Enkeln in einem kleinen Bauerndorf im bayerischen Oberland. An Gott glaubt er wie ein Blinder an die Sonne. Es ist spannend, seinen Spuren im letzten Jahrhundert zu folgen.

Wir freuen uns auf Ihre Rezension

HIER erhältlich Buchpreis: 17,95 €
Überschuß geht an SOS Kinderdörfer !!

Auch bei Amazon erhältlich in gebundener Fassung - ISBN: 978-3-981807 3-0-1
oder als eBook - ISBN: 978-3-981807 3-1-8 (eBook Preis: 2,99 €)

© Copyright 2018 – Markus Roßmair | Verlag Rossmair | E-Mail: Verlag@Rossmair.eu

A Massl g'habt
In einem guten Leben

Josef Roßmair

Ein kleiner Watzung

Peter Zechmaier hat seinen Schwiegersohn Bartl Ehrmeier um einiges überlebt. Bartl starb 1923 im Alter von nur 52 Jahren, "Peter Fax" dagegen erreichte für die damalige Zeit ein schier biblisches Alter, er starb 1932, fast 90 Jahre alt.

Das Brautbild vom Ehepaar Bartl und Maria in meiner Schlafkammer zeigt die Nüchternheit einer guten Ehe. Die beiden lachen nicht, sie schauen sich nicht verliebt an. Aber das Bild strahlt Vertrauen, Zuversicht und Verlässlichkeit aus, ein Fundament für eine glückliche Ehe und Familie.

Die Ehe von Bartl und Maria Ehrmeier ist mit acht gesunden Kindern gesegnet. Das erste ist eine Tochter, sie heißt Walburga, sie ist meine Mutter geworden. Dann kommen die Geschwister Anton, Maria, Bartl, Ulla, Resl, Josef und Rosa. Meine Großmutter habe ich noch kennenlernen dürfen. Sie starb im Herbst 1956 im Alter von 81 Jahren. In diesem Jahr 1956 ist mein erster Sohn Paul Scharl geboren worden.

Eigentlich muß ich meiner Großmutter posthum besonders danken, denn sie hat meine Kindheit vor dem Armenhaus bewahrt. Das hat sie dadurch bewirkt, daß sie vier Jahre nach der Hochzeit meiner Mutter das Heiratsgut nochmal um 3.000 Mark aufgestockt hat. Erst mit diesem Nachschuss konnten meine gescheiterten Eltern sich auf ein kleines Anwesen retten und Bauern bleiben. Ich danke meinen Großeltern, daß ich in ihrer Spur leben darf.

Großeltern Roßmair

Bachappen ist ein kleiner Weiler in der Holledau. Das Pfarrdorf heißt Affalterbach. Von Bachappen nach Pfaffenhofen läuft man zu Fuß eine knappe Stunde, nach Tegernbach über Ehrenberg etwa eineinhalb Stunden. In Bachappen gibt es um die Jahrhundertwende (1900) zwei Bauern mit dem Nachnamen Roßmair. Der Hofname heißt bei dem einen "Zeilmeier" und beim anderen "Gruber". Offenbar hat früher ein junger Zeilmeiersohn beim Gruber eingeheiratet. Noch heute gibt es in Bachappen einen Hopfenbauern Roßmeier. 2015 wurde eine Bauerntochter namens Anna Roßmeier beim jährlichen Hopfenfest in Wolnzach zur "Hopfenkönigin" gekürt. Man wird nicht mir nix dir nix zur Hopfenkönigin gewählt, wenn die Familie des Hopfenbauern nicht hoch angesehen ist.

Den zweiten Roßmair gibt es seit 1930 in Bachappen nicht mehr. Die Großbauernfamilie "beim Zeilmeier" mußte 1930 in Schimpf und Schande wegziehen. Diese traurige Geschichte betrifft meine Elternfamilie Christian und Walburga Roßmair, geborene Ehrmeier. Voller Gram und stiller Trauer will ich darüber berichten.

Meine Großeltern Josef Roßmair und Anna Altowitz heiraten im Oktober 1885, er ist 32 und sie 22 Jahre alt. 1890 endlich wird ihnen als erstes Kind die Tochter Kreszenz geboren. Sie heiratet 1909 im noch jugendlichen Alter von 18 Jahren den Bauern Josef Schober "beim Froschmeier".

1902 kommt dann mein Vater Christian in Bachappen auf die Welt. Endlich ist der Hoferbe da. Meine Großmutter ist da schon knapp 40 Jahre alt.

Als seine Schwester Kreszenz 1909 wegheiratet, ist mein Vater erst sieben Jahre alt. Ob Kreszenz zur Einheirat "beim Froschmeier" viel Geld mitbekommen hat, habe ich nie erfahren. Wurden anläßlich ihrer Heirat schon Schulden gemacht?

Auf dem Zeilmeierhof dreht sich alles um den lange ersehnten, wahrscheinlich gar nicht mehr erwarteten Sohn und Hoferben. Man gibt ihm den Namen Christian, der vorher in der Verwandtschaft nicht gebräuchlich ist. Vielleicht hat der Taufpfarrer den besonderen Namen vorgeschlagen. "Beim Zeilmeier" wird ganz bestimmt lange und ausgiebig gefeiert. Ein Bierfassl steht immer angezapft im Keller. Großvater Josef fährt regelmäßig am Irda (Dienstag) mit dem Gäuwagerl zum Müllerbräu nach Pfaffenhofen und lässt im Kreise seiner Großbauernfreunde sich und seinen Hoferben feiern.

Seit 30 Jahren herrscht Friede in Europa. Der Franzosenkrieg 1870/71 ist als Fußnote der Geschichte schon fast vergessen. Bayern ist ein Königreich, wenn auch von Berlin aus etwas gesteuert. Der leutselige Prinzregent Luitpold regiert das Land mit sicherer Hand. Der König selbst ist geisteskrank, umnachtet, wie man so sagt. Den Bauern geht es gut! In Oberbayern und Niederbayern sind die Bauern im Wesentlichen seit 1818 frei, dem Landadel oder der Kirche bzw. den Klöstern nicht mehr hörig. Vor allem den Hopfenbauern geht es gut. Das "grüne Gold" wird hauptsächlich nach Amerika verkauft, wo der Bierkonsum ständig anschwillt.

Der Deutsche Kaiser Wilhelm II. platzt schier vor nationaler Stärke und Kraftmeierei. Er rüstet vor allem die Flotte auf, um es den Engländern, seinen Verwandten auf der Insel, irgendwann zu zeigen. An der Nordseeküste entsteht der Tiefsee- und Kriegsmarinehafen Wilhelmshaven.

Bei der Landbevölkerung spielt die Politik keine große Rolle. Allenfalls gibt es Krach um den Bierpreis.

1910 bricht in Oberbayern ein regelrechter "Bierkrieg" los. In München wird der Preis für einen Liter Bier, das heißt für eine Mass, von 22 auf 24 Pfennig erhöht. Das ist dem bayerischen Volk zu viel. Daraufhin gehen einige Brauereien und Brauereigasthöfe in Flammen auf oder werden anderweitig zerstört. Das passiert auch auf dem Lande.

Mein Abiturfreund Georg Lohmeier hat darüber schöne, lebendige Geschichten gedichtet. Sie wurden als "Das Königlich

Bayerische Amtsgericht" im Fernsehen gezeigt. Der Lohmeier Schorsch stammt selbst aus einem Brauereigasthof mit großer Landwirtschaft in Loh bei Grüntegernbach. Er hat das Landvolk, die Bauernmenschen, sehr treffend gezeichnet.

Die Bauern in der Holledau genießen im Allgemeinen Frieden und Wohlstand. Der Hopfenbau garantiert ihnen das. Nur das Wetter muß halt passen.

Auf dem Zeilmeier-Hof in Bachappen wird der kleine Christian von Eltern und Gesinde gehätschelt und getätschelt. Heute würde man sagen, er wird entgegen allen Erziehungserkenntnissen eines Johann Heinrich Pestalozzi sträflich verzogen.

Der Erste Weltkrieg von 1914 bis 1918 bringt viel Elend ins Land. Hoffnungsvolle junge Bauernburschen müßen ihr Leben für einen dummen Krieg opfern. Viele kommen verstümmelt nach Hause. Den Stadtleuten geht es elend. Nicht einmal genug Erdäpfel (Kartoffeln) haben sie. Die Kartoffelbrennereien aber produzieren immer noch mehr Alkohol, der für die Schießpulverherstellung gebraucht wird. Ein kalter, harter "Rübenwinter" rafft 1917 in den Städten Abertausende dahin. Die Städte werden in diesem ersten Weltkrieg zwar nicht zerstört, aber viele Menschen verhungern in ihren kalten Wohnungen.

Der Krieg hat auch bei den Bauern vieles verändert, eigentlich ist alles unsicherer, schlechter geworden. Handwerksburschen und Bettler ziehen aus den verarmten, von Arbeitslosigkeit geplagten Städten über die Dörfer. Die Zeit der Inflation 1923 ist für das Land besonders bitter. Alle Werte, auch die moralischen, sind verfallen. Verbrecher, wie zum Beispiel Gump und Gänswürger, tyrannisieren die Holledau.

Als junger Kerl folgt mein Vater den Gewohnheiten eines großen Hopfenbauern. Regelmäßig fährt er mit dem Gäuwagerl zum Müllerbräu nach Pfaffenhofen, um mit Freunden und Bekannten zu karteln, Bier zu trinken und nach einer Hochzeiterin Ausschau zu halten. Mein Großvater ist ja inzwischen Witwer, 1923 ist meine Großmutter verstorben, 60 Jahre alt ist sie geworden. Eine junge Bäuerin wird auf dem großen Hof dringend gebraucht.

Meine Eltern

Beim Müllerbräu in Pfaffenhofen ist seit Oktober 1924 eine Bauerntochter eingestanden, um bei der Frau Bräu über die Wintermonate das Kochen und Wirtschaften zu lernen. Sie heißt Walburga und kommt vom "Ostermeierhof" in Tegernbach.

Sind Christian Roßmair und Walburga Ehrmeier sich schon vorher beim Tanzen begegnet oder haben sie sich erst beim Müllerbräu kennengelernt? Beide sind hervorragende Zwiefach-Tänzer und lassen keine Tanzgelegenheit aus, auch wenn sie zu der Gastwirtschaft, wo gerade eine "Musi" ist und getanzt wird, bis zu zwei Stunden hinlaufen müßen. Man läuft ja im Haufen von Burschen und Madeln. Was kann unterhaltsamer sein?

Beim Zeilmeierbauern in Bachappen fehlt es am Einteilen und Sparen. Vor allem eine Wirtschafterin, eine junge Bäuerin muß endlich her. Eine Braut mit Geld und einem reichen Kammerwagen kann die miese Lage nur besser machen. Beim Ostermeier in Tegernbach wird gut und fleißig gewirtschaftet. Die Wally kriegt 6.000 Mark mit und eine Kuh und eine reichliche Aussteuer.

Zu Lichtmess 1926 heiraten Christian und Walburga; er ist 23, sie 24 Jahre alt. Das Feiern nimmt bei Christian schier kein Ende. Er feiert, zecht mit seinen Spezln und kartelt beim Müllerbräu und auch sonstwo manchmal bis tief in die Nacht. Bei Walburga, seiner jungen Bäuerin, kehrt bald eine lähmende Ernüchterung ein. Der Ehemann ist leichtsinnig, er lässt sich nicht erziehen. Schulden werden offenbar, immer mehr Schulden. Für die junge Bäuerin erfüllen sich nicht die Erwartungen eines zielstrebigen, gemeinsamen Aufwärtswirtschaftens.

Die Hopfenpreise sind einmal gut, das nächste Jahr sind sie tief im Keller. Die Zeiten sind weltweit unsicher. Am "Schwarzen Freitag" im Oktober 1929 bricht die Finanzwelt zusammen. In

New York stürzen sich ruinierte Börsenspekulanten duzendweise von den Hochhäusern in den Tod.

Auch die junge Zeilmeier-Bäuerin ist oft ganz verzweifelt. Innerhalb von drei Jahren bringt sie ihre drei Söhne auf die Welt, den Christian, den Ludwig und mich, den Josef. Die Ehhalten helfen ihr so gut sie können. In ihrem Kummer überlegt die junge Mutter, ob sie sich zusammen mit ihren drei kleinen Buben im nahen Löschweiher ertränken soll. Ihr Lebenswille aber ist stärker als alles Elend.

Was passiert mit einem hochverschuldeten Bauern in der Holledau? Er wird versteigert. Zwei Hopfenhändler, Isaak Igelheimer und Gustav Amerikaner, aus München begleiten den Zeilmeierbauern von Bachappen in den Ruin. Sie kennen sich in Geldgeschäften gut aus und haben bald eine Patentlösung parat. Sie kennen den Bauern Widhopf in Ottershausen im Dachauer Land. Der hat ein 70 Tagwerk großes Anwesen, möchte sich aber weiter vergrößern, vielleicht auf 100 Tagwerk, möglichst mit einem großen Hof in der Holledau, weil er einiges erheiratet hat. Es kommt ein Anwesentausch zustande.

Die wohlhabende Bauernfamilie Widhopf veräußert ihren Hof in Ottershausen an die abgemeierte Bauernfamilie Roßmair und erhält dafür den versteigerten Hof in Bachappen mit deutlich mehr Nutzgrund und den Hopfengärten, die damals hoch eingeschätzt sind.

Beide Höfe werden durch umfangreichen Abverkauf guter Äcker wesentlich verkleinert. Mit dem Erlös werden die erdrückenden Schulden der Roßmairs weitgehend getilgt.

Das abgemeierte Bauernehepaar Roßmair zieht mit zwei Truhenwägen, mit Sack und Pack im Frühjahr 1930 auf der Ingolstädter Landstraße nach Ottershausen im Landkreis Dachau um. Ich, der kleine Josef, bin beim Umzug sieben Monate alt.

Für die beiden Makler war der Hoftausch ein sicheres, ein gutes Geschäft.

Meine Großmutter, die Bäuerin Maria Ehrmeier in Tegernbach gibt noch einmal eine wesentliche Hilfe von 3.000 Mark, damit die Familie ihrer Tochter Walburga nicht in Armut untergeht.

Außerdem leiht der Hopfenhändler Gustav Amerikaner ein Hypothekendarlehen von 3.400 Goldmark. So kann die Familie des ehemaligen Großbauern Christian Roßmair auf dem 43 Tagwerk großen Hintergut in Ottershausen eine dürftige mittelbäuerliche Existenz finden.

Die Zukunft ist nicht rosig. Der Pleitefamilie Roßmair begegnet man in Ottershausen mit Neugier und einer guten Portion Verachtung. Mein Vater, der "Schusterbauer", wie er nach dem Hofnamen jetzt heißt, darf im Gasthaus "Zur Amperquelle" nicht am Tisch der größeren Bauern Platz nehmen. Wir drei Schusterbuben Christian, Ludwig und ich spüren die Geringschätzung auch noch viele Jahre. Meine Mutter verschafft sich durch Fleiß und Bescheidenheit nach und nach Respekt. Meinem Vater gelingt das leider nicht.

Meine Mutter ist eine starke Frau. Sie hat meinem Vater im Rahmen der Pleite den Schneid abgekauft. Das ist für die Familie ein großes Glück. Sie hat nunmehr das Geld in der Hand, kann eisern sparen und zielstrebig wirtschaften. Doch Wohlstand stellt sich bei uns in Ottershausen noch lange nicht ein. Wir krebsen so dahin. Schokolade? Ausgeschlossen! Aber wir drei Söhne wachsen gesund auf, mit Brotsuppe, Milchspeisen, Pfannkuchen, sowie Gemüse, Obst und Kräutern aus dem Garten. Manchmal gibt es auch Dampfnudeln oder Fensterkücherl.

Ab dem Jahr 1933 werden von der Hitlerregierung die Bauern vor der Pleite geschützt, vor allem die Anwesen, die eine Familienexistenz tragen. Sie werden als "Erbhöfe" bezeichnet.

Im Rahmen gesteuerter Agrarpreise werden auch die Einkommen der Bauern gestützt. Solche Maßnahmen fördern die Produktion mit dem Ziel, allmählich die Autarkie, also die Vollversorgung mit selbst erzeugten Nahrungsmitteln, im Deutschen Reich herzustellen. Diese aktive Politik für die Bauern dient letztendlich auch der Vorbereitung eines Krieges, weil sie Importe vor allem von Getreide ganz erheblich vermindert, das heißt erübrigt.

Der "Schusterbauer" in Ottershausen ist sicher kein Musterbetrieb, der viel erzeugt, aber er kommt irgendwie mit und braucht keine neuerliche Existenzbedrohung befürchten.

Unser Onkel Bartl, den die Ehrmeierfamilie für einige Jahre offenbar als Aufpasser von Tegernbach nach Ottershausen geschickt hat, ist meiner Mutter ein echter Nothelfer. Er schützt sie auch gegen ihren manchmal rabiaten Ehemann. Ohne daß Bartl von Psychologie jemals etwas gehört hat, versteht es mein Onkel, seinen Schwager Christian, unseren Vater, der das Bier und den Tabak liebt, am langen Zügel so zu leiten, daß dieser einigermaßen spurt und sich scheinbar als Oberhaupt der Familie darstellen kann.

Onkel Bartl ist für uns Buben ein einfühlsamer Freund. Seine Schlafkammer liegt direkt neben unserem Schlafzimmerchen, wo wir drei Buben auf Strohsäcken liegen. Regelmäßig hören wir seinen Märchen und frei erfundenen Kurzgeschichten zu, die er uns vor dem Einschlafen spannungsreich erzählt.

Unser Onkel hat eine blühende Phantasie. Da gibt es - entgegen unserer Familienwirklichkeit - oft Truhenwagen voller Gold und Geld, denen feurige Rösser vorgespannt sind. Wenn diese Fuhrwerke dann in einer wilden Verfolgungsjagd auf der holprigen Straße dahinstürmen, dann wird natürlich fast alles Gold und Geld nach und nach verloren. Arme Leute finden dann diese Schätze und so wird uns lauschenden Buben eine gerechte Welt aufgezeigt.

An Weihnachten macht uns Onkel Bartl Spielsachen aus Holz. Danke lieber Onkel, ich hab Dich sehr, sehr gerne.

Der natürliche Respekt, den Kinder vor ihren Eltern immer haben, hat mich später davon abgehalten, meinen Vater zu befragen, wie es zu dem finanziellen Ruin in Bachappen kommen konnte. Auch als mein Vater 1961 verstorben und die Familie schon im Wohlstand geborgen war, habe ich meine Mutter nie dazu befragt. Ich ahnte, daß sie nichts Gutes über ihren jungen Ehemann hätte berichten können. Ohnehin war mir klar, daß mein Vater sowohl als Bauer, wie auch als Familienoberhaupt kläglich versagt hat. Er konnte als junger Kerl dem Bier und dem Lotterleben nicht widerstehen.

Ein solches Leben reißt beim Partner tiefste Wunden, die ein Leben lang nicht richtig vernarben. Ich wollte es meiner Mutter ersparen, Bitteres zu berichten und denke auch, daß sie über den Toten nichts Nachteiliges gesagt hätte.

Eine kleine Geschichte, die meine Schwester Sofie, die erst 1939 in Ottershausen geboren wurde, erfahren hat, ist bezeichnend für die frühe Familienzeit, darum will ich sie meinem Bericht einfügen: An einem sonnigen Morgen am Hof in Bachappen will der Erste Knecht am frühen Vormittag so um halb neun Uhr vom Bauern wissen, was heute zu tun ist. Die Pferde sind schon gestriegelt, das Vieh gefüttert, die Kühe gemolken und die Stallungen sind ausgemistet. Das macht das Gesinde jeden Tag ohne besonderen Auftrag.

Der Knecht klopft von außen ans Schlafzimmerfenster, wo der junge Bauer seinen Rausch ausschläft und vielleicht gerade von einem Solo mit drei laufenden Obern träumt. Aber der Knecht erhält keine Antwort. Der junge Bauer ist überhaupt nicht ansprechbar.

Der Knecht beschwert sich bei der Bäuerin und sagt: „Wenn dein Bauer nicht Bauer sondern ein Knecht wäre, dann würde er spätestens nach drei Tagen vom Hof gejagt werden."

Was unsere liebe Mutter da in ihrer Hilflosigkeit mitgemacht hat, können wir nur erahnen. Später, als ich heranwuchs, hab ich sie manchmal hart und unnachgiebig empfunden. Angesichts ihrer Verantwortung für uns Kinder ist diese Härte aus ihren Erfahrungen leicht zu begreifen. Hätte sie sich dem Selbstmitleid geöffnet, wären wir ohne jeden Zweifel in Armut untergegangen.

Kindheit

An Bachappen hab ich natürlich keinerlei Erinnerung. Mein erstes bewusstes Erleben kann ich so beschreiben: Ich liege auf einem Tuch im tiefen Gras am Rand einer gemähten Wiese. Die Sonne scheint, die wenigen Wolken wandern am Himmel dahin. Meine Mutter muß das Heu wenden, sie benutzt dazu einen Handrechen. Sie entfernt sich in ihrer Arbeit von mir, aber ich schreie nicht, weil ich weiß, daß sie wieder kommt. Das Gras um mich herum ist voller Leben. Heuhupfer springen so schnell und so weit, daß ich ihnen nicht nachschauen kann. Grillen spielen mir eine Symphonie auf. Lange Gräser wiegen sich im leichten Windhauch. Mir kommen sie wie große Waldbäume vor. Lerchen steigen trillernd auf, immer höher. Dann hören sie zu trillern auf und lassen sich fast einem Stein gleich zu Boden sinken.

Ich bin allein. Mir wird bewusst, daß es mich gibt und wo meine Grenzen sind. Oben ist mein Kopf und ich spüre, daß ich bei meinen Zehen zu Ende bin. Ich bin ich und dann kommt meine Mutter. Aber sie gehört schon zu der Welt außerhalb mir.

Diese Selbsterfahrung kann ich leider zeitlich nicht einordnen. Der Gegensatz zwischen mir und der Welt hat mir aber mein ganzes Leben lang zu schaffen gemacht.

Meine Mutter hat ein großes Ziel. Angesichts der Enttäuschungen, die aus ihrer Lebensentscheidung erwachsen sind, gibt sie nicht klein bei. Ich, ihr kleiner Sepperl, soll einmal Pfarrer werden. Dieses Fernziel ist in den Hitlerjahren zwar für viele Leute nicht recht verständlich, meine Mutter aber ist eine gefestigte Katholikin, geht regelmäßig in die Kirche und betet den Rosenkranz. Sie scheut sich auch nicht, der "Braunen Bagage" zu zeigen und zu sagen, daß allein Gott die Welt regiert, nicht die gescheiten Leute in Berlin. Jedem erzählt sie, daß ich Pfarrer werde. Mir ist das Getue peinlich bis lästig.

Onkel Bartl fragt mich im Spaß oder zu seinem Vergnügen, was ich einmal werden will. Ich sage: „Mit Pf... geht es an!"

Er: „Ah, ein Pfannenflicker wirst du?"

Allmählich wird es ernst. Ich muß viel in die Kirche gehen.

An Ostern, kurz bevor ich in die Schule komme, wird mein Vertrauen in den Osterhasen schwer erschüttert. Wie üblich bauen meine Brüder und ich ein Osternest mit Weidenstecken und Moos, wirklich geräumig und einladend für den Osterhas. Mir ist das aber nicht genug! Heimlich laufe ich beim Haberberger vorbei in den Leitenwald vom Haniel. Etwas versteckt zwischen Jungfichten baue ich dem Has ein wunderschönes Nest, mit Moos ganz weich ausgepolstert.

Schon am Karfreitag legt bei uns daheim der Osterhas ein bisserl, also jedem von uns drei Buben ein buntes Ei, rot, grün oder blau. Ich bin überzeugt, daß der Has auch mein Nest im Wald findet und ein paar Eier oder sogar etwas Schokoladenes reinlegt. Noch am Karfreitag laufe ich unbemerkt von zuhause in den nahen Wald. Das Herz klopft mir bis zum Hals herauf. Das schöne Nest aber ist leer. Also, es hat noch nicht geklappt, vielleicht weil noch nicht Ostersonntag ist. Warum aber legt der Has bei uns daheim, nicht aber im Wald, wo er wohnt und sich auskennt? Am Ostersonntag und am Montag wird er sicher auch in mein Nest legen, da zweifle ich kein bisserl daran. Er kann das schöne Nest doch gar nicht übersehen!

Ostern ist vorbei und ich fange an, am Osterhas zu zweifeln, ja, nicht mehr an ihn zu glauben. Auch zum Nikolaus und zum Christkind ergeben sich große Fragen. Mein Bruder Wig lacht über mein Osternest im Wald. Meine Welt verliert einen Zauber nach dem anderen. Trotz allem freue ich mich, weil ich nach Ostern in die Schule gehen darf.

Endlich komme ich in Haimhausen in die Schule. Die Lehrerin, Frau Bermann, schenkt jedem ihrer neuen ABC-Schützen einen Schoko-Maikäfer. Ich bin begeistert. Ich hab keine Probleme mit dem Lernen und mit den Zahlen.

In der Lesefibel, die wir bekommen, steht auf der ersten Seite:

Unser Führer
Adolf Hitler
Liebt die Kinder.
Wir haben ihn auch gern.
Wir grüßen ihn und
Rufen ihm zu:
Heil Hitler!

Begeistert zeige ich meiner Mutter das Blatt und trage ihr den Text vor, denn ich habe keine Mühe, mir das einzuprägen. Sie verzieht keine Miene und sagt nur so nebenbei zu mir:
„Brav, daß du das so schnell gelernt hast."
Später konnte ich mir nicht vorstellen, daß ihr dieses Kurzgedicht gefallen hat.
Ja, ich gehe gern in die Schule. Zwei Klassen sind in einem Schulraum. Wenn das "Fräulein" Bermann die um ein Jahr Älteren unterrichtet, dann höre ich gerne auch zu und verstehe manches schon. Das macht mir Spaß.
Wenn dann einer von der 2. Klasse aufgerufen wird und keine Antwort findet, möchte ich mich am liebsten melden, weil ich es manchmal schon weiß. Aber ich traue mich nicht. Oft denke ich mir, die Landkarte von Deutschland wäre so interessant, wenn sie uns nur erklärt würde. Ich bin ungeduldig, halte aber meinen Mund.
Meine Brüder sind in der Schule auch gut. Sie haben oft keine Zeit zum Lernen, weil sie schon in der Arbeitspflicht sind. Ja, kleine Arbeiten werden uns Kindern immer wieder mal abverlangt, soweit die Kräfte reichen. Das ist auch bei den anderen Bauernkindern so.
Im Spätherbst haben wir in der Schule Haimhausen einige Wochen lang bis vor Weihnachten auch nachmittags von ein Uhr bis drei Uhr Unterricht. Das ist ein Ausgleich für Unterrichtsausfall im Sommer, wegen der Erntearbeiten. Wir Kinder von den Außenortschaften Ottershausen, Inhausen und Amperpettenbach können in der Mittagszeit nicht zum Essen nach Hause laufen, da reicht die Zeit nicht. Deshalb bekommen wir

beim Nörlwirt für ein Zehnerl (10 Pfennige) eine nahrhafte Suppe. Zum Nörlwirt gehört eine Metzgerei, da fallen Markknochen an, die eine sehr, sehr gute Nudelsuppe ergeben, manchmal ist es auch eine schmackhafte Leberspätzlesuppe oder ein Lüngerl. Und die Nörlwirtin legt noch was drauf, bei dem, der größeren Appetit hat.

Im Sommer, eigentlich von Ostern bis Kirchweih im Oktober, laufen wir barfuß, auch in die Schule. Da spart man Schuhwerk und trainiert gleichzeitig Zehen und Füße. Wenn dann Baz (feuchte Erde) oder Mist zwischen den Zehen sich durchpreßt, hat man ein besonderes Lustgefühl. Ich genieße das immer wieder gerne.

Große Freude haben wir natürlich beim Baden in der Amper. Die Amper ist nicht ungefährlich. Innerhalb von etwa 20 Jahren, so erinnere ich mich, sind drei Menschen in der Amper ertrunken. Aber es waren Auswärtige aus München, die in Strudeln umkamen.

Wir Kinder kennen die gefährlichen Gewässer und wir können schwimmen. Die meisten Buben, auch ich, haben es so mit acht Jahren gelernt.

Wir haben keinen "Bademeister", bzw. Schwimmlehrer, das übernehmen die größeren Buben so ab 12 bis 14 Jahren. Die passen auf, daß die Kleinen nicht absaufen. Es gibt natürlich auch Flegel bei unseren selbst ernannten Schwimmlehrern, die einen Kleinen auch mal unter Wasser drücken und ihn ein bisserl schlucken lassen. Mir ist das aber nicht passiert, da passen meine beiden größeren Brüder schon auf.

Die Lehrstrecke fürs Schwimmen ist der Werkskanal, vor dem Triebwerk der "Marienmühle". Dieser fast 100 Meter lange Kanal ist etwa einen Meter tief, so daß ein Achtjähriger gerade noch so stehen kann. Das Tückische aber ist, daß eine rund 20 Meter lange Teilstrecke deutlich tiefer ist.

Unsere Lehrmeister drängen uns vom Seichten ins Tiefere! Da kommt es schon vor, daß man Angst kriegt und ein paar mal Wasser schluckt, aber da hilft alles nichts, da mußt du durch. Du kannst dich einfach nicht drücken. Die anderen würden dich auslachen. Keiner möchte als Weichling und Drückeberger dastehen. Mit acht Jahren darf man nicht mehr am Rockzipfel der Mama hängen, das geht nicht!

Die Größeren zeigen uns, wie man sich mit dem "Hundstapper" einigermaßen über Wasser halten kann. Nach ein paar Versuchen habe ich den Trick heraus gefunden und freue mich, nicht mehr zu den kleinen Schluckern zu gehören.

Innerhalb eines Sommers lernst du die Amper mit ihren Tiefen und Untiefen kennen und du weißt dann ganz genau, wo es gefährliche Strudel gibt. Die Buben "köpfeln" von den Betonstegen ins tiefe Wasser der Zuflüße Saumgraben, Würm oder auch der Altwässer. Dann läßt man sich meist eine große Strecke in der Amper treiben und hat Spaß miteinander.

Ich kann mir das Leben im Sommer ohne Fluß eigentlich gar nicht vorstellen.

Es gibt auch Überschwemmungen in Ottershausen. Ein paar Anwesen sind dabei betroffen, weil sie tiefer liegen. Unser Hof liegt aber etwa einen Meter über dem Pegel des Hochwassers. In späteren Jahren wird man dieses Problem der Amperhochwässer am Ablauf des Ammersees lösen. Da entstehen Staumauern und Bauwerke, die den Abfluß regulieren helfen. So können durch Unwetter und Starkregen bedingte Wassermassen aus dem Ammergebirge im Ammersee aufgefangen und zurückgehalten werden.

Haimhausen, Heimat

Als Kind kann man sich seine Heimat nicht aussuchen. Haimhausen und Ottershausen sind für mich aber eine gute Heimat. Das werde ich erst richtig merken, wenn ich als junger Mann meine Heimat, das Zuhause meiner Familie verlasse.

Haimhausen ist geprägt von der Adelsfamilie Haniel, vor allem durch ihren vielfältigen Besitz, dem Schloß mit dem wunderschönen Park, dem Gutshof, der Brauerei, dem Elektrizitätswerk und den umfangreichen Feldern, Wiesen und Waldungen. Auch einige Gasthöfe gehören dem Grafen, zum Beispiel das Gasthaus "Zur Post", die "Schloßklause" und die "Marienmühle" in Ottershausen, die im Sommer viele Gäste aus München anzieht.

In meiner Kindheit hat der Graf Haniel das Leben in der Gemeinde deutlich mitbestimmt. Einmal stirbt eine Gräfin. Gleich haben wir Kinder schulfrei! Und wer den Leichenzug begleitet, der bekommt ein großes Stück Zuckergebäck, das die Bäckerei Maierbacher im Auftrag des Grafen an alle Kinder verteilt. Für uns Kinder ist das ein besonderer Leckerbissen! So etwas vergißt man nicht. Die verstorbene Gräfin wird im familieneigenen Mausoleum im Rockerl, nahe Ottershausen feierlich bestattet. Der Sarg wird nicht in die Erde versenkt, sondern in einer geräumigen Nische des Mausoleums eingemauert. Das Rockerl mit seinem alten Baumbestand ist ein sehr würdiger Totenbereich für diese besonderen Menschen.

Für uns Kinder aus Ottershausen ist das Rockerl auch ein schöner Spielplatz, da kann man gut „Verstecken" spielen. Wir berühren auch mal die Türklinke am Eingangstor zum Gruftgebäude, aber der Respekt vor den toten Adeligen hindert uns ernsthaft einzudringen. Es ist eh gut verschloßen!

Die schönsten Waldungen und die ertragreichsten Felder in der Gemarkung Haimhausen gehören den Haniels. Sie sind die

Brotgeber für viele Familien, vor allem im Gutshof, aber auch in der Brauerei. Die Landwirtschaft ist noch nicht groß mechanisiert, man arbeitet noch weitgehend in der Handarbeitsstufe. Sechs bis acht Pferdegespanne übernehmen die Pflug-, Sä- und Pflegearbeiten auf den großen Feldstücken. Auf den Äckern sind viele Frauen dabei, die Kulturen der Erdäpfel (Kartoffeln) und Rüben vom Unkraut frei zu hacken. Einige dieser Taglöhnerinnen leben mit ihren Familien im betriebseigenen "Arbeiterhaus" an der Straße nach Amperpettenbach. Ihr Lebensstil wird streng beobachtet. Statt daß Bäuerinnen Mitleid hätten mit den manchmal wirklich armen Frauen, zerreißen sie sich das Maul, wenn eine mal (ohne daß es ihr Mann weiß!!!) beim Kramer eine Tafel Schokolade kauft und „… sie dann auf einen Sitz auffrißt". „Da muß man sich ja gleich Sünden fürchten".

Die Hanielfamilie – obgleich evangelisch – unterhält einen katholischen Kindergarten, der von Mallersdorfer Schwestern betrieben wird. Die Taglöhnerfrauen können ihre kleinen Kinder in die Obhut der frommen Schwestern geben und so ihrer Arbeit auf den Feldern des Gutshofes nachgehen.

Meine Mutter bringt mich eines Tages auch in den Kindergarten. Der Schwester Oberin hat sie anscheinend gesagt, ihr Sepperl soll einmal Pfarrer werden und die Schwestern sollen mich zu einem frommen Kind erziehen. Ich, der kleine Bub von fünf Jahren, war aber nur einen einzigen Tag bei den heiligen Frauen. Da bin ich aber wirklich selbst schuld: Es muß so kurz vor Mittag sein. Ich verspüre einen starken Drang zum Bieseln und suche den Abort, finde ihn aber nicht. Ich komme in ein Zimmer wo eine weiße Badewanne eingemauert ist. Haut schon, denk ich mir! In einem hohen Bogen biesle ich in die Wanne, es geht wirklich nichts daneben. Aber jetzt kommt eine Schwester mit ganz dunklen, fast schwarzen Augen ins Badezimmer und sieht, wie die Wonnewanne der keuschen Schwestern von diesem kleinen Bengel entweiht wird. Sie packt mich, legt mich über ihr Knie und versohlt mir meinen nackten Arsch mit ihrer heiligen rechten Hand. Ich schreie ganz fürchterlich, aber sie hört erst auf, mich zu verprügeln, als sie vor Erschöpfung nicht mehr kann. Bis abends fünf Uhr muß ich noch bleiben. Meine Mutter holt mich ab. Hinten auf dem Radl hockend muß ich mir anhören, was für ein schamloser Kerl ich bin.

Am anderen Tag macht meine Mutter nicht einmal den Versuch, mir den Kindergarten nochmal schmackhaft zu machen. Oder haben die heiligen Frauen darauf bestanden, daß dieses Ferkel ihren schönen Kindergarten nicht mehr besudeln darf? Nie hab ich erfahren, wie die frommen Schwestern die entweihte Badewanne wieder heil hinbekommen haben. Vielleicht mit ein paar kräftigen Spritzern Weihwasser?

Zuhause haben wir keine Badewanne. Alle heiligen Zeiten werden wir drei Brüder nackt in einen großen Zuber mit gut warmem Wasser gestellt und mit Kernseife und Wurzelbürste gründlich bearbeitet. Vom Mai bis Oktober genießen wir ohnehin das herrliche Baden in der Amper.

Der idyllisch gelegene Klara-Weiher, im Volksmund verkürzt "Klalweiher" genannt, gehört auch den Haniels. Er ist ganz bestimmt für die Brauerei und die Wirtspächter des Grafen geschaffen worden, um sie mit Eis zu versorgen.

Carl von Linde hatte zwar schon im ausgehenden 19. Jahrhundert seine geniale Kältemaschine erfunden, aber sie hat sich in der Praxis erst richtig in den 1930er Jahren zur Kühlung von Bier durchgesetzt. Bis dahin haben Brauereien und Wirte mit natürlichem Eis gearbeitet, das überall im Lande aus großen und kleinen Weihern gewonnen wurde.

Der Klalweiher ist kein natürliches Gewässer, sondern man hat in früheren Zeiten einen Einschnitt im Gelände, wo einige Quellen hervortreten, für seinen Bau genutzt. Mit einem Damm an der Talseite ist so der kleine See bzw. der große Weiher entstanden.

Es ist immer ein großes Spektakel in Haimhausen, wenn der Klalweiher dick zugefroren ist und dann "geeist" wird. Über eine Holzrutsche können die Eisplatten ohne große Anstrengung auf Wägen geladen werden, sehr praktisch. Da sind viele Männer unterwegs. Das Eis ist meist 15cm, manchmal sogar 20cm und mehr dick. Ja, wir haben noch richtige Winter, in denen es wirklich wochenlang eiskalt ist!

Zwei, drei Männer zersägen das Eis in Platten von einigen Quadratmetern. Weitere Männer mit Eishackeln ausgerüstet ziehen diese Platten zur Rutsche. Bevor das Eis auf die Pferdefuhrwerke herunterrutscht, werden die Platten mit Äxten zerkleinert.

Die Haimhauser Bauern stellen gerne auch ihre Brückenwägen und Gespanne zur Verfügung, weil ihren Pferden im Winter jede Bewegung im Freien gut tut und sie vor der gefürchteten "Harnwinde" bewahrt. Harnwinde ist eine lebensgefährliche Krankheit der Pferde, die vor allem Rösser dann bedroht, wenn sie im Winter nur im Stall stehen und nicht ausreichend bewegt werden. Die Rosse sind von Natur aus Fluchttiere und sollen eigentlich immer in Bewegung sein. Ein Roßmair weiß das!

Das Eis wird nach Haimhausen gefahren. In der Nähe vom Postwirt gibt es einen großen Gewölbekeller, der sehr viel Eis aufnehmen kann. Die Fuhrwerke fahren über Luken im Gewölbe hin, so daß ohne großen Kraftaufwand abgeladen und das Eis eingelagert werden kann. Den Sommer über bis in den Herbst hinein muß die Kühlung der Biere sichergestellt sein.

Für uns Kinder ist das "Eisen" ein ganz besonderes Ereignis. Wir werden zwar immer wieder verscheucht, weil es ja auch gefährlich zugeht: „Schleichts eich, ihr Saubuam, ihr mistigen". Aber wir lassen uns nicht wirklich wegdrängen von dem besonderen Schauspiel.

In den Weiherdamm ist an der Basis eine Rohrleitung aus Beton eingebaut, die zu öffnen ist, damit der Weiher im Sommer auch mal abgelassen und gereinigt werden kann. Das ist dann für uns Buben aus Ottershausen und Haimhausen wieder ein Großereignis. Wir sind so etwa fünf oder sieben Kerle, ich bin der kleinste. Ein Maderl ist auch dabei, die Gehrer Bertha! Die Bertha ist immer gern mit den Buben unterwegs. Solche Mädchen gibt es vereinzelt. Entgegen den Lebensgewohnheiten der weiblichen Welt, suchen sie die Abenteuer der robusten Männerwelt mitzuerleben. Der Bertha wird das heute zum Verhängnis werden. Es bahnt sich ein Geschehen an, das ganz gewiß nicht geplant ist, aber aus brutalen Neigungen der Buben entsteht.

Letztes Kehrauswasser läuft den Graben herunter. Viele kleine Fische, maximal Viertelpfünder haben sich in das Restwasser gemischt und zappeln in kleinen Grabenbuchten herum. Heimlich beraten sich abseits mein Bruder Wig, der Haberberger Sepp und noch ein paar andere, um etwas Besonderes anzustellen.

Auf einmal packen zwei kräftige Buben die Bertha, nehmen sie in den Schwitzkasten und halten sie wie in einem Schraubstock fest. Mein Bruder Wig zieht an ihrem Nacken das Kleid nach hinten weg, so daß über ihrem Rücken eine Öffnung entsteht, so groß wie eine Kegelkugel. Der Haberberger Sepp nimmt mit den hohlen Händen kleine und mittlere Fische aus dem Graben auf und schüttet sie der Bertha über den Rücken in ihr Kleid. Sie schreit, wie wenn sie auf einem Spieß stecken würde, ihre Stimme überschlägt sich. Ich bin nur der kleine, entsetzte Zuschauer. So was will ich eigentlich gar nicht sehen. Aber froh bin ich schon, daß sie das alles nicht mir angetan haben. Ich sehe, wie die kleinen Fische auf dem Rücken der Bertha schlegeln. Heute noch stellen sich mir die Rückenhaare auf, wenn ich an das Martyrium des Mädchens denke. Die Bertha schreit und ringt nach Luft. Niemand kann sie hören und ihr zu Hilfe kommen, denn von der Straße zum Wildgruber sind wir zu weit weg.

Endlich lassen die Buben von ihr ab. Sie wimmert und schreit und zieht völlig entkräftet und durchnäßt mit brünnrotem Kopf nach Hause ab. Nie mehr wieder wird sie die Nähe der bösen Buben suchen.

Heute denke ich mir, früher waren die Buben, Burschen und Männer viel robuster, brutaler. Viele Kinder sind in den Familien geschlagen worden. Man hat sich auf die sogenannte Heilige Schrift berufen, wo stand "Wer sein Kind liebt, der züchtigt es!" Das war der Freibrief für die kleinen und manchmal auch groben Gemeinheiten, die die Eltern, aber auch Lehrer und Nachbarn den wehrlosen Kindern antaten. Vielleicht hat der Weltkrieg II die Leute etwas zur Besinnung gebracht. Heute spielt bei Kindern und Heranwachsenden die Musikkultur eine dominierende Rolle. Die Menschen sind nach meinem Eindruck wirklich sanfter geworden. Gott sei Dank!

Raucherclub

Schulkinder sind auf dem Heimweg immer fröhlich, manchmal ausgelassen, weil die lästige Schule ja vorbei ist. Der Kopp Rudi, der Egerbacher Schorsch und ich laufen fast immer miteinander die zwei Kilometer von Haimhausen nach Ottershausen. Manchmal brauchen wir fast eine Stunde bis wir zuhause sind. Da wird schon auch mal getrödelt oder es gibt etwas Besonderes zu sehen. Wir sind acht Jahre alt. Der Rudi hat meistens einen Stecken in der Hand, mit dem er die Madl auf die Wadl hauen kann, nicht zu arg, daß er ihnen nicht weh tut. Aber er freut sich, wenn sie in die Höhe hüpfen und schimpfen. Bei schlechtem Wetter gibt's auf der Sandstraße nach Ottershausen Wasserlachen (Pfützen). Der Rudi läuft dann neben den Mädchen her und stampft mit dem Fuß so in die Wasserlache, daß die Dirndl bis zum Nabel herauf voll Dreck gespritzt sind. Das ist für ihn die höchste Gaudi.

Er hat oft eine gute Idee, wie man was anstellen kann. Sein Vorschlag, es mit Zigarettenrauchen zu probieren, begeistert den Schorsch und auch mich sofort. Wir müßen zehn Pfennige zusammenbringen, damit wir uns beim Wirt eine kleine Packung Zuban kaufen können. Die Packung ist mit vier Zigaretten so klein gehalten, damit der passionierte Raucher, der nur noch ein letztes Zehnerl, ein Zehnpfennigstück in seiner Hosentasche findet, seiner Sucht dennoch frönen kann. Also morgen werden auch wir drei das probieren. Es muß aber noch mit dem Geld klappen. Ich kann mir daheim bloß einen Zweiring ergattern, immerhin. Am anderen Tag stellen wir fest, der Schorsch hat vier Pfennig und der Rudi ein Fünferl, also zusammen elf Pfennige. Haut schon! Am Nachmittag treffen wir uns vor der "Amperquelle". Der Rudi geht zum Wirt rein und kauft die Zuban.

Die Wirtin hätte schon merken können, daß das Geld von Kindern zusammengekratzt ist, aber ihr ist das Geschäft wichtig.

Sie muß ja einem achtjährigen Knirps nicht unterstellen, daß er schon raucht.

Jetzt, wo gehen wir hin, damit wir nicht erwischt werden? Wir gehen das Dorf hinauf, beim Schneiderbauern ums Eck. Das Hüterhäusl lassen wir links liegen und laufen der Amper entlang, bis wir den Betonsteg erreichen, der den Saumgraben überquert, dort wo der kleine Bach in die Amper mündet.

Wir setzen uns auf den Steg und lassen die Füße baumeln; ich sitze in der Mitte. Der Schorsch schaut erst einmal, ob man uns sehen kann. Nein, da sieht uns keiner. Zuerst streiten wir, wer die vierte Zigarette bekommt. Rudi hat das Vorrecht, weil er mit dem Fünferl mehr Geld eingebracht hat als Schorsch und ich. Der Rudi ist großzügig und verkündet: „Die rauchen wir miteinander!"

Jetzt geht's los! Der Rudi macht die Packung auf und zieht für jeden eine Zigarette heraus. Die sind ohne Mundstück. Dann steckt er die Packung wieder in seine Hosentasche. Bei mir fließt schon der Speichel, bevor ich die Zigarette richtig in den Mund gesteckt habe. Der Schorsch ist auch recht aufgeregt. Der Rudi aber schiebt seine Zigarette ganz in den Mundwinkel und läßt sie etwas hängen, weil man das so macht in Raucherkreisen. Dann wird angezündet, beim Rudi zuerst, und ich glaube, der hat schon einmal geraucht, weil alles so professionell ausschaut.

Jetzt brennen unsere Zigaretten und jeder schaut auf die anderen Zwei, ob sie auch kräftig anziehen, so daß die Glut weiß wird. Rudi sagt, wir müßen Lungenzüge machen, nicht einfach den Rauch rausblasen. Ich glaube, wir rauchen viel zu schnell, meine Zigarette ist vom Speichel schon ein ganzes Stück eingeweicht, der Tabak auf der Zunge ist bitter, richtig widerlich!

Aber was soll ich machen, ich sitze in der Mitte. Mein Hirn ist von dem Gift schon vernebelt. Der Rudi gibt aber nicht nach, wir müßen immer wieder Lungenzüge machen. Der Schorsch ist schon ganz fahl und bleich, er sagt nichts mehr. Was ist mit ihm los? Ich selbst möchte jetzt viel, viel lieber daheim im Bett liegen, aber ich darf mich doch nicht blamieren. Endlich steht der Schorsch auf, sagt, ihm ist schlecht und verschwindet hinter einer Staude. Ich höre ihn noch gurgeln oder war es doch ein anderes, explosives Geräusch?

Bei mir hält die hintere Dichtung nicht mehr. Ich merke, wie sich Weiches in der Hose verteilt. Der Rudi sagt: „Ich glaub, ich muß scheißen" und geht nach links weg. Ich denke, das hab ich schon hinter mir.

Nach einer langen, langen Viertelstunde sind wir wieder beieinander. Wer die vierte Zigarette rauchen darf, ist kein Thema mehr. Ich bin aufgestanden, der Dreck läuft mir an den Schenkeln herab. Ich schäme mich, glaube aber, den beiden Kameraden ist gleiches zugestoßen. Obgleich ich in diesem Alter keine Unterhose trage, steige ich in den Saumgraben hinab, zieh mir die Hose aus und wasche sie gründlich, auch meinen Arsch, die Schenkel, die Wadl und die Füße. Der Kopf tut mir weh. Dann setze ich mich wieder auf den Steg, lege meine Hose in die Sonne und warte solange, bis sie fast trocken ist.

Der Schorsch hat gestanden, daß er gereihert hat, der Rudi aber gibt kein Bekenntnis ab. Alle drei sind wir fix und fertig, schwören uns aber, niemand etwas zu erzählen.

Der Rudi hat seine Taschen geleert und fragt den Schorsch und auch mich, ob einer die vierte Zigarette will. Nein, keiner von uns beiden mag mehr rauchen. Aber sein Schnackelmesser tät ich schon wollen. Das gibt er nicht her. Er hat es von seinem Opa bekommen. Da bin ich schon ein bisserl neidig auf das so schöne Messer. Schade, daß ich keinen Opa hab.

Schorsch und Rudi sind im Erwachsenenleben Raucher geworden, ich nicht. So hat dieses Abenteuer für mich doch einen großen Nutzen gehabt.

Der Kater vom Kollerbauern

In unserem alten Bauernhaus in Ottershausen ist reichlich Platz. Wir haben in zwei Schlafkammern je einen Kachelofen, ein Zeichen, daß die Vorbesitzer Widhopf, die in den "Zeilmeier"-Bauernhof in Bachappen umgezogen sind, wohlhabende Leute waren. Einige Zimmer stehen bei uns immer leer, denn eine Magd kann und will sich unsere Mutter nicht leisten, lieber macht sie die Wäsche und die Flickarbeit in den Nachtstunden. Früher haben in den oberen Zimmern wohl Knechte und Mägde geschlafen, die sogenannten Ehhalten.

Eines Tages, es muß in den ersten Hitlerjahren gewesen sein, kommen auf einmal drei junge Männer in unser Haus. Sie schlafen nur bei uns, verköstigt werden sie von meiner Mutter nicht. Es sind "Schlafgeher". Tagsüber müssen sie hart arbeiten: Dämme an der Amper bauen, den Fluss regulieren, damit Graf Haniel von Haimhausen mit seinem E-Werk die Wasserkraft viel besser, ergibiger nutzen kann. Danach werden die Arbeiter den "Hirschgang", ein Sumpfgelände neben der Amper, kultivieren.

Sie sind schlecht bezahlt und können sich kein Fleisch leisten. Sie sind auch nicht freiwillig nach Ottershausen gekommen. Die Hitlerregierung hat mit Verordnungen den Arbeitsmarkt so organisiert, daß es sehr rasch keine Arbeitslosen mehr gibt. Die jungen Männer müssen arbeiten und sie müssen spuren. Das Flutgelände der Amper, wo nur Schilf und Unkraut wuchern, wird trockengelegt. Dazu schaffen die jungen Kerle mit Spezialspaten tiefe Kulturgräben, schnurgerade, so daß das überschüssige Wasser in wenigen Monaten abfließen kann.

Die Bauern, auch mein Vater, der Schusterbauer, hatten im Hirschgang bisher nur Streunutzungsrechte. Sie bekommen jetzt dafür schön geformte Äcker mit tiefgründiger, fruchtbarer Krume. Das kommt bei den Landwirten gut an und lässt sie demnächst Hitler wählen, wenn überhaupt nochmal gewählt wird.

Einer von den Schlafgehern heißt Paul, ein gutmütiger, etwas langsamer Kerl. Er singt gern. Sein Schatz an Liedern ist aber offenbar sehr klein. Sobald er abends nach der harten Arbeit zu uns heimkommt und müde die Stiege zu seiner Schlafkammer hinaufsteigt, singt er immer: „Der Holderstrauch", nur diese zwei Worte und zwar in den C-Dur-Noten g, g, f, e. Ich warte schon immer auf diesen Gesang und hoffe, daß Paul irgendwann die Fortsetzung des Liedes einfällt, aber ich hoffe vergebens.

Die drei Burschen, die Schlafgeher, müßen anscheinend manchmal richtig Kohldampf schieben. An einem Samstagabend nach der Arbeit fassen sie deswegen einen Mordplan. Der Kater vom Kollerbauern ist bei unserer Miezi zu Besuch. Sie ist rollig, was mir eigentlich nichts sagt.

Paul und seine zwei Kumpanen fangen den liebestollen Kater im Stall in einer leeren Schweinebucht und erschlagen ihn mit einem Holzprügel. Sein dicker Kopf ist den drei Mördern ein untrüglicher Hinweis, daß da mindestens ein paar Pfund saftiges Fleisch unter dem tigergrauen Fell verborgen sind. Wir drei Schusterbuben werden zu Stillschweigen verpflichtet. Wenn wir rumschwätzen, kriegen auch wir den Holzprügel zu spüren, so wird es uns eingeschärft. Wenn wir aber das Maul halten, dann kriegen wir ein Schnitzerl gutes Katerfleisch.

Dem toten Kater wird das Fell abgezogen, die Innereien, Kopf und Pfoten werden im Misthaufen vergraben. Meine Mutter macht zum Braten eine würzige Soße und für jeden der drei Schlafgeher je zwei große Knödel. Nach den Ermahnungen unserer Mutter sollen wir Buben vom Kater nichts nehmen. Probiert haben wir es aber doch. Soweit ich mich erinnern kann, hat es sehr gut geschmeckt.

Die drei "Schlafgeher" haben am Sonntag ein Festessen, und es bleiben noch Reste für weitere Abende. Paul singt sein kurzes Lied „Der Holderstrauch", einen Halbton höher.

Die Mägde vom Kollerbauern suchen noch wochenlang nach dem fetten Kater, dem leider sein Liebesdrang zum Verhängnis wurde, und die beiden Mägde wissen lange nicht, wem sie ihre Liebe, Zärtlichkeit und Hingabe nun zuwenden können.

Der Maurer als Friseur

Es hat schon was für sich, daß sich die Menschen auf bestimmte Berufe spezialisiert haben, beim Haareschneiden zum Beispiel. Ich hasse das Haarschneiden, weil es weh tut. Meine zwei Brüder mögen es auch gar nicht. Für diese Prozedur, so alle halbe Jahr, sind wir dem German ausgeliefert. German Schlammer ist unser Nachbar. Er ist von Beruf Maurer und hat eine kleine Landwirtschaft mit zwei, drei Kühen, die er an den Wagen vorspannen kann. Außerdem hat er auch noch Jungrinder, ein paar Kälber, Schweine und Hühner. Wenn bei uns an den Gebäuden etwas zu richten ist, wenn ein Kamin ausgebessert werden muß, dann macht das der German.

Haarschneiden macht er auch, ohne viel Feingefühl. Er macht das im Handbetrieb. Seine Handmaschine ist ganz gewiß schon lange nicht mehr geschärft worden. Seine Hände sind solche Feinheiten auch nicht gewohnt, es sind derbe Arbeitshände, richtige "Pratzen", die im Alltag nach Ziegelsteinen und Mörtelkellen greifen müssen.

Das Haarschneiden fängt beim German hinten in der Mitte des Nackens an und dann arbeitet er sich über die Schädelrundung bis zur Mitte der Stirne vor. Das ist die erste Bahn, die German schneidet. Es hat schon zweimal arg gerupft, aber der Anfang ist gemacht. Dann kommen die anderen Bahnen neben der Anfangsbahn, da wird genauso gerupft, bis der Kopf endlich ganz frei von Haaren ist.

Bis wir so etwa zehn Jahre alt sind, ist die kurz geschorene Glatze für uns der normale Haarschnitt. German nimmt für das Haareschneiden, oder soll ich sagen "Scheren" unserer Köpfe, kein Geld, nur zwei, drei Halbe Bier und vielleicht eine Tellersulz, wenn bei uns geschlachtet worden ist.

German ist ein Sozi, das wissen alle Leute im Dorf. Aber man läßt ihn in Ruhe, weil er ein guter Handwerker ist und jedem hilft, der seine Dienste braucht. Wir haben schon ein paar Nazis im Dorf, die sich aufspielen, aber German hat von ihnen nichts zu befürchten.

Die Nazis in Ottershausen tun sich zum Beispiel dadurch hervor, daß sie am Führergeburtstag, dem 20. April, oder am 1. Mai, dem Tag der Arbeit, schon in aller Früh auf die Straße laufen und schreien: „Die Fahnen raus!"

Ob German überhaupt eine Fahne hat, diesen roten Fetzen mit dem Hakenkreuz in der Mitte, kann ich mich nicht sicher erinnern. Wahrscheinlich hat er keine. Es ist zwar Bürgerpflicht bzw. Pflicht aller "Volksgenossen", die Hitlerfahne rauszuhängen, aber einige Wenige trauen sich, nicht mitzumachen. Beim German kann ich mir das schon vorstellen.

Es gibt ja auch die Ausrede: „Wir haben kein Geld für sowas." Daß German kein Nazi, sondern ein Sozi ist, weiß ich ganz sicher.

An einem Sonntagnachmittag sitzen German und mein Vater in unserer Wohnküche zusammen und trinken reichlich Bier, das mein Vater selbst gebraut und vergoren hat. Er war ja früher mal Hopfenbauer und kennt sich mit dem Bierbrauen ein wenig aus. Das wird lang und breit beredet, und schließlich sind beide "angestochen". Ich sitze dabei, bin ein kleiner Bub, von dem beide glauben, ich würde ihre Rede nicht verstehen, weil ich noch zu klein bin und von Politik wohl keine Ahnung habe.

Aus German bricht es auf einmal heraus. Seine Firma hat gerade Arbeit im KZ Dachau. Da werden Bauten hochgezogen und Häftlinge müßen die Hilfsarbeiten machen, aber nicht im normalen Tempo, sondern im Trab. Die Aufseher sorgen mit ihren Peitschen dafür, daß es vorangeht. Ich merke mir das, was der German sagt, und verstehe auch den Zusammenhang. Die KZler werden bei diesen Arbeiten gehetzt und gepeinigt. Eine Gruppe von ihnen muß einen Waggon Brandkalk mit Schubkarren über eine Pritsche entladen, damit der Kalk dann durch Zugabe von Wasser gelöscht und in einem Tiefbehälter abgelagert werden kann. Erst dann ist er zum Mauern und Putzen geeignet.

Die Häftlinge tragen Holzschuhe, da fällt in kleinen Brocken Brandkalk hinein, sie müßen verlorene Brocken mit bloßen

Händen aufsammeln. Die Füße und Hände werden von dem Brandkalk allmählich wund und blutig. So entsteht eine Blutspur vom Inneren des Waggons bis zur Löschpfanne.

An dieser Stelle seines Redeflusses fängt der German durch Alkohol befreit ganz plötzlich zu weinen an. Und dann schreit er auch noch: „Diese Saubande läßt Leute einfach verrecken, die niemandem was Böses getan haben."

Mein Vater, der, wie ich weiß, ein ganz unpolitischer Mensch ist, will seinen Nachbarn beruhigen. Aber das gelingt meinem Vater nicht, dabei fängt er selbst zu rotzen an. German steht wankend auf, wischt sich über die Augen, geht zur Tür hinaus und wackelt über unseren Garten nach Hause.

Ich bin sicher, daß mein Vater den German bei den Nazis nicht anschwärzt.

Nach Kriegsbeginn und dem siegreichen Feldzug im Westen, also nachdem Frankreich kapituliert hat, kommen vier französische Kriegsgefangene zu den großen Bauern in Ottershausen. Sie müßen die Arbeiten der Knechte und Bauernsöhne übernehmen, die zum Kriegsdienst eingezogen sind. Einer von ihnen ist Friseur, er heißt Pièrre, auf deutsch Peter. Aber die Ottershauser Leute sprechen seinen Namen auf bayerische Art aus, er heißt Pire, ganz einfach. Pire arbeitet beim Bauern Kothans als Knecht, er bewohnt die Knechtkammer über dem Pferdestall.

Die Vorschriften der Staatsmacht besagen, daß die Kriegsgefangenen nicht am Tisch der Bauernfamilie ihr Essen einnehmen dürfen, sondern an einem extra "Katzentisch". An den Sonntagen dürfen sie ihr Zwangsquartier nicht verlassen, sollen also eingesperrt sein.

Niemand hält sich an so einen Schmarrn. Bei den bayerischen Bauern sitzen die Kriegsgefangenen und Fremdarbeiter aus Polen und der Ukraine ganz selbstverständlich am Familientisch.

Der Pire macht am Sonntagvormittag seinen "Salon" oberhalb des Roßstalles auf und schneidet den Leuten, vor allem der männlichen Dorfjugend, die Haare. Er benützt dabei nur Schere und Kamm. Das habe auch ich manchmal genossen. Alle Kunden sind zufrieden. Der Pire bekommt als Lohn ein paar Nickel, die nichts wert sind. Aber das stört ihn nicht. Viel lieber ist ihm, daß er als "Franzmann" anerkannt ist. German will mit ihm nicht konkurrieren, er hat als guter Maurer Arbeit genug.

Aus Ottershausen ziehen etwa 35 bis 40 junge Männer in den Zweiten Weltkrieg. Etwa die Hälfte davon fällt oder ist heute noch vermißt. Von unseren unmittelbaren Nachbarn German, Schusterlipp und Käser bleibt je ein Sohn im "Feld der Ehre", wie es die Nazis schwülstig heißen, wenn ein junger Soldat fällt. Da spielen sich in den betroffenen Familien Dramen ab! Beim Schusterlipp schreit die alte Mutter des gefallenen Martin tagelang ihren Schmerz über den verlorenen einzigen Sohn heraus, bis ihr die Kraft zum Schreien ausgeht. Später redet sie nur noch wirr vom "Kartoffelkrieg". Wo sie dieses Wort hernimmt, weiß niemand.

Um die Arbeit auf den Höfen und den Feldern zu tun, müßen Ersatzkräfte her. Diese rekrutiert die Regierung aus dem eroberten Polen und später auch aus der Ukraine.

Manche dieser Fremdarbeiter gewöhnen sich bei den Bauern rasch und gut ein. Meistens haben sie vollen Familienanschluß und werden wie Töchter oder Söhne behandelt.

Meine Tante Rosa, eine junge Bäuerin in der Holledau befreundet sich mit ihrer polnischen "Tochter" so tief, daß es nach Kriegsende, als die Freundin nach Polen heimreist, einen tränenreichen Abschied gibt. Sie schreiben sich bis in die 70er Jahre innige Briefe. Schließlich macht sich meine Tante zusammen mit ihrem Sohn Rudi im Mercedes auf die Reise nach Polen und besucht ihre Freundin, die inzwischen Bäuerin geworden ist und eine große Familie hat. Ihr ganzes Dorf einschließlich des kommunistischen Bürgermeisters feiert ein dreitägiges Fest zu Ehren der bayerischen Bäuerin. Als sich meine Tante am dritten Tag zur Heimfahrt aufmacht, gibt es einen bewegten Abschied, der von einer Blaskapelle aus dem Dorf hinaus begleitet wird.

Das ist ein freundliches Signal im Sinne von Frieden, Freude und persönlichem Glück zwischen dem polnischen und dem bayerischen Volk, mitten im kalten Krieg.

Bubenstreiche

Die Haimhauser Bauern wie der Feldhofer, der Mayerbacher, der Kurz und der Hansbauer, haben im Untermoos Wiesen und Torfstiche. Anfang Juni mähen sie das Gras und bringen ein paar schöne Tage später das Heu ein. Am späten Vormittag, so gegen halb zwölf Uhr, fahren sie mit ihren Pferdegespannen und Leiterwagen durch Ottershausen zu ihren Wiesen, um das Heu zusammenzurechen und auf die Wagen zu gabeln. Ein Wiesbaum wird auf die hohe Fuhre gelegt und mit Seilen wird die Baumstange so fest auf das Heu niedergebunden, daß auf der langen Heimfahrt nach Haimhausen nichts verloren geht.

Wig, mein Bruder, und ich nutzen also die Gelegenheit, um den Burschen, die mit den leeren Wägen an unserem Hof vorbeikommen, eins auszuwischen. Da hilft uns die Gewohnheit unseres Vaters, der seinen Pfeifentabak von der papierenen Kaufpackung in eine Blechdose umfüllt, damit die geringe Feuchtigkeit, die einen guten Shag auszeichnet, nicht verloren geht.

Wir füllen in die leere Packung dann Roßmist ein, der also auch noch leichte Feuchtigkeit hat und verschließen sie so, daß sie möglichst den Eindruck einer fast neuen Packung macht. Dann legen wir sie mit dem Gesicht nach oben am Rand der Straße so hin, daß sie jeder einigermaßen aufmerksame Fuhrknecht schon von weitem sehen muß. Wig und ich beziehen Position hinter dem Friedhofstürl, lassen es aber einen kleinen Spalt auf, damit wir genau sehen, was abläuft und ob unser Streich Erfolg hat.

Da kommt schon der Hansbauernhans mit seinem Pferdegespann beim Kramer um die Reibe. Er steht auf seinem vorderen Leiterwagen, ruft seinen Kaltblutrössern ab und zu ein „Hüa!" zu und schnalzt mit seiner Geißel. Er will auf sich aufmerksam machen und freut sich ganz narrisch, weil heut ein besonders schönes Heuwetter herrscht. Da, er hat das Tabakpackerl gesehen!

„Hüa!", schreit er nochmals, schaut die Straße rauf und runter, ob ihn jemand beobachtet. Niemand sieht ihn, wie er vom Leiterwagen herunterspringt, das Tabakpackerl aufnimmt und schnell in seiner Hosentasche verschwinden läßt. Dann packt er die Luixn und schwingt sich wieder auf den Wagen. So ein schöner Tag! Und ein bisserl ein Glück hat er auch noch, daß er ein Packerl Tabak gefunden hat. Er pfeift ein kurzes Liadl und läßt die Geißel ein paarmal schnalzen. Schon fährt er am Friedhof um die Kurve.

Wig und ich beziehen jetzt unsere neue Position an der Friedhofsmauer hinter der Kirche. Der Hansbauernhans ist außer Reichweite des Fundgeschehens und nimmt die Packung aus seiner Hosentasche, öffnet sie und steckt kurz seine Nase hinein. Dann schreit er los:

„De Herrgottsakramentsschuastabuam, de liadrigen, dene werd ich's zoagn. De wern hupfa, wenn i eana die Wadl mit meina Goaßl polier!"

In weitem Bogen wirft er den Roßmisttabak Richtung Amper. Er läßt seinem Ärger freien Lauf und seine Geißel auf den Hintern der beiden Rösser tanzen. So geht's gleich schneller vorwärts!

Ich kann mich nicht erinnern, daß meine Wadln die Geißel vom Hansbauernhans je gespürt haben. So muß man also feststellen, daß auf der Erde die Gerechtigkeit nicht immer triumphiert.

Einen ähnlichen Schabernack leisten wir uns mit einem alten ausgemusterten Geldbeutel - und der geht so: Auf der Sandstraße, die an unserm Hof vorbei nach Ampermoching und weiter nach Dachau führt, liegt im Sommer meistens zentimeterhoch der Staub. Wenn man einen alten Geldbeutel an eine Schnur bindet und quasi als Köder auslegt, muß man nur die Schnur mit sandigem Staub so abdecken, daß der Geldbeutel wie verloren auf der Straße liegt.

Wer kann schon an einem "verlorenen" Geldbeutel vorbeigehen oder mit dem Radl vorbeifahren? Nicht einmal der ehrlichste Mensch schafft das.

Die Störzer Res hat das auch nicht geschafft. Die Res ist schon lange Witwe, sie ist aber noch recht lebendig, vor allem ihr Mundwerk. Sie ist eine richtige Ratschkathl. Spötter haben schon gesagt, wenn die Res einmal verstirbt, muß man ihr Maul extra erschlagen. Sowas ist schon böse!

Also, die Res fährt immer noch mit dem Radl, das einen Gesundheitslenker hat, nach Haimhausen oder sonst wohin. „I muaß roasn", ist ihr Motto. Wie es der liebe Gott will, fällt sie auf unsere Falle herein. Wir hocken hinter dem Spritzlzaun auf der Lauer und wissen, es kann nicht lange dauern, bis einer anbeißt.

Da kommt die Res schon auf ihrem alten Radl daher. Ihr Auge fällt offenbar auf unseren Geldbeutel, den wir mit reichlich Zeitungspapier so "gefüttert" haben, daß er einen ganz dicken Bauch hat.

„Hoit, hoit!", sagt sie ganz laut zu sich selbst, stellt das Radl am Zaun ab und geht ein paar Schritte zurück zu der dicken Beute. Schon bückt sie sich, um nach dem Beutel zu greifen. Da bewegt sich der Geldbeutel zum Zaun hin und die Schnur wird sichtbar.

Die Res muß richtig lachen und sagt: „Ah, de Schuastabuam!" Dann sagt sie noch: „I muaß roasn" und steigt umständlich wieder auf ihr Radl auf.

Sie geht zum Kramer rein, das sehen wir noch, und erzählt anscheinend ihr Pech jedem, der es hören oder auch nicht hören will. Jedenfalls, an diesem Nachmittag haben wir mit unserem Köder keinen weiteren Erfolg mehr.

Es gehen oder fahren zwar noch einige Leute vorbei, lachen laut und wir hören solchen Spott wie: „Der laufende Geldbeutel, schad, daß ma 'n ned fanga kon."

So hat unsere Trickserei ein schnelles Ende genommen.

Auf, ins Domgymnasium Freising

Die Schule kann schön sein. Für mich sind die Grundschuljahre schön, für manche Spielkameraden und Freunde sind sie eine Plage, für einige wenige die trostlose Hölle, der sie nicht entrinnen können.

Ein paar meiner Kameraden tun sich hart. Der Hauptlehrer Maißinger ist ein sehr strenger Mensch. Die Bezeichnung "Pädagoge" ist bei ihm völlig fehl am Platz. Seine "Zirkus-Busch-Spiele" sind der Gipfel des Sadismus. Mit seiner Linken packt er zum Beispiel den Weinmeier Done, schwingt mit seiner Rechten den Tatzenstecken und läßt ihn auf dem Rücken und dem Arsch seines Opfers tanzen. So geht es ein paar Runden im Kreis vor der großen Tafel. Zum Schluß kriegt der Done noch sechs Tatzen auf die Hand.

Done, du bist ein ganz armer Hund, du hast niemand, der dich schützt, der den Hauptlehrer in seine Schranken weist. Maißinger gilt als ehrenwert! Den Bauern kommt er entgegen, indem er bei schönem Heuwetter den Buben und Madln großzügig eine oder zwei Stunden eher schon schulfrei gibt, damit sie daheim mitarbeiten können, das Heu trocken einzubringen.

Meine Erstkommunion in der Pfarrkirche Haimhausen ist sehr feierlich. Wir gehen paarweise nach vorne, immer zwei Knaben und nach allen Knaben je zwei Mädchen nebeneinander. Wir sind wohl alle voller Erwartung, daß wir den göttlichen Jesus in uns aufnehmen. Es passiert aber nichts Ungewöhnliches. Ich denke, es liegt an mir, ist vielleicht auch so. Aber bei den anderen sehe ich auch nichts Besonderes, von einem Heiligenschein oder so.

In unserer Filialkirche bin ich Ministrant. Der Messwein, den ich verstohlen probiere, schmeckt mir aber schon mal garnicht.

Mit meiner Mutter fahr ich am Heilig-Kreuz-Tag, dem 3. Mai, mit dem Radl meines Bruders Christian nach Scheyern. So eine große Kirche voller Weihrauchschwaden und in sich gekehrten braven Landleuten bleibt nicht ohne Eindruck auf mich. Ich möchte so gerne ein guter Mensch werden, aber ein Pfarrer? Da fühl ich mich zu klein und vor allem unsicher. Ich denke mir, das ist noch lange nicht entschieden.

Gegen Ende des vierten Schuljahres kommt unser Hochwürdiger Herr Pfarrer Korbinian Fischer zu uns ins Haus. Er will sich vergewissern, ob auch mein Vater hinter dem Wunsch meiner Mutter steht, mich nach Freising ins Domgymnasium zu schicken, damit ich einst Pfarrer werden kann. Das ist schnell geklärt, mein Vater hat keine Meinung, jedenfalls keine abweichende. Ich selbst werde nicht gefragt. Aber wenn ich gefragt würde, wäre es mir recht.

Jetzt muß ich an den Bischof einen Bittbrief schreiben und anfragen, ob ich in das Erzbischöfliche Knabenseminar auf dem Domberg in Freising aufgenommen werde. Die Anschrift flößt mir gleich großen Respekt ein:

Seine Eminenz
Michael Kardinal von Faulhaber
Erzbischof von München und Freising

An den etwas schwülstigen Text des Briefes, der mir natürlich vorgegeben wird, kann ich mich heute nicht mehr erinnern, nur daß ich ihn zweimal verpatze. Das hat meine Begeisterung, künftig Gymnasiast zu sein, gleich ein wenig geschmälert.

Ich kann den Schulanfang in Freising nach den Osterferien aber kaum erwarten. Erstmals fahr ich mit dem Personenzug von Lohhof über Eching, Neufahrn, Pulling nach Freising. Es geht zu Fuß den Domberg hinauf. Wir werden erwartet. Meine Mutter trägt einen alten Koffer mit meiner Wäsche, die mit der Nummer 53 gekennzeichnet ist.

Zum Abschied macht mir meine Mutter umständlich ein Kreuzzeichen auf die Stirne, den Mund und die Brust. Das stört mich, denn jetzt bin ich doch kein Kleinkind mehr, sondern ein

Gymnasiast! Aber hätte sie mir einen Kuß gegeben, wäre das für mich noch peinlicher.

Es ist April 1940. Deutschland ist seit dem 1. September des vergangenen Jahres im Krieg. Noch herrscht Siegesgewißheit. Polen wird in einem kurzen, gnadenlosen Kampf besiegt. Frankreich wird gerade niedergekämpft. Für die deutschen Truppen gibt es offenbar kein Halten.

Die ersten Gymnasialjahre sind für mich sehr mühsam. Das Auswendiglernen von Texten in Geographie und Deutscher Geschichte gelingt mir gar nicht. Ich habe schlechte Noten, komme gerade so um die Runden. Mein Selbstbewusstsein aus der Grundschule ist dahin. Wir haben alte Lehrer, die jüngeren und gar die jungen Lehrer sind zum Militär eingezogen und kämpfen an der Front, denn Deutschland ist im Krieg mit der halben Welt. In den unteren Klassen des Gymnasiums stehen auch bewährte Parteigenossen vor den Schülern. Sie haben sich in den Hauptschulen hervorgetan oder sind als Nazis qualifiziert. Wir sprechen alle Lehrer mit „Herr Professor" an.

Der Herr Professor Peter Trübswetter, einer dieser Parteihengste, fragt mich einmal ganz spitz: „Bist du der Gescheiteste in deiner Heimatgemeinde, weil sie dich nach Freising ins Gymnasium geschickt haben?" Ich werde ihn umbringen, sobald ich Gelegenheit habe.

Die Disziplin im Knabenseminar macht mir nichts aus. Ich habe kein Heimweh, wie einer meiner Klassenkameraden. Der Dotterweich Jakob muß jeden Tag weinen. Kaum ist das Tischgebet zum Mittagessen angestimmt, schon heult er los. Nach wenigen Wochen kann er es nicht mehr aushalten. Seine Mutter holt ihn ab, bevor er vor Heimweh eingeht.

Der Herr Professor Josef Riepl unterrichtet uns in Deutsch, Latein und Geschichte. Er stammt, wie ich, aus dem Dachauer Land. Deshalb darf ich aber keine Gnade erwarten. Wenn er mich drannehmen oder abfragen will, ruft er: "Roß Gottes!" Er sagt nicht Roßmair, aber ich weiß genau, wem das "Roß Gottes" gilt, nämlich mir. Also springe ich auf und versuche meine spärlichen Kenntnisse gehörig zur Geltung zu bringen. Sein Aufruf "Roß

Gottes" stört mich weiter nicht, obwohl es eigentlich eine Beleidigung ist, aber das weiß ich nicht, das durchschaue ich noch nicht. Indirekt bezeichnet er mich nämlich als Esel. Ja! Das weiß ich aber erst Jahrzehnte später. Als ich im Erwachsenenleben am Palmsonntag einmal genau hinhöre und den Evangeliumstext reflektiere, da merke ich zum ersten Mal die Erklärung. Jesus, der Sohn Gottes, ist nicht auf einem Pferd, sondern auf einem Esel in Jerusalem eingeritten. Also der Esel ist das Roß Gottes!

Meine Mitschüler merken die versteckte Beleidigung genauso wenig wie ich, also trifft sie mich überhaupt nicht.

Einmal behandelt "da Riabbe", wie er bei uns Schülern genannt wird, im Fach Geschichte die Verstrickungen der Römer mit den letzten ägyptischen Herrschern. Da muß man wissen, daß Nordafrika, vor allem Ägypten, die Großstadt Rom mit reichlich Getreide versogt hat. Caesar war mit Truppen etwa ein halbes Jahrhundert vor der christlichen Zeitrechnung in Ägypten. Auch Antonius, der Gegenspieler von Oktavian, war in Ägypten. Ägypten war als Kornkammer Roms sehr wichtig, strategisch wichtig!

Der Herr Professor Riepl will wissen, was Antonius in Ägypten wollte und ruft mich auf: „Roß Gottes!"

Ich sage: „Er wollte Kleopatra treffen." Riepls Reaktion: „Öcha, iaz do schau her, er a scho! Ned amoi so hoch wia a anständigs Saustoidürl, aber scho vom Techtelmechtel drama!"

So lustig kann Geschichtsunterricht sein!

Ich will das Bayrisch vom "Riabbe" mal ins Schriftdeutsch übersetzen: „Hoppla, jetzt sieh mal einer an, er will sich auch schon hervortun. Nicht mal so groß, so hoch, wie ein Schweinebuchttürchen, aber schon von amourösen Begegnungen träumen!"

Aber im Kern kann der Herr Professor meinen Beitrag gar nicht bestreiten. Geschichtlich ist belegt, daß Antonius und Kleopatra ein Liebespaar waren, er ein römischer Feldherr und sie die letzte Königin der Ägypter. Nach der Niederlage gegen Oktavian bei Actium fand Antonius den Tod, und Kleopatra wollte ohne ihn offenbar auch nicht weiter leben. Sie floh von Rom nach Ägypten, wo sie eine Giftschlange dazu brachte, sie zu beißen. So fand diese schöne Frau den Tod. Nicht mal 40 Jahre alt ist sie geworden.

Meine Klasse ist fast die ganze Gymnasialzeit im Rückgebäude untergebracht, ein außergewöhnlich trister, häßlicher Bau. In den Pausen sind wir aber mit allen anderen Schülern im Domhof zusammen, in dessen Mitte das Denkmal des Bischofs Otto steht. Otto von Freising, ein Onkel von Kaiser Friedrich Barbarossa hat im 12. Jahrhundert eine umfangreiche Chronik verfaßt. Er war als Geschichtsschreiber sicher allen Geistesgrößen seiner Zeit bekannt. Er ist nur 46 Jahre alt geworden, aber schon mit 26 war er Bischof von Freising. Zu damaligen Zeiten sind die meisten Leute nicht sehr alt geworden. So wundert es nicht, daß manche Könige oder Kaiser des Mittelalters schon im jugendlichen Alter den Thron besteigen. Auch die Kirche hat jungen Männern offenbar viel zugetraut. Da kann sich unsere Zeit was davon abschneiden. Kapläne werden oft gut 40 Jahre alt, bevor sie endlich eine Pfarrei übernehmen dürfen. Da sind die jugendliche Schaffenskraft und der Elan oft schon verflogen.

Der Respekt vor Otto, diesem herausragenden Kirchenmann, hindert uns Schüler des 20. Jahrhunderts aber nicht, die Aufsicht führenden Lehrer zu ärgern und an der Nase herumzuführen. Wir wollen ihre Neugier testen! Ganz einfach stellen wir uns in ihre Nähe und schauen zur Spitze des rechten Domturms hinauf.

Mit ausgestrecktem Arm weise ich nach oben und sage: „Da, das Dach von dem Turm, siehst du es?" Das sage ich ganz laut zu meinem Freund Steinbüchler Willi, wie ich auch ein Dachauer Gewächs. Andere Freunde schließen sich an und gestikulieren mit ihren erhobenen Armen. Jetzt endlich sind die Professoren Stöhr, Papa Lang und Schardt auf uns aufmerksam geworden. Sie schauen wie wir sehr angestrengt zur Turmspitze hinauf, putzen sich ihre Brillen und rätseln was da oben los sein kann.

Natürlich ist überhaupt nichts los! Fragen tun sie uns Schüler aber nicht, denn das wäre unter ihrer Professorenwürde. Willi und ich verziehen uns bald. Grad hör ich noch vom Stöhr, wie er zum Papa Lang sagt: „Ich brauche unbedingt eine neue Brille."

Ein frecher Kamerad, ich weiß nicht wer es ist, sagt ganz laut: „Das Dach rutscht!" Jetzt sind unsere Lehrer ganz heiß, aber ratlos. Der Stöhr läuft ins Gebäude, um vielleicht dem Direktor als Erster über die nahende Katastrophe zu berichten, daß das Turmdach runterrutscht. Die Pausenglocke beendet unseren Krimi und wir müßen wieder in das Klassenzimmer. Beim Professor Riepl behandeln wir "de bello gallico", den Bericht des Tacitus über den Krieg des römischen Feldherren Caesar gegen die tapferen Gallier.

Ein andermal sehe ich wie der Herr Professor Max Müller, der bei uns Schülern "der Metzger" heißt, uns von einem Fenster im 1. Stock herab, in der Pause beaufsichtigt. „Wem wird er heute nach der Pause eine Watschen geben?", denke ich mir im Stillen, denn er hat jeden Tag irgendeinen Schüler auf dem Kicker. Zum Pausenschluß gehe ich die schöne breite Treppe hinauf. Der Metzger wartet auf sein Opfer. Ich ahne nichts, weil ich ja brav war! Kaum bin ich auf seiner Höhe, da knallt er mir eine saftige Watschen. Ich will mich rechtfertigen, da sagt er: „Die Watschen gilt für deine nächste Flegelei." So kann ich also einen Watschenvorrat verbuchen für den Fall, daß ich beim Metzger wieder einmal unangenehm auffalle. Ich werd's mir merken.

Als Schüler am Domgymnasium haben wir manchmal Gelegenheit, Wissenswertes über die Baudenkmäler der Stadt Freising und des Dombergs, sowie deren Schöpfer zu erfahren. Vor allem die Brüder Asam haben sich im Freisinger Mariendom verewigt. Cosmas Damian, der ältere von beiden war Architekt und Freskenmaler. Egid Quirin war auch Baumeister, aber sein Haupttalent war die Stuckatur. Auch außerhalb Freisings haben die Beiden in der Barockzeit Großartiges geschaffen, zum Beispiel die Wieskirche bei Steingaden.

Ich bin immer gerne im Dom. Unser Internatspräfekt ist der Domkapellmeister Max Eham. Er studiert an der Musikhochschule in München Komposition und hat schon einige Messen selbst komponiert. Er hat seinen Knabenchor, in dem ich im Sopran mitwirke, gut im Griff. Wir singen schwierige Messen und vor allem in den Maiandachten innige Lieder. Die sind beim

Kirchenvolk sehr beliebt, meistens klingen sie in einem pianissimo schlicht aus. Wenn es dann gelingt, was fast immer der Fall ist, hat der Eham Max ganz rote Ohrwaschl. Wir mögen ihn alle ganz besonders, weil er mit uns zusammen gern Völkerball spielt.

Der <u>Freisinger Dom,</u> wird mir fehlen, wenn ich später mal woanders lebe. Er hat alle Stilepochen mitbekommen, also auch Romanik und Gotik. Seine volle Pracht ist aber im Barock zur Entfaltung gekommen. Die Bestiensäule in der Krypta, der Unterkirche, und das Gemälde von Rubens am Hochaltar werden mich immer an Freising erinnern.

Unser Mariendom in Freising ist ein Gesamtkunstwerk. Ich kenne kein anderes, das mich im Leben je so stark beeindruckt hat. Die vielen Freskenbilder über das Leben des Heiligen Bischofs Korbinian haben die Gläubigen in früheren Zeiten, als die meisten Menschen nicht lesen und schreiben konnten, ihren Gründungsbischof sehr lebendig werden lassen.

Niemand kann überrascht sein, daß Freising heute noch das "Geistliche Zentrum Bayerns" genannt wird.

Wepsensonntag

Die Sommerferien genieße ich immer besonders. Oft muß ich meine Mutter in die Kirche begleiten, damit ich ein braver Bub bleibe oder bald werde.

Nördlich von Haimhausen hat Graf Haniel von Haimhausen einen Fichtenwald, der sich am Hang zur Amper runter in nordöstlicher Richtung hinzieht. Auf halber Höhe steht in einer Waldlichtung die Bründlkapelle. Dort tritt eine Quelle aus dem Hang hervor, deren Wasser anscheinend Heilkraft hat. Darum hat man in früheren Zeiten die Quelle gefaßt und ein kleines Kirchlein darüber gebaut. Vom Mai bis September beten Frauen der Pfarrei dort immer am Sonntagnachmittag um halb drei Uhr den Rosenkranz. Die Kapelle hat Platz für rund 40 Beter. Am Eingang hinten sind Stehplätze für etwa ein Dutzend weitere Leute.

Das kleine Kirchlein im Wald wird auch von Gläubigen aus benachbarten Pfarreien besucht. Bei stabilem Sommerwetter wollen solche Gruppen das Wandern mit dem Beten verbinden. Ein richtiges Wallfahrtskirchlein ist es bisher aber noch nicht geworden.

Unsere Mutter betet beim Bründlrosenkranz immer gerne mit, wenn sie Zeit hat, und auch wir Kinder müßen möglichst oft dabei sein. Als Pfarreraspirant ist das für mich fast eine heilige Pflicht. Das ist mir besonders lästig, wenn uns schönes Badewetter an das Wasser der Amper lockt. Oft bettle ich meinen Bruder Wig an, zum Bründlrosenkranz mitzukommen. Zu zweit ist so ein "Muß" ein bisserl leichter auszuhalten.

Es ist ein warmer Septembersonntag. Einige Frauen haben sich ihre Augen an der Quelle schon ausgewaschen und knien bereits in der Kapelle. Der Herr Pfarrer Korbinian Fischer ist auch schon am Eingang und unterhält sich mit ein paar Weibern. Wir, der Wig und ich, stehen am hinteren Rand des betonierten Vorplatzes. Mein Bruder zeigt mit einem Stecken auf ein Loch aus dem ein paar Wepsen wegfliegen und andere wieder landen und im Boden verschwinden. Jetzt müßten wir eigentlich ins Kirchlein gehen, denn der Sing-Sang des Rosenkranzgebets ist schon angestimmt.

Wig stiert mit seinem Stecken tief in das Loch hinein, zieht ihn wieder heraus - und dann geht's los. Ein Schwarm angriffslustiger Wepsen will über uns herfallen. Wir springen schnell ins Kirchlein und stellen uns ins hintere linke Eck. Die Wepsen brausen wie Tiefflieger herein und stürzen sich auf die unschuldigen Beterinnen. Daß der Wig und ich links abgebogen sind, haben sie verpaßt.

Das Beten wird lauter und lauter und durch erste Schreie unterbrochen. Einige Weiber verlieren jede Fassung und schlagen wild um sich. Die Wepsen bevorzugen die schönsten Frisuren bei den Frauen, und wenn sie einmal im Haar gelandet sind, dann stechen sie brutal zu, was am Kopf besonders weh tut. Ich denke mir, hoffentlich wird der Herr Pfarrer verschont, sonst geht's uns an den Kragen. Etwa zehn bis zwölf Frauen haben Stiche abbekommen, mit der Andacht ist's vorbei.

Die Frauen wuseln durcheinander, der Herr Pfarrer Fischer gibt als Vorbeter auf. Er selbst wird verschont. Er tröstet die Leute mit dem Hinweis, er habe noch nie gehört, daß jemand wegen eines Wepsenstichs gestorben sei. Der liebe Gott habe eben neben den fleißigen Bienen, die süßen Honig sammeln, auch die Wepsen geschaffen, die im großartigen Plan des Schöpfers ganz bestimmt auch eine wichtige Aufgabe haben. Wir kennen sie aber nicht näher, sagt er.

Das glaube ich ihm, ich glaube aber nicht, daß er die armen Frauen, die einen Stich abbekommen haben, von der Nützlichkeit der Wepsenvölker überzeugen kann.

Dieser Sonntag geht als Wepsensonntag ins Gedächtnis der frommen Beter ein. Unsere Mutter hat's nicht erwischt. Wig und mich auch nicht, das ist die Hauptsache.

Das Bild der Familie Roßmair datiert aus dem Jahre 1943
Mein Bruder Christian ist Soldat bei den Gebirgsjägern. Er ist in Ausbildung in den französischen Alpen. Wig ist jetzt der erste Knecht am Hof. Meine Schwester Sofie ist nahezu vier Jahre alt. Sie wurde im Dezember 1939 als Nachzüglerin geboren. Mein Vater liebt sie sehr. Ich (links) gehe im dritten Jahr ins Domgymnasium.

Bauernknecht

Im November 1944, ich bin 15 Jahre alt, wird der Schulbetriebetrieb des Gymnasiums kriegsbedingt eingestellt. Die amerikanischen fliegenden Superfestungen werfen täglich Tausende von Tonnen Spreng- und Brandbomben auf die deutschen Städte ab. In Freising werden die Fabriken Steinecker und Schlüter dem Erdboden gleich gemacht, weil sie Kriegsgerät herstellen. Der Bahnhof und der Gleisbereich werden regelmäßig angegriffen und wieder zerstört, sobald sie notdürftig geflickt sind.

Mir ist es recht, daß ich nach Hause kann. Die Zeiten sind so hoffnungslos, wie soll da ein junger Kerl an Schule oder gar an Abitur denken. Auf unserem Bauernhof werde ich als Arbeitskraft gebraucht, weil mein Bruder Christian schon seit zwei Jahren Soldat ist. Zur Zeit ist er in Italien an der Südfront auf dem Rückzug. Ich weiß nicht, ob ich jemals wieder in die Schule gehen werde, darüber mache ich mir wenig Gedanken.

Im Frühjahr 1945 kommt die Zeit des Volkssturms, ein letztes Aufbäumen der deutschen Kriegsmaschine. Mein Bruder Wig ist inzwischen auch Soldat bzw. bei der Flak (Flugabwehr) im Münchner Norden. Er soll Bomberflugzeuge abschießen, aber die Kanonen reichen gar nicht so hoch wie die amerikanischen Superfestungen fliegen.

Im Februar 1945 werde auch ich, wie viele Andere aus dem Jahrgang 1929, zur Musterung nach Oberschleißheim einbestellt. Die SS-Kriegsverbrecher stellen letzte Kampfverbände aus ganz jungen und unerfahrenen Kindersoldaten zusammen. Auch ich will nicht abseits stehen und bin innerlich bereit, die deutsche Heimat, oder was davon übrig geblieben ist, zu verteidigen. Doch der Musterungsarzt macht mir einen Strich durch die Rechnung. Mich schaut er nur kurz an, meine Maße haben ihn überzeugt, daß ich als Soldat untauglich bin: Größe 1,60 m und Gewicht 47,5 kg, also nicht mal 1 Zentner = Schneidergewicht.

„Was wollt ihr mit dem?", sagt er zu dem Offizier, „Setz ihm einen Stahlhelm auf, dann siehst du nichts mehr." Ich bin sicher rot vor Zorn, aber gegen den Musterungsarzt kann ich nichts machen. Zum Schluß sagt er noch: „Aber laufen könnte er", im Sinne von Davonlaufen vor dem anrückenden Feind.

Daheim angekommen, fragt mich meine Mutter, warum ich meinen Kopf so hängen lasse. Ich sage: „Die haben mich nicht genommen." Sie darauf: „Dummer Bub, sei froh, daß sie dich nicht brauchen können. Das Vaterland ist so und so verloren, vielleicht gut so. Und du bist auch erst 15 Jahre alt. Also sei zufrieden."

Mein Vater ist seit kurzem "Volkssturm-Mann". Er bekommt eine Pistole für die Zeit, in der er irgendwas bewachen muß. Mit dem Wirts-Sepp von Maisteig wird er in mehreren Nächten zur Wache am Dachauer Güterbahnhof eingeteilt. Ein langweiliger Wachdienst für Bauern, die tagsüber die Felder bestellen und ihr Vieh versorgen. Sie stapfen unlustig über den Schotter der Gleise an den abgestellten Güterzügen entlang. Aber halt, was ist das? In einem der Waggons rumort es.

Der Sepp fragt den Christ: „Hörst du nix?"

Mein Vater: „Was soll ich hören?"

Der Sepp: „In dem Waggon rührt sich was! Komm her, Christ, steig auf meine Schultern und schau da oben durch die Luke rein, was da los ist."

Mein Vater tut wie der Sepp sagt. Er sieht die Ladefläche voller toter KZ-Häftlinge, einige wenige leben noch ein bißchen und brummeln in ihren letzten Zügen vor sich hin.

Es ist offenbar ein Häftlingstransport von irgendwo her in geschlossenen Waggons. Wurden die KZler bewußt durch Vernachlässigung getötet oder hat sich einfach niemand mehr um diesen Zug und seinen Inhalt gekümmert, nachdem er in Dachau angekommen ist?

Man kann sich heute vorstellen, daß der Transport von Häftlingen in verriegelten Viehwaggons schiefgelaufen ist oder daß diese armen Menschen sogar vergessen wurden. Oder war es eine besonders perfide Art sie zu töten, indem man sie in Güterwägen eingesperrt verdursten und verhungern ließ?

Ein paar Tage später ist mein Vater schwer krank. Er hat sich den Typhus geholt. Im Laufe des Sommers magert er zum Skelett ab und kämpft um sein Leben.

Inzwischen ist der Krieg zu Ende und dank der Wundermedikamente, die die amerikanische Armee über den großen Teich nach Europa mitgebracht hat, zum Beispiel Penizillin, wird das Leben meines Vaters gerettet. Er bleibt aber ein gesundheitlich gebrochener Mann. Er lebt noch 16 Jahre kraft- und antriebslos und stirbt 1961 im Alter von 59 Jahren.

Mein Bruder Wig und ich sind die Männer am Hof. Ich merke, wie hart die Arbeit ist. Aber schon im August kommt mein Bruder Christian aus der amerikanischen Gefangenschaft im Lager Bad Aibling nach Hause und kann nach wenigen Erholungstagen wieder mitarbeiten. Er wird schon so bald entlassen, weil er Gelbsucht hat.

Meine Mutter ist überglücklich, daß ihre drei Söhne die Kriegsjahre unversehrt überstanden haben. Einmal sagt sie: „Mein Beten ist erhört worden." Lange denke ich darüber nach und stelle mir die Frage: Hilft beten wirklich?

Morituri - Elendsmarsch - Morituri

In den Aprilwochen 1945 muß auch ich mich mit der Todesmaschinerie des KZ-Terrors auseinandersetzen. Unser Herr Pfarrer Korbinian Fischer verpflichtet mich, ihm bei der Begleitung eines KZ-Elendszuges, der Tausende Häftlinge von Flossenbürg nach Dachau führen wird, zu assistieren. Ich soll einen kleinen Kessel mit Weihwasser tragen. Als ich mich drücken will, weil ich sowieso nichts machen kann, weist Fischer mich zurecht und sagt, es sei wichtig, daß ich dabei bin, damit ich diese Schande nicht vergesse.

Der Pfarrer weiß offenbar, was er mir zumutet. Der Elendszug kommt über Allershausen im Pfarrgebiet Haimhausen an. Fischer ist anscheinend von seinem Kollegen in Allershausen telefonisch informiert. Das Elend dieser armen Todeskandidaten zu beschreiben, habe ich kein Talent. Wer das wirklich kennen will, der soll sich einschlägige filmische Dokumente besorgen. Amerikanische Kriegsberichterstatter haben das Dachauer KZ-Lager nach seiner Befreiung gefilmt. Da gibt es Abertausende zum Skelett abgemagerte, noch lebende und auch schon ganz verhungerte Körper zu sehen. Tote Gerippe liegen in großen Haufen im Lager herum.

Der Elendszug, von SS-Schergen und Flintenweibern gesichert, kommt von der Ingolstädter Landstraße her, der heutigen B13, in Haimhausen an und führt durch Ottershausen weiter über Ampermoching nach Dachau. Pfarrer Fischer trägt seine knöchellange schwarze Soutane und das Barett auf dem Haupt. Er hat eine violette Stola um den Hals gelegt und geht betend mit den Häftlingen. Ich fühle mich gar nicht wohl. Daß ich kein KZler bin, sieht man schon daran, daß ich volles Haar habe, während die Gefangenen, männlich wie weiblich, alle kahl geschoren sind. Sie sind schon wochenlang unterwegs mit völlig ungesicherter und unzureichender Nahrungsversorgung.

Wer nicht mehr weiterkommt und kraftlos hinsinkt, wird mit der Pistole erschossen. Gnadenschuß sagen sie. Unser Pfarrer eilt herbei, so schnell es ihm sein Holzfuß erlaubt, den er einer Oberschenkelamputation im Ersten Weltkrieg verdankt, spendet den Sterbenden die heiligen Sakramente und segnet ihre toten Körper mit heiligem Öl und Weihwasser. Die SS-Männer sind darüber sehr ungehalten. Sie brüllen den Pfarrer an, er solle sich verziehen, sonst würden sie ihm eine hinaufbrennen, also auf ihn schießen.

Unser Pfarrer aber ist ganz unaufgeregt. Unerschrocken im Gebet verrichtet er seine Segensarbeit weiter. Dann sagt er ganz ruhig, wenn sie ihm in die Beine schießen, sollen sie auf das linke zielen, da tue es ihm nicht weh. "Das ist aus Holz" sagt er, das wirkliche Bein sei im Ersten Weltkrieg in Flandern geblieben.

Ich sage nichts. Eigentlich will ich schreien: „Unser Pfarrer ist Träger des Eisernen Kreuzes Erster Klasse, also einer Tapferkeitsauszeichnung." Aber ich bleibe stumm und denke, diese Drückeberger sollen schnell an die Front abkommandiert werden, wo die Luft bleihaltig ist.

Wir begleiten den Elendszug über Ottershausen hinaus bis kurz vorm Mochinger Holz. Unser Pfarrer ist ganz erschöpft. Auf dem Rückweg fragt er mich, ob ich verstehe warum er mich mitgenommen hat. Wahrheitsgemäß sage ich: „Nein!" Da sagt er längere Zeit nichts, schließlich meint er, ich werde das eines Tages schon begreifen. Er hat recht behalten. Es dauert gar nicht lange.

Am späten Abend werden die Toten aus dem Elendszug von einem Spezialtrupp aufgesammelt und nach Dachau ins KZ gebracht, zum Verheizen, falls die Vorräte an Holz und Kohle nicht schon ganz aufgebraucht sind.

Nach nur wenigen Tagen ist das KZ von den Amerikanern befreit.

Der Krieg ist fast schon vorbei. Die Dachauer Bürger werden von amerikanischen Offizieren gezwungen, die Berge von Leichen auf Leiter- und Truhenwagen zu laden und nach Etzenhausen hinauszufahren. Dort auf dem Leitenberg haben die Amis mit Schubraupen ein großes Massengrab ausgehoben. Ohne jeden zeremoniellen Rahmen werden die Leichen in die Grube geworfen, mit Ätzkalk bedeckt und mit Erde zugeräumt.

Wegen der Seuchengefahr gibt es dazu keine Alternative.

Das ist wohl das traurigste und brutalste Kapitel, das deutsche Männer und Frauen als Mitglieder des Volkes der Dichter und Denker in die Geschichtsbücher geschrieben haben.

Die Welt aber dreht sich weiter. Jeden Tag geht die Sonne auf und sorgt für reichlich Leben. Die Sorgen der Menschen sind wunderlich, sie berühren die Sonne nicht.

In den letzten Kriegstagen werden noch ein paar Dutzend tapfere Männer übers Land aufgehängt. Sie wollen die amerikanischen Befreier mit weißen Bettuchfahnen empfangen, damit ihre Stadt (zum Beispiel Altötting) oder ihr Dorf nicht überflüssigerweise durch Beschuß noch in Flammen aufgeht.

Die Amerikaner stehen mit ihren Panzerspitzen in der Flur Haimhausen auf dem Maisteiger Berg. Sie schießen ein paar Salven in Richtung München ins Ungewisse ab. Nichts rührt sich. Also keine Gegenwehr mehr? Sie täuschen sich!

Als die ersten fünf oder sechs Panzer in Lohhof einrollen, schießen fanatisierte "Kindersoldaten", hinter den Siedlungshäusern versteckt, mit Panzerfäusten ein paar Panzerfahrzeuge der Amerikaner ab. Was passiert dann? Die Amerikaner drehen ab. Aber nach wenigen Minuten kommt ein Schwarm Kampfflugzeuge, die mit ihren Bordkanonen so lange in die Widerstandsnester hineinschießen, bis sich nichts mehr rührt. Nach ein paar Tagen höre ich, dass dabei eine sehr große Zahl ganz junge, völlig unerfahrene Soldaten als letztes Aufgebot gefallen sind.

In München scheitert die "Freiheitsaktion Bayern" leider unglücklich. Es gibt bei den Nazis und bei der SS immer noch Phantasten, die meinen, diesen untergehenden Unrechtsstaat retten zu sollen. Oder empfinden sie Lust am Untergang? Die einfachen Leute, die Arbeiter und die Bauern wissen längst, daß Deutschland verloren ist.

Spätestens seit den Tagen, als die Fronten im Westen und im Osten über die deutschen Landesgrenzen hereindrängen, ist der

Krieg verloren. Das ist allgemeine Überzeugung. Wenn Hitler und seine Brut nur ein klein wenig von der Vaterlandsliebe hätten, die sie den entkräfteten deutschen Soldaten predigen und abverlangen, dann wäre den Alliierten schon vor vielen Monaten ein Waffenstillstand und die Kapitulation angeboten worden.

Hitler nimmt sich am 30. April in Berlin das Leben. Auch sein treuester Gefolgsmann, der Propagandist Josef Goebbels nimmt sich das Leben. Vorher aber vergiftet er seine Frau und seine sechs Kinder und löscht damit seine ganze Familie aus.

Am 8. Mai 1945 ist dann endgültig die Stunde Null da. Ich empfinde: Das Grauen ist zu Ende. Deutschland gibt es so nicht mehr. Das "Tausendjährige Reich" liegt in Trümmern. Was wird aus uns bloß werden? Wie kann es überhaupt weitergehen?

Weindepot

Am 8. Mai 1945 geht das "Großdeutsche Reich" unter. Am 9. Mai geht die Sonne neu auf, darauf ist Verlaß. Bei uns Bauernleuten muß die Arbeit auf den Feldern und für das Vieh getan werden. Der Mist muß täglich aus dem Stall, die Pferde gestriegelt werden. Ich bin jetzt ein Bauernbursch oder eher ein Bürschlein, eine berufliche Orientierung habe ich nicht.

Aber ein bißchen glücklich bin ich doch, denn ich hab seit ein paar Wochen einen väterlichen Freund, den Professor Adolf Schinnerer. Noch ehe die Amerikaner alles hier beherrschen, helfe ich ihm. Er vertraut mir 15-Jährigem. Wir vergraben gemeinsam seinen Wein in seinem Gemüsegarten. Es sind etwa 35 bis 40 Flaschen Frankenwein, bestimmt edle Tropfen. Wir müßen sie vor den fremden Soldaten in Sicherheit bringen, denn alle Welt weiß, wie beliebt Wein bei siegreichen Truppen ist. Und wenn der Wein bei Hausrazzien entdeckt wird, ist er verloren.

Unser Kunstprofessor Adolf Schinnerer, mein neuer Freund, kann zwar mit Pinsel und Silberstift genial umgehen, aber mit dem Spaten einen tiefen Graben aufzumachen, um ein sicheres geheimes Weindepot anzulegen, da ist er überfordert. Ich freue mich über sein Vertrauen und erledige diese diffizile Arbeit unter seiner wohlwollenden Leitung zu seiner besten Zufriedenheit. Niemand weiß Bescheid außer uns Beiden. Sorgfältig lege ich Flasche für Flasche in einer Tiefe von etwa 25cm ab, so daß die Gemüseaussaat darüber, die ich auch besorge, gut wachsen kann.

Im Spätherbst 1945 haben sich die Verhältnisse soweit normalisiert, dass der Herr Professor keine Hausdurchsuchung mehr befürchtet. Wir finden den Wein zunächst nicht, weil Schinnerer mich abseits graben läßt. Oh weh! Wo ist der Wein hingekommen?

Erst als ich ihn endlich vom richtigen Grabungsort überzeugen kann, werden wir bei aller gebotenen Vorsicht fündig. Ich glaube, er war sich seines Vertrauens zu mir zwischenzeitlich wohl nicht mehr absolut sicher. Umso größer ist seine Freude, und von da an darf ich seine Sympathie genießen.

Der Maler und Graphiker Adolf Schinnerer hat in Ottershausen direkt an der Amper seine Heimat gefunden.

Professor Schinnerer wird 1876 als drittes von vier Kindern geboren. Sein Vater ist evangelischer Pfarrer in Oberfranken, er stirbt aber früh. Seine Mutter kämpft um die Existenz der Familie. Nach dem Gymnasium mit Abitur in Erlangen wendet sich Schinnerer der Malerei zu. Als Maler ist man dem Hunger ausgesetzt. Maler ist zu dieser Zeit überhaupt kein Beruf, der ein Leben trägt.

Das wußte der junge Schinnerer schon! Man hatte es ihm wiederholt gesagt. Ich darf ihn zitieren: „Alle alten Weiber und dito Männer warfen mir's in's Gesicht und wissen gar erbaulich von verhungerten Malern zu erzählen, daß einem die Haare zu Berge stehen. Nur die Studierten können's zu etwas bringen. Maler haben überhaupt keinen Beruf."

Dem freien Künstlerleben droht die äußerste Armut. Aber Schinnerer kämpft sich durch. Sein Schaffensdrang führt ihn zur Jahrhundertwende (1900) nach München in den Kreis der großen Malernamen. Endlich kann er seine Arbeiten in Ausstellungen der großen Münchner Künstlerwelt darbieten. Er wird einer der bestimmenden Köpfe der "Münchener Neue Secession".

Etwa zwei Dutzend Münchener Künstler gehören zu dieser Gruppe, unter anderen Karl Arnold, Karl Caspar, Maria Caspar-Filser, Paul Klee, Alfred Kubin, Max Unold und eben Adolf Schinnerer, ihr geistiger Anführer.

Nach dem Ersten Weltkrieg wird Schinnerer Kunstlehrer, 1923 Akademieprofessor. Dem Nazisystem unterwirft er sich nicht. 1937 werden einige seiner Werke von der Partei als "entartet" bewertet, und er erhält Ausstellungsverbot. Kurz vor Kriegsende 1945 erhält er eine Vorladung der Geheimen Staatspolizei (Gestapo). Beherzte Freunde können diese Vorladung aber abwenden. Das hab ich mitbekommen, weil damals die Familien Schinnerer und Roßmair schon befreundet waren.

Später werde ich auf das großartige Wirken Schinnerers beim Wiederaufbau der Münchner Kunstakademie im Haimhauser Schloß zurückkommen.

Am 30. Januar 1949 ist er in seinem Schlößl gestorben, 73 Jahre alt ist er geworden. Mein Bruder Wig und ich haben große Mühe, das Grab unmittelbar neben der kleinen Kirche in Ottershausen auszuheben. Der Frost im Boden reicht mindestens einen halben Meter tief, der Pickel ist schnell stumpf. Seit Wochen sind die Temperaturen zwischen 25 und 20 Grad Minus. Die Amper führt Treibeis, das sich vor dem Wehr bedrohlich aufbergt. Wenn man den Mut hätte, könnte man über das Eisgebirge bis an das andere Ufer kraxeln. Aber das ist zu gefährlich.

Schinnerer war evangelischer Christ. Zur Beerdigung ist deshalb ein Pastor da. Für uns Ottershauser ist das etwas Besonderes. Der schlichte Ritus der Evangelischen beeindruckt mich sehr. Wenn ich aber ehrlich bin, möchte ich auf den Weihrauch und das katholische Latein in unserer Kirche nicht verzichten. Außerdem bin ich seit Jahren Ministrant und seit dem Umsturz auch noch Mesner. Also, daß ich mich mit dem Evangelischen Glauben anfreunde, das geht eigentlich gar nicht!

Die vier Verbrecher

Kurz nach den letzten Kriegstagen streifen drei meiner Volksschulkameraden, der Egerbacher Schorsch, der Kopp Rudi und der Weinmeier Done, gemeinsam mit mir durch das Mochinger Holz. Wir finden einige K98-Gewehre mit Kisten voll Munition und dazu noch eine große schwarze Kiste mit Eierhandgranaten. Dieses Material ist offenbar von flüchtenden deutschen Soldaten einfach weggeworfen worden.

Gleich versuchen wir uns am Schießen und zielen auf einen Baum in der Waldlichtung. Auch zwei Handgranaten zünden wir professionell. Wir sind jetzt bewaffnet und fühlen uns ganz stark.

Nach langem Palaver wissen wir dann auch schon, was wir wollen: ein bißchen Rehe jagen und vor allem mit den Handgranaten Fische wildern. Die Pläne von uns vier Halbwüchsigen sind großartig, fast genial. Aber wir haben ein Problem. Niemand darf uns mit den Waffen erwischen. Wir würden sofort auffliegen, unsere eigenen Eltern würden uns die Waffen abnehmen und bei den Amerikanern abgeben. Waffenbesitz wird von den Amis streng bestraft, Plakate drohen den Tod durch Erschießen an.

Der Rudi, viele Jahre später Grenzpolizist in Mittenwald, hat die beste Idee. „Sepp", sagt er zu mir, „du bist doch jetzt der Mesner in Ottershausen. Wir können das Zeug im Langhaus der Kirche, ganz oben unter den Brettern verstecken. Du hast den Schlüssel zur Kirche, und wenn wir mit diesem Versteck auffliegen, fällt uns schon was ein."

Ja, ich bin seit dem Umsturz Mesner und bete beim Rosenkranz immer schön vor. Der Pfarrer und die Leute sind mit mir zufrieden und meine Mutter sieht mich schon als Kaplan am Altar stehen.

In der Nacht machen wir vier unsere kleine Filialkirche, die dem Heiligen Jakobus geweiht ist, zu einem Waffenlager. Obwohl keiner von uns ein Tratschweib ist, schwören wir uns gegenseitig, kein Wörtchen zu verlieren, nicht einmal die geringste Andeutung. Wenige Tage später schon in der frühen Nacht, hole ich nach dem Gebetläuten meinen Karabiner unter den Bodenbrettern des Langhauses hervor und trage ihn in den Leitenwald, der dem Grafen Haniel von Haimhausen gehört.

Ich hab ihn in ein öliges Tuch gewickelt damit er im neuen Versteck unter einigen Jungfichten nicht rostet.

Ein paar Tage darauf ergibt sich schon eine gute Gelegenheit. Amis fahren mit ihren Jeeps im Untermoos über die Wiesen und knallen vom fahrenden Auto aus Rehe ab. Wenn's da rumst und kracht, denke ich, wird ein Schuß von mir in der Dämmerung auch nicht auffallen.

Getroffen! Ein Bock mit einem Dreiergeweih liegt am Waldrand im Gras.

Was mach ich jetzt? Ich renne heim, von hinten in den Hof rein, unauffällig in die Küche und hole mir das beste lange Messer.

Zurück bei meiner Jagdbeute ziehe ich das Fell ab und schneide die beiden Hinterschenkel ab. Pardon, von der Jägersprache habe ich keine Ahnung! Dann noch das Fleisch von den Schultern, mit den Vorderläufen und das meiste vom Rückenfleisch. Den Rest überlasse ich großzügig den Füchsen. Ich reibe das Fleisch mit Salz ein und schichte es in den Rucksack.

Sehr früh am nächsten Morgen fahre ich mit dem Radl mit meinem Schatz auf dem Gepäckträger nach München. In Schwabing kenne ich ein paar Familien in der Clemensstraße, die Wallners, die Honeckers und das Ehepaar Fuß. Ihnen hat meine Mutter in Friedenszeiten Eier, Butter und Gockerl an der Wohnungstür verkauft. Die Leute sind hoch erfreut über den Rehbraten, der noch heute aufgetischt werden kann. Sie können mir nichts zahlen, was mich zufrieden stellen könnte, aber egal!

Beim "Foto Kohler" in der Haimhauser Straße aber bekomme ich für einen Rehschlegel eine Voigtländer-Kamera mit ein paar Filmen und kriege gezeigt, wie man damit umgeht und wie man einen neuen Film vorsichtig einlegt. Auf der Heimfahrt überlege ich mir, der Haberberger Mari anzubieten, ein paar schöne Fotos von ihr zu machen. An diesem heutigen Tag habe ich Böses, aber auch Gutes getan. Insgesamt bin ich hochzufrieden mit mir. Nicht einmal den drei anderen der Viererbande werde ich was sagen.

Der Weinmeier Done kennt sich mit dem Schwarzmarkt in München gut aus. Vor allem in der Möhlstraße ist viel los. Da kann man solche Sachen wie Eier und Butter, aber auch Fleisch und frische Fische gegen Zigarettenstangen und Tabak tauschen. Die amerikanischen Zigaretten sind die alles bestimmende Währung.

Der Done weiß auch, wie man sich verhält, wenn MP, die Militärpolizei, auftaucht, die mit den weißen Wampenriemen. Man muß schon vorher einen Fluchtweg geplant haben, sonst ist alles zu spät.

Jetzt, im Jahr 1945, sind die Flüsse voller köstlicher Fische. Es gibt noch keine künstlichen Waschmittel, die den Fluß verderben können. Die Frauen waschen mit Kernseife, einem Naturprodukt. Sie bürsten die weiße Wäsche auf dem Tisch und schwenken sie im fließenden Wasser der Bäche und Flüsse. Auch in der Amper und am meisten in der Nebenamper, liebevoll "Amperl" genannt, wimmelt es nur so von Fischen aller Art. Das ist weiter nicht verwunderlich, denn die Berufsfischer waren in den Kriegsjahren auch beim Militär und an der Front und konnten sich nicht um ihre Fische kümmern.

Also, wir probieren es mal mit einer Handgranate. Der Kopp Rudi wirft sie in die Gumpe am oberen Amperl. Es wummt und das Wasser hebt sich in einem Kreis von ca. vier Metern.

Da tauchen sie auch schon mit geplatzter Schwimmblase bäuchlings an der Oberfläche auf. Hoppla, das sind ja 25 bis 30 Fische jeder rund drei bis vier Pfund schwer. Wir fangen sie barfuß im seichten Wasser ab und werfen sie auf die Wiese ins Gras. Der Rudi schlitzt ihnen mit seinem Schnackelmesser die Bäuche auf und wir waschen sie dann im fließenden Wasser aus. Dann füllen wir sie in drei Rucksäcke.

Wir fahren mit dem Radl mindestens eine Stunde nach München - Möhlstraße. Beim Egerbacher Schorsch platzt schon vor der Stadt bei Freimann der vordere Reifen. Er sucht sich, wie er uns später erzählt, einen Radltandler, der ihm den Schaden repariert. Der Radlspezialist gibt ihm für acht Fische neue Reifen mit Schlauch und dazu noch ein komplettes Flickzeug.

Am Schwarzmarkt in der Möhlstraße herrscht reger Betrieb. Es ist keine Polizei da, und wir fahren mit acht Stangen Zigaretten heim. Mein Vater probiert nach seiner schweren Typhuserkrankung erstmals eine amerikanische Zigarette. Sie schmeckt ihm und er ist überzeugt, daß sie ihm auf keinen Fall schadet.

Der Weinmeier Done nimmt Verbindung zu amerikanischen Soldaten auf. Wie er das schafft, bleibt mir ein Rätsel. Ich vermute, zwei seiner körperlich schon gut entwickelten Schwestern haben Kontakt zu GIs gefunden. Done kann doch kein Englisch! Aber schon nach ein paar Tagen quatscht er einige Kraftausdrücke. Ich verstehe ihn zwar nicht, aber das muß ja auch nicht sein. Done ist ein Knirps, er ist noch ein wenig kleiner als ich. Zu meiner Überraschung schafft er es, daß er das Kompaniemaskottchen bei seinen Amifreunden wird. Sie schneidern ihm eine eigene kleine Uniform und setzen ihm ein Schiffchen auf den Kopf. Er schaut wirklich süß aus. Er bringt uns ab und zu auch Schokolade und Kaugummis.

Ich ermahne ihn, den Amis ja nichts von unseren Waffen zu erzählen. Da ist er fast beleidigt. Er ist nicht mehr jedes Mal dabei, wenn wir fischen gehen.

Die Möhlstraße ist ein guter Schwarzmarkt. Einmal, wir sind gerade mitten im Handelsgeschäft, schreit irgendein Idiot: „Die MP kommt!" Die Leute wuseln durcheinander und flüchten, so gut es geht. Dann stellt sich heraus, es ist ein Falschalarm, wahrscheinlich in der Absicht ausgelöst, um zu Boden gefallene Schwarzmarktware für sich einzusammeln.

In diesen Monaten, glaube ich, gibt es Leute, die den Schwarzhandel zum Beruf gemacht haben. Sind auch wir zu Schiebern geworden? Ich stelle mir diese Frage schon, aber ich beantworte sie lieber nicht.

Zurück im Gymnasium

Anfang Oktober 1945 kommt aus Freising vom Direktorat des Domgymnasiums ein Brief an die Eltern Christian und Walburga Roßmair. Die Schule nimmt den Unterricht Ende Oktober wieder auf. Der Schüler Josef Roßmair hat einen Aufsatz mit dem Thema „Eine Wanderung durch meine Heimat" vorzulegen. Anscheinend soll die Arbeit belegen, daß ich in dem unterrichtfreien Jahr nicht völlig verblödet bin. Mit Hilfe meines Freundes Professor Schinnerer, der meine erste Aufsatzfassung mit Kopfschütteln und der Bemerkung „Ein wenig hölzern" bewertet, schaffe ich diese Hürde. Ich fahre nach Freising und rücke wieder ins Knabenseminar ein. Meine Mutter freut sich, weil ich jetzt wieder täglich in der Messe bin und voraussichtlich nach dem Abitur und Theologiestudium zum Priester ausgeweiht werde.

Die nächsten Monate wird nicht gejagt und gefischt, denn ich bin in Freising und der Kirchenschlüssel ist bei meiner Mutter. Sie besorgt das Gebetläuten. Die Hoffnung der Viererbande liegt bei den Oster-, Pfingst- und den Sommerferien des nächsten Jahres. Dann wollen wir die Geschäfte mit Rehwild und Fischen wieder aufnehmen.

In der Schule geht es mir erstaunlich gut, viel besser als vor der Zwangspause wegen des verpaßten Endsieges. Wir haben einen jungen Mathe- und Physiklehrer namens Maisch. Mir offenbart er die zwingende Logik der Mathematik und auch die physikalischen Gesetzmäßigkeiten so einleuchtend, daß ich alles verstehe, jede Formel und ihre Regeln begreife und mir nichts mühsam durch Wiederholung einprägen muß.

Maisch wird von der Klasse geradezu verehrt; er bekommt keinen Spitznamen verpaßt. Sein fundiertes Wissen öffnet uns auch Fenster in die Zukunft. Von ihm erfahren wir zum Beispiel, daß die besonders schweren Arbeiten schon bald über die Hydraulik erledigt werden. Er redet über die friedliche Nutzung der Atomenergie und besonders faszinierend über die Energie der Sonne und den unermeßlichen Weltraum. Damals höre ich zum ersten Mal das Wort Urknall, kann mir aber wirklich nichts Konkretes vorstellen.

Mein Weltbild nimmt ganz neue Formen an. Der Schöpfungsbericht der Bibel verblaßt. Die Suche nach einem Schöpfer als Zünder des Urknalls bleibt. Ich wundere mich nicht, daß Maisch - wie ich nach Jahren höre - Direktor eines zweiten Gymnasiums in Freising wird.

Die Osterferien im Frühjahr 1946 verlaufen mit guten Schwarzmarkterträgen. Ich schieße ein junges Reh, und Fische werden auch nach München in die Möhlstraße geschafft. Der Kopp Rudi und der Egerbacher Schorsch haben richtig das Rauchen angefangen, und der Weinmeier Done raucht schon lange wie ein Schlot. Mich hindert die Sucht meines Vaters und weil meine Brüder auch nicht rauchen.

Dann kommt es, wie es kommen muß: In den Pfingstferien fliegt die Viererbande dann auf. Der Eigentümer der Fischwasser am Amperl hat wahrscheinlich den Braten gerochen und uns bei den Amerikanern verpfiffen. Oder hat einer der anderen drei sich verplappert?

Ich bin grad mit meinem Bruder Wig nachmittags auf dem "Neufeld"-Acker beim Distelstechen. Da fährt auf einmal ein amerikanischer Armee-Pritschenwagen in schnellem Tempo durch den kniehohen Weizen auf uns heran. Ich denke noch, die sollen doch die Saat schonen, da springen schon zwei Amis auf mich zu, schreien mich an, packen mich bei den Armen und Füßen und schleudern mich brutal auf die Ladefläche, daß es nur so kracht.

Ich lande im Knäuel meiner Verbrecherkameraden. Der Schorsch jammert vor sich hin, er ist anscheinend bei der Festnahme verletzt worden. Oder hat ihm der Ami bewußt ein Paar Schläge in den Leib verpaßt? Ein Soldat sitzt bei uns auf der Ladefläche auf einem Kissen, eine Zigarette im Mundwinkel und die Maschinenpistole auf den Knien. Er schaut grimmig drein und schreit ab und zu ein paar Worte, „fuck you" oder sowas.

Über Ottershausen, Maisteig und Lohhof geht's auf der Ingolstädter Landstraße Richtung München. Im Gelände der sogenannten SS-Kaserne werden wir von einer Gruppe von Soldaten in Empfang genommen, denen man den brutalen Umgang mit Straftätern schon ansehen kann. Wir werden an die Wand gestellt, die Hände überm Kopf, und zunächst kriegt jeder von uns eine Serie von Ohrfeigen und Schlägen auf Körper und Beine verpaßt. Zwei Amisoldaten stehen sechs bis acht Meter vor uns und machen sich mit Maschinenpistolen zu schaffen, als ob sie uns bald erschießen wollen. Es geschieht aber nichts dergleichen.

Bei den Offizieren ist inzwischen anscheinend Feierabend. Wir werden in einen Keller gedrängt und merken, daß wir eingesperrt sind. An diesem Abend bekommen wir weder Brot noch Wasser. Das erleichtert uns das Nachdenken über unsere Verbrechen ungemein.

Die Stimmung ist schier hoffnungslos. Eine Glühbirne leuchtet den Raum nur notdürftig aus. Ich friere und es ist mir auch übel, denn seit Mittag hab ich nichts gegessen, die anderen drei genauso.

Trotzdem, mein Hirn arbeitet sehr schnell. Ich denke, wir vier Kerle sind alle erst 16 Jahre alt und somit noch nicht voll straffähig. Das gilt sicher auch bei den Amis so. Sie können uns also nicht erschießen. Außerdem ist mir klar, daß ich bei den Verhören der Sprecher sein muß, weil ich ein paar Jahre Schulenglisch gelernt habe. Daß da auch ein Dolmetscher da sein kann, kommt mir nicht in den Sinn. Den drei Freunden rate ich also, sie sollen so tun als ob sie nichts verstehen. Dann sprechen wir unsere Strategie ab: Ja, wir haben zwei Rehe geschossen und mit Handgranaten ein paar Mal Fische gefangen, aber nur weil wir großen Hunger haben. Das sieht man uns auch an. Das müssen die Amis glauben, denn keiner von uns hat wirklich Fleisch auf den Rippen. Alle vier sind wir richtig mager. Nirgends ist auch nur ein Gramm Fett an uns zu finden.

Schon überhaupt nicht haben wir daran gedacht, die Waffen gegen unsere amerikanischen Befreier zu erheben. Das werden wir nie und nimmer tun. Wir sind froh, daß das elende Nazi-System endlich verschwunden ist.

Wir kennen aber in München Leute, die wirklich ganz arg hungern; denen haben wir Wildfleich und Fische geschenkt, um sie vor dem Hungertod zu retten. Meinen Kameraden sag ich, ihr müßt euch ein paar Namen ausdenken und parat haben, von solchen Hungergestalten, gibt's ja genug.

All dies brütet mein Hirn in ganz kurzer Zeit aus. Und meine Freunde bewundern mich. Ich glaube, ich mache ihnen Mut. Selber hab ich aber Zweifel, ob die Amis diesen dick aufgetragenen Schmäh glauben oder aber ihn durchschauen und dann besonders wütend werden. Ich werde also nicht so dick auftragen.

In dieser Nacht bete ich seit langem wieder mal zum lieben Gott, er möge uns helfen, so daß wir unseren Kopf aus der Schlinge ziehen können. Wir reden noch darüber, in welche Ecke wir pissen sollen, wenn einer muß. Aber dann kommt doch noch eine Wache von zwei Soldaten zur Kontrolle, und nacheinander kann jeder von uns auf das Klo. Dort können wir an einer Leitung den Durst stillen. Ich bin angenehm überrascht, daß uns diese zwei Amis relativ gut behandeln. Das gibt Hoffnung. Dann schlafen wir auf einer Wolldecke am blanken Betonboden, so gut es geht.

Am anderen Tag beginnen dann die Verhöre. Zuerst werden unsere Personalien aufgenommen. Schorsch kann nicht einmal seine Hausnummer aufsagen. Ist er so aufgeregt oder weiß er sie wirklich nicht? Sein Familienname Wenig sagt einiges aus über seine geistigen Kapazitäten. Die Amis sitzen hinter dem Schreibtisch, haben ihre Beine auf der Schreibfläche und Stöcke in der Hand. Einer wirft Schokoladebröcklein hin, wie für uns zum Fraß. Wenn wir danach langen, weil wir immer noch nichts zu futtern hatten und vor Hunger schier nicht mehr geradeaus schauen können, dann sausen die Stecken unbarmherzig auf unsere Finger nieder. Das macht Spaß bei unseren Peinigern.

Die Spannung steigt, denn sie fragen nur Bangloses. Wo hinaus wollen sie? Der Done hebt den Finger, wie in der Schule, wenn man austreten muß. So werden wir umständlich je von zwei

Soldaten bewacht zum Klo geführt. Dann werden wir wieder im Keller eingesperrt.

Nachmittags, so gegen zwei Uhr, werden wir einem Offizier vorgeführt. Er spricht ein perfektes Deutsch, weit besser als meines. Er gibt sich auch kultiviert. Zuerst kramt er in den Papieren, die vormittags aufgeschrieben wurden, dann sagt er: „Kopp Rudolf."

Der Rudi sagt gar nichts, mich schaut er hilfesuchend an.

Der Offizier fragt mich: „Wer bist du?" Ich sage meinen Namen und daß meine Kameraden meinen, ich solle alles sagen. Der Offizier sagt: „Ka-me-ra-den gibt's nicht mehr." Und er betont dabei jede Silbe extra. Er will uns klarmachen, die Wehrmachtskameradschaft der deutschen Armeen ist mit der Kapitulation endgültig dahin. Aus, Amen!

Dann hab ich Gelegenheit, die "Verbrechen" an Rehen und den Fischen unserer Heimat in einem guten Licht der Barmherzigkeit gegenüber den vielen Hungernden darzulegen.

Ich merke, der Ami ist amüsiert. Ich spüre, daß sich ein wenig Sympathie für uns vier Hungerleider in seine Fragen einschleicht. Jetzt ist es für mich Zeit ihm zu sagen, daß ich Gymnasiast bin und gemäß dem Wunsch meiner Eltern vielleicht einmal Priester werde. Hoppla! Er ist erstaunt über meine Phrasendrescherei, aber er lacht immer noch. Ich nehme mir vor, im weiteren Geplänkel mich mehr der Wahrheit anzunähern.

Er fragt mich noch, wie ich das Schießen und den Umgang mit den Waffen gelernt habe. Und ich gebe ihm Bescheid, daß wir Jungen alle bei der "Hitlerjugend" quasi vormilitärisch ausgebildet wurden. Das war Pflicht, auch für sogenannte Pfarrerbuben.

Ich sage ihm, wir sind an Kleinkalibergewehren im Schießen geschult worden. Auch haben wir vom Frühjahr bis zum Herbst regelmäßig im Gelände Kriegsübungen gemacht.

Das Verhör geht dann rasch zu Ende. Wahrscheinlich muß der Offizier noch das Protokoll schreiben und dann hoffe ich, daß wir in Gnaden entlassen und nach Hause gefahren werden.

Denkste! Wir werden wieder im Keller eingesperrt, die zweite Nacht. Ich bin sehr bedrückt, und es braucht gar nicht viel, dann werde ich seit langem wieder mal weinen.

Am Vormittag des dritten Tages ist weiter nichts passiert. Eine Wache kommt, damit wir aufs Klo können. Der eine Ami ist sehr nett und schenkt uns eine große Tafel dunkle Schokolade, nach meiner Erinnerung ca. 200 bis 250 Gramm. Grad daß wir sie nicht ausraufen. Ich schäme mich vor dem Soldaten und will dann gar nichts haben. Der Rudi, der Done und der Schorsch merken aber noch rechtzeitig, daß sie sich daneben benehmen und geben mir meinen Anteil.

Am Nachmittag müßen wir einen größeren Jeep besteigen und werden durch ein Ruinenfeld, was einmal München war, zum Marienplatz gefahren. Im schön hergerichteten Alten Rathaus werden wir einem sehr hohen Offizier vorgestellt, mindestens ein General. Wie ich von meinem Freund Friedl Schreiber erst vor Kurzem erfahren habe, ist es der Panzer-General George S. Patton, der die Truppen in der amerikanischen Besatzungszone kommandiert. Der Vernehmungsoffizier von gestern, der so gut deutsch spricht, ist auch anwesend. Wir vier stehen wie ein Häuflein Elend da, ich bin sehr aufgeregt, denn jetzt werden wir wohl verurteilt.

Der Offizier von gestern trägt unsere Sache in perfektem Duktus dem General vor und macht nach längeren Ausführungen offenbar einen Vorschlag. In meiner Aufregung hab ich so viel wie nichts von seiner Rede in Englisch mitbekommen.

Die Situation erscheint mir hoffnungslos. Der General ist ganz offensichtlich die letzte Instanz und wird über uns urteilen. Er frägt mich aber erst nach den Absichten und Gründen unseres Tuns, so wird mir übersetzt.

Ich sage zuerst nichts und nach einer Pause nur das Wort: „Hunger!" Mehr bringe ich nicht heraus!

„Hunger!", stoße ich nochmals hervor.

Ich soll es näher ausführen. Da lege ich los, daß wir hungrig ins Bett gehen und hungrig aufstehen, auch als Schüler im Gymnasium, daß wir oft nicht lernen und denken können, weil uns die Kraft fehlt. Dann sage ich noch, „Alle in meiner Familie sind gute Christen und haben mit den Nazis nie etwas zu tun haben wollen und das ist auch wirklich wahr."

Weiter sage ich: „Meine Mutter betet für uns alle und geht fleißig in die Kirche und sie betet auch für euch Amerikaner." Das wird von dem Deutsch sprechenden Offizier übersetzt.

Der General lächelt mich an und sagt dann, was auch wieder übersetzt wird, „Und du", sagt er zu mir „du hast eure kleine Kirche zu einem Waffenlager gemacht."

Da bin ich erledigt. Ich sage nichts mehr, im Schweigen bin ich ganz groß.

Wie im Nebel geht alles scheinbar sehr schnell und an mir vorbei und schließlich zu Ende. Ganz benommen erfahre ich, daß wir entlassen sind und nach Hause gehen können. Ist das wahr?

Der Done sagt frech zu mir, sag ihnen, sie sollen uns nach Haimhausen heimfahren. Aber die Amis denken nicht daran! So laufen wir gegen fünf Uhr abends los, das heißt wir torkeln mehr als daß wir gehen. Kurz vor Mitternacht komme ich heim. Ich trinke einige Tassen Kuhmilch. Ich könnte jubeln vor Freude, und die Amerikaner sind seit heute meine Freunde.

Am anderen Morgen erwarte ich ein Donnerwetter meiner Mutter. Aber sie sagt nur, ich soll mich schämen. Das tu ich auch. Dann sagt sie noch, daß es eine Schande war, wie vor drei Tagen die Amis die Waffen aus der Kirche getragen haben. Sie als Mesnerin mußte die Kirche aufsperren und die ganze Zeit voller Verdruß warten.

Ich bin froh, daß jetzt alles vorbei ist. Schluß, Aus, Epfe, Amen!

Meine Mutter fragt mich am Abend, ob die Kirche jetzt neu geweiht werden muß. Nein, sage ich, mit den Waffen ist in der Kirche nichts passiert. Das wäre anders, wenn da in der Kirche jemand erschossen worden wäre. Sie sagt nichts, aber wahrscheinlich staunt sie über ihren gescheiten Sohn.

Ich nehme mir ganz fest vor, in Zukunft nichts Strafbares mehr zu tun, aber gut zwei Jahre später leiste ich Widerstand gegen die Staatsgewalt und versuchte Körperverletzung.

Der Kraklauer

An einem Winterabend, ich fahre von Freising kommend ab Lohof mit dem Radl über Maisteig die Schloss-Allee herab auf die Kreuzung Schloßklause zu, wo man links nach Ottershausen und rechts nach Haimhausen abbiegt. Es ist um den Gefrierpunkt kalt. Mein Dynamorädchen schleift, weil es im Matsch schmiert und dann vereist. Also schalte ich den Dynamo ab. Es ist ohnehin nicht ganz dunkel, denn der Mond steht am Himmel und niemand außer mir ist unterwegs.

Da, auf einmal leuchtet eine Taschenlampe auf, sie wird in einem Bogen hin- und hergeschwenkt. Als ich mich nähere höre ich: „Halt, Polizei. Sie fahren ohne Licht!"

Ich kenne ihn sofort, er aber kennt mich nicht, weil ich nur selten in Haimhausen auftrete. Es ist der Kraklauer vom Polizeiposten in Haimhausen, ein vor allem bei den Bauern verhaßter Zeitgenosse, weil er sie mit Anzeigen wegen Schwarzschlachten drangsaliert und so weiter. Auch meine Mutter hat er wegen verbotenem Milchzentrifugieren und Ausbuttern schon vor den Kadi gebracht.

Er stellt das Rad hinter seinen Rücken und lehnt sich ans Rad an. Dahinter geht's die Böschung hinunter in den tiefen Schnee. Er will mir zwei Mark abknöpfen. Aber ich sage, ich hab kein Geld dabei, was auch wirklich stimmt. Umständlich holt er jetzt einen kleinen Block hervor, um mein Fehlverhalten gehörig zu protokollieren.

Er fragt: „Name?"; ich sage: „Schwarzfischer!"; „Vorname?"; ich sage: „Max."

Mein Hirn arbeitet schnell und ich merke, daß ich aus diesem Unterholz nicht mehr herauskomme. Der Zorn über diesen Leuteschinder fördert meine blitzschnelle Entscheidung. Mit einem kräftigen Stoß werfe ich ihn samt seinem Dienstrad die Böschung hinab in den tiefen Schnee.

Ich hätte nicht geglaubt, daß ein Polizist so abscheulich fluchen kann. Aber schon bin ich auf meinem Radl dahin, mit einem uneinholbaren Vorsprung. Dem Kraklauer ist offenbar nicht viel passiert, denn schon anderentags fahndet er nach dem Verbrecher Schwarzfischer, aber erfolglos. Tage später fragt mich mein Bruder Christian, ob ich einen Schwarzfischer kenne. Ich schüttle nur den Kopf.

Warum ging Kraklauer allein auf Streife? Wollte er seiner langen Erfolgsliste ein weiteres Strichlein anfügen? Ein Wadlbeißer kriegt halt manchmal einen Tritt!

Wie ich schon sagte, hat der Kraklauer meine Mutter beim verbotenen Milchzentrifugieren erwischt und bei der anschließenden Hausdurchsuchung auch das Butterfaß beschlagnahmt. Meine Mutter aber ist eine couragierte Frau, sie hat ihr Tun vor dem Amtsrichter in Dachau mutig verteidigt. Sie hat nichts abgestritten, aber gesagt, ihr Mann hat einen schweren Typhus durchlebt. Und wenn sie ihn nicht mit Butter und sonstigen guten Sachen versorgt hätte, wäre er schon längst am Friedhof.

Als sie merkt, daß der Herr Richter freundlich dreinschaut und etwas lächelt, wird sie noch mutiger und behauptet dreist: „Auch die Herren Polizisten leben nicht allein von den Sachen, die man auf die Lebensmittelkarten bekommt." Die Aufmerksamkeit des Publikums im Gerichtssaal ist nicht nur geweckt, sondern sogleich äußerst gespannt. Die Leute raunen durcheinander, so daß der Herr Amtsrichter um Ruhe bittet.

Dann will es Seine Ehren von meiner Mutter genauer wissen und fragt sie, ob sie den beiden anwesenden Polizisten den Vorwurf des Hamsterns mache. „Nein", sagt meine Mutter, „aber, Herr Richter, schauen Sie unsere Polizisten doch selbst an, wie gut die genährt sind. So schöne, runde Köpfe kann man nicht haben, wenn man nur von Licht, Luft und Amperwasser lebt. Von den Markenlebensmitteln kann man nicht so zufrieden in die Welt schauen. Von Hunger ist bei unseren Polizisten keine Spur."

Der Saal tobt. Der Kraklauer und sein Kamerad, der Sammer, kriegen rote Köpfe, so daß sie noch ein wenig draller aussehen.

Meine Mutter wird freigesprochen, dafür daß sie für die Gerechtigkeit gekämpft hat.

Um der Wahrheit willen will ich hier aber anfügen, daß von den Polizisten im Posten Haimhausen allein der Kraklauer so scharf und deshalb so unbeliebt ist.

Seine Kameraden, der Sammer und der Dunkel sind ziemlich volksnah und machen manchmal einen Spaß mit den Leuten oder schauen bei Kleinigkeiten auch mal durch die Finger bzw. weg.

Das ist schon sehr wichtig! Sie vertreten ja die unmittelbare Staatsmacht auf dem Lande. Unser bayerisches Volk soll allmählich Vertrauen zur neuen demokratisch legitimierten Obrigkeit fassen und sie als gerecht wahrnehmen, was in der Hitlerzeit von 1933 bis 1945, zwölf Jahre lang nicht immer der Fall war.

Das Vertrauen wird wachsen, wenn der Polizist als Freund und Helfer des mündigen Bürgers wahrgenommen wird, nicht als sein Gegner oder Kontrolleur. Ja, wir sind jetzt Bürger, keine "Volksgenossen" mehr. Die "völkische Gemeinschaft", die die Nazis in ihrem absurden Elitedenken immer beschworen haben, ist von der Geschichte ausgelöscht worden. Wir Deutsche sind Gottseidank wieder ganz normale Menschen.

Für uns Bürger ist es schon sehr neu und ungewohnt, daß wir in unserer Gesamtheit eigentlich der Souverän sind, also daß wir selbst die Staatsmacht verkörpern. Im Gymnasium lernen wir die amerikanische Verfassung analysieren, nach der die Bürger vor allem Rechte haben, neben den Pflichten.

Die Bürgerrechte müßen im Bewußtsein des bayerischen Volkes erst wachsen und Gestalt annehmen. Gerechtigkeit und Freiheit sind neue, ganz hohe Güter. Vor allem die Freiheit der Gesinnung ist uns noch ungewohnt. Aber das wird schon werden!

Kunstakademie Haimhausen

Im Sommer 1946 ist auf einmal in Haimhausen und Ottershausen viel los. Der Betrieb der Kunstakademie München wird wieder aufgenommen. Die Mal- und Zeichenklassen, die Kupferstich- und die Radierwerkstätten ziehen ins Haimhauser Schloß ein. In München, in Schwabing sind die alten Gebäude der Münchner Akademie der Schönen Künste so zerstört, daß auf Jahre hinaus an einen geregelten Unterricht der Studenten nicht zu denken ist. Der weitläufige Cuvilliés-Schloßbau in Haimhausen dagegen ist unversehrt durch den Krieg gekommen und unter den gegebenen Umständen bestens geeignet für den Kunstbetrieb.

In unserem Bauernhaus ziehen sechs Studentinnen ein, je zwei in einem Schlafzimmer. Sie besuchen den Mal- und Zeichenunterricht, um nach Abschluss des Studiums in Oberschulen und Gymnasien den Kunstunterricht zu übernehmen. Bei den jungen Kerlen von Ottershausen heißen sie "Kunstweiber" oder "Malweiber". Das ist keine Beleidigung, denn wir beten beim Rosenkranz von der Mutter Jesu wörtlich „Du bist gebenedeit unter den Weibern." Frauen, das sind die Weiber in der Stadt, und solche, die nicht arbeiten müßen.

Mein väterlicher Freund, Professor Adolf Schinnerer, ist von der Regierung in München mit Genehmigung der Besatzungsmacht zum Präsidenten der Münchner Kunstakademie berufen worden. Ich denke, daß er wie kein anderer dafür geeignet ist. Ich kenne seine persönliche Geschichte, ich weiß eigentlich viel von ihm. Zeitlebens hat er an den Grundideen des Impressionismus festgehalten und wollte sie weiterentwickeln, so sagt man mir. Allzuviel versteh ich aber nicht von der Kunst, aber daß über Stilfragen ständig und heftig gestritten wird. Die Nazikunst, diese reale Blut-und-Boden-Kunst, das hab ich schon als Schüler mitbekommen, gilt nichts mehr. Ihr haben zwei Maler in Haimhausen angehangen, der Erbe Fritz und der Bergmann

Klaus. Sie haben kraftvolle Bilder gemalt und die bayerische Heimat in ihren Landschaftsbildern noch weiter veredelt.

Schinnerer hat selbst in der Nazizeit vorwiegend Themen und Motive aus dem Alten Testament bearbeitet. Deshalb, und auch weil er am Impressionismus festgehalten hat, hat er 1937 Ausstellungsverbot bekommen. Er war somit als Künstler kaltgestellt. Ja, mein Freund hat sich nicht verbiegen lassen, deshalb stand er bei den Nazis auf der langen Liste der Verdächtigen und wurde mehrmals verhört. Seit 1937 schon galt seine Kunst als "entartet".

Jetzt, in meinem Rentnerdasein besitze ich drei Ölbilder von ihm: "Judith" (1913), "Ernte" (1939) und "Pferdeschwemme" (1945). Das Bild "Judith" hab ich vor kurzem an meine Tochter Judith abgegeben, sie ist zu diesem Zeitpunkt eine berühmte Theaterschauspielerin und der Kunst sehr nahe. Ich habe ihr von dem historischen Hintergrund der Judith des Alten Testaments erzählt. Für die Geschichte der Juden war die biblische Judith eine ganz große Frau, eine Heldin.

Das Bild "Ernte" zeigt ein Getreidefeld an einer Allee von Bäumen entlang mit einer fast schon ganz beladenen

Getreidefuhre. Pferde sind vorgespannt, sommerlich gekleidete Bauersleute arbeiten an der Einbringung des Getreides in die Scheune. Auf dem Bild herrscht eine friedliche Stimmung im August 1939, unmittelbar vor dem Beginn des großen Krieges am 1. September. Ich kann mir vorstellen, was für ein Jammer den Künstler da ahnungsvoll bewegt hat.

Das dritte Bild "Pferdeschwemme", das 1945 entstand, geht mir besonders nahe. Einer der Pferdewäscher ist ganz bestimmt mein Bruder Wig, der andere bin ich. Das Bild zeigt eine Kiesbank in der Amper mit drei jungen Pferden, die von zwei Burschen geschwemmt, also gewaschen werden, ein sehr schönes Stimmungsbild.

1945 sind wir in der Landwirtschaft noch ganz in der Handarbeitsstufe. Bulldoggs oder Dieselschlepper haben nur ganz große Höfe. Damals haben wir auf unserm Hof zwei Zugpferde, die Bobby und die Gretel, und zwei Ochsen, den Max und den Moritz. Ich, als 15-Jähriger muß immer mit den Ochsen fahren, wenn ich dabei bin. Das macht mir aber nichts aus. Meine Brüder zeigen mir dadurch, wo ich als Gymnasiast in der Arbeitshierarchie des Hofes hingehöre, sie sind die Bauern und ich bin der studierte Depp, der nur mit den langsameren Ochsen fuhrwerken kann.

Ich mag den Max und den Moritz. Manchmal lege ich ihnen heimlich ein paar Hände voll Hafer, der eigentlich für die Rosse vorgesehen ist, in den Barren. Da schlecken sie, daß es eine Freude ist, ihnen zuzuschauen. Ich glaube die zwei Ochsen mögen mich auch. Beide wollen mir immer die Unterarme und Hände ablecken.

Wenn ich auf dem Acker mit ihnen bei der Pflugarbeit unterwegs bin, gönne ich ihnen so alle halbe Stunde eine kleine Pause. Da können sie dann auch ihr Urinwasser in Ruhe ablassen. Das dauert bei den Ochsen etwas länger als bei den Stuten. Die Stuten spreizen ihre Hinterbeine und schütten ihr Wasser schnell aus.

Ich sage immer, die Ochsen sind den Menschen sehr nahe, weil sie sozusagen auch mit dem Kopf arbeiten und wenn man sie gut behandelt, dann leisten sie kaum weniger als ein Pferdegespann.

Viel, viel besser als die Ross sind die Ochsen jedenfalls, wenn sie geschlachtet sind. So ein Ross verschwindet in irgendeiner Salami. Aus einem Ochsen aber wird feinstes Ochsenfleisch, zum Beispiel ein saftiger Tafelspitz. Oder ich denke auch an eine würzige Ochsenschwanzsuppe. Von der Ochsenlende will ich erst gar nicht schwärmen, sonst läuft mir nur das Wasser im Mund zusammen. Für mich das höchste aber ist ein gut gewürzter Ochsenmaulsalat!

Die alten Ägypter haben zur Zeit der Pharaonen, das weiß man zuverlässig, ihre Schlachtochsen mit Brot gemästet. Die Ägypter waren eben echte Genießer. Manche moderne Menschen haben leider keine Ahnung von einem guten Ochsenfleisch. Da können die Europäer allerdings von den Japanern einiges lernen. Dort im Fernen Osten wird ja schier ein Kult mit dem Ochsenfleisch getrieben. Leider hab ich keine Gelegenheit, das zu probieren und natürlich auch nicht das nötige Geld.

Unsere zwei Stuten haben fast regelmäßig Fohlen. Mit Jährlingen und Zweijährigen haben wir am Wasser unseren Spaß. Die Koppel, in der sie freien Lauf haben, liegt gerade vor Schinnerers Haus jenseits der Amper. Das hat den Künstler wohl inspiriert, als er das Bild "Pferdeschwemme" konzipiert hat. Viele der Ölgemälde des Künstlers Adolf Schinnerer zeigen Situationen des dörflichen Lebens in Ottershausen.

Die Familien Schinnerer und Roßmair "beim Schusterbauer" sind einander schon seit Beginn des Krieges zugetan. Die Schinnerers haben keine Scheu vor den Bauern, vor allem wenn sie merken, daß sie weltanschaulich nahe beieinander sind. Heute sagt man, sie liegen auf der gleichen Wellenlänge. Das Ehepaar Schinnerer hat zwei kleine Kinder, Albrecht und Regine, und da ist man dankbar, wenn es zusätzlich zu den Lebensmittelmarken beim Schusterbauern ab und zu und später sogar regelmäßig Eier, Milch, Mehl und Kartoffeln gibt. Und manchmal erhalten sie sogar ein wenig Butter und ein Stück Geräuchertes.

Schinnerer geht seine Aufgabe, die Akademie der Schönen Künste voranzubringen, beherzt an; bei unseren sechs Kunstweibern bzw. Malerinnen ist er sehr beliebt.

Die Studentin Else Knof ist zwei Jahre älter als ich. Sie geht im Sommer abends regelmäßig mit mir in der Amper baden. Wir ziehen schon zuhause die Badekleidung an, laufen dann über ein Wieserl zur Amper und springen von einem Waschbrückerl in hohem Bogen ins tiefe Wasser. Dann lassen wir uns ein paar hundert Meter im fließenden Wasser treiben und gehen am anderen Ufer an Land. Wir laufen dann auf dem Damm ca. einen Kilometer flußaufwärts, um dort von einem Steg aus wieder in die Amper zu springen. Das wird öfter wiederholt und auch bei miesem Wetter immer so gemacht.

Ich wundere mich, daß meine Mutter die "moralische Gefahr", die da neben ihrem Sohn herläuft, ohne Ermahnungen duldet. Aber es passiert wirklich nichts dergleichen. Wahrscheinlich betet meine Mutter ohne Unterlaß, daß ich keusch bleibe, was für einen Pfarreraspiranten ja sehr wichtig ist. Später bin ich froh, daß ich aus dieser Phase meiner Pubertät keine schlechten, amourösen Erlebnisse rumschleppen muß.

Die "Malerin" Sonja Lorenz, die auch bei uns wohnt, folgt mir wie ein Hunderl. Meine Mutter ist Mesnerin, aber in den Ferien bin immer noch ich Mesner, und als solcher mache ich ein Grab auf, weil jemand im Ort gestorben ist. Die Sonja ist interessiert und begleitet mich mit Zeichenblock und Stift bewaffnet zum Friedhof. Es ist wirklich kein Vergnügen in unserem harten kiesigen Friedhofsboden eine tiefe Grube auszuheben, aber heute habe ich ein Mädchen bei mir, das mich offenbar bewundert. So geht mir die Arbeit gut von der Hand.

Öcha! Was ist da? Ein Totenkopf! Die Sonja ist elektrisiert. Sie ermahnt mich, den Schädel ja nicht zu beschädigen. Sorgfältig lege ich ihn mit der Spachtel frei. Es ist ein schön geformter Kopf, wahrscheinlich von einer jungen Frau. Im Oberkiefer sind alle Zähne da. Ich stelle mir die junge Frau als lebenden Menschen vor und zwar mit einem schönen, lieblichen Gesicht.

Was machen wir jetzt?

Ja, ich muß weiterarbeiten. Es kommen noch viele Knochen hervor, die ich ins sogenannte Beinhaus lege. Den Schädel aber will unbedingt Sonja haben, zum Zeichnen von allen Seiten.

Ich hab da nichts dagegen, sage ihr aber, „Den mußt du zuerst reinigen und dann mit Salzwasser auskochen, damit er schön weiß wird."

„Hilfst du mir?", fragt sie. „Ja freilich. Paß auf, den legen wir ein paar Tage in einen Wassereimer, dann läßt sich die Erde leichter herauslösen."

Ja, so machen wir's. In unserer Saukuchl stehen acht bis zehn Eimer, weil jede Schweinebucht einen nahrhaften Trank bekommt, der in der Saukuchel vorbereitet wird. Ich lege den Totenkopf in einen solchen Futterkübel, fülle ihn mit Wasser auf und stelle ihn ganz, ganz hinten ab, in der Überzeugung, daß der Eimer in den nächsten Wochen überhaupt nicht benutzt wird.

Ein paar Tage sind schon vorbei, da: ein fürchterlicher Aufschrei meiner Mutter!!! Sie hat den Kübel in den Ausguß gekippt und dabei ist der Totenkopf herausgefallen.

Leichenblaß kommt sie in die Wohnküche, wo wir nach dem Mittagessen noch zusammensitzen. Gleich kommt sie auf mich zu und schlägt mich mit ihren Fäusten, bis sie ganz erschöpft zusammensinkt.

Ich lasse das über mich ergehen und sage nur: „Der Kopf hat mir gefallen, ich will ihn aufstellen, so daß er mich an den Tod erinnert, auch wenn ich noch jung bin."

Die Sonja verrate ich nicht. Der Kopf muß ins Beinhaus gelegt werden, das ist ein Befehl meiner Mutter. Eines Tages ist er nicht mehr da. Die Sonja verrät mir, der Kopf ist sehr schön weiß geworden, nachdem sie ihn zuhause in Moosburg ausgekocht hat. Sie habe viel Freude, ihn von allen Seiten zu zeichnen. Sie fürchtet sich nicht, auch wenn sie der Totenkopf am frühen Abend aus hohlen Augen anschaut. Ja, so hat alles seine Licht- und Schattenseiten.

Abitur

In Freising gehe ich inzwischen in die siebte Gymnasialklasse. Ich bin kein "Zögling" mehr, das heißt, ich bin nicht mehr im Knabenseminar untergebracht, bin kein "Krauterer" mehr, wie Stadtschüler und die Fahrschüler aus dem Freisinger Umland uns Seminaristen immer schon betitelt haben. Der rundliche Seminardirektor Rudi Brunner befragt uns der Reihe nach jeden Einzelnen eindringlich über seine Berufsabsichten. Das Ergebnis: Ich muß das gesegnete Haus verlassen, darf nicht mehr täglich die Messe besuchen und bin ab sofort den moralischen Gefahren der Stadt Freising ausgesetzt. Trotzdem, ich war gerne in diesem Internat, wir haben im Winter viel Schach gespielt und sonst auch viel Sport getrieben. Und vor allem: Kein Präfekt oder Instruktor hat meines Wissens jemals einen Seminaristen bedrängt oder gar verführt. Das hat's in Freising - im Unterschied zu Ettal und sonstigen Klosterschulen - gottlob nicht gegeben.

Die Familie meines Mitschülers Max Pongratz, die in der Unteren Stadt gegenüber dem Hacklbräu zur Miete wohnt, nimmt mich auf. In der Wohnung habe ich eine kleine Kammer ganz für mich, das tut mir gut, das hatte ich noch nie. Und es ist in den folgenden harten Wintern schön warm, denn mein Zimmerchen liegt genau über dem Ofen einer Bäckerei. Wenn ich bei miesem Wetter zum Fenster rausschaue, sehe ich manchmal Ratten über die Dachrinne laufen.

Mein Mitschüler, der Pongratz Max, ist ein Einzelkind und sehr begabt. Er ist unser Klassenprimus, er war es schon ab der ersten Klasse. Außerdem ist er ein begnadeter Klavierspieler. Ich bewundere sein Spiel, in dem er selbstvergessen dahinimprovisiert. Fugen und Rhapsodien von Franz Liszt sind ihm kein Problem. Ich bitte ihn, mir was Schönes vorzuspielen. Dann spielt er ohne Noten Mozart oder Chopin. Oder er sagt: „Was willst du hören?" Mir fällt aber nix ein, ich bin da ein

Bauernmensch. Mit ein paar anderen Schülern aus oberen Klassen spielt Max fast regelmäßig an den Wochenenden bei den Amerikanern im Lindenkeller am Weihenstephaner Berg. Da kommt er mitunter spät heim. Das macht ihm aber gar nichts aus, denn in der Schule fliegt ihm alles ohne jede Anstrengung zu.

Ich bin bei der Familie Pongratz gut untergekommen, denn die Miete ist Nebensache. Hauptsache sind Eier, Butter und geselchtes Fleisch, das ich von meinen Heimfahrten nach Ottershausen mitbringe. Wer in diesem sehr trockenen Hungerjahr 1947 einen Bauernhof im Rücken hat, ist gut dran. Der Max bringt zusätzlich Naturalien, Schokolade, Bohnenkaffee und Konserven von den Amerikanern mit nach Hause. So leben wir selbst im sehr mageren Hungerjahr 1947 zufriedenstellend, fast schon gut.

Im Herbst 1947 beginnt das Abiturjahr. Jetzt gilt es anzuschieben, denn die Noten der sogenannten Nebenfächer werden in das Zeugnis gehen. Bei den Hauptfächern entscheidet die schriftliche Abiturarbeit im Mai 1948.

Einige haben sich mit mir verschworen. Wir lassen uns vor den schriftlichen Abi-Arbeiten nicht nervös bzw. verrückt machen. Wir tun 14 Tage vor Beginn der schriftlichen Prüfung gar nichts mehr, wir gehen an die Isar zum Baden oder einfach nur spazieren. Das war die richtige Entscheidung. Ich bin ganz entspannt. Die Prüfungsarbeiten verlaufen gut, mit den Noten muß ich schon insofern zufrieden sein, als das Abizeugnis das beste meiner Schullaufbahn ist. Besonders freut mich der Deutsch-Einser, neben Mathe und Physik. Das kann sich immer sehen lassen. Aber was hab ich davon? Jetzt stehe ich vor der Berufswahl. Ich muß mich entscheiden, aber so einfach ist das nicht.

Am 14. Juli 1948 erhalte ich das Reifezeugnis. Ich bin erst 18 Jahre. Für was bin ich reif? Nur für den Besuch einer Hochschule. Erwachsenenrechte habe ich nicht. Wählen darf ich erst mit 21 Jahren. Am 20. Juni, vor drei Wochen, war die Währungsreform. Jeder Bürger bekommt als Kopfgeld 40 Deutsche Mark und Wochen später noch mal 20 Mark dazu. Das nehmen sich meine Eltern, sie sorgen ja auch für mich. Finanziell bin ich voll von den

Eltern abhängig, denn BaföG gibt es noch lange Zeit nicht. Was mache ich jetzt? Irgendwas muß ich machen!!!

An der Uni in München will ich Mathe und Physik studieren, aber die in München winken ab. Die Spätheimkehrer und die angestauten Kriegsjahrgänge haben Vortritt. Im Spätherbst 1948 besuche ich als "Wilder", also nicht immatrikuliert, verschiedene Fachvorlesungen, es bringt mir aber nichts. Die Stadt München vom Schutt frei schaufeln, werkeln, Steine klopfen will ich auch nicht. Ich hab den Saustall nicht angerichtet.

Goethe fällt mir ein: „Da steh ich nun, ich armer Thor und bin so klug als wie zuvor."

Einige Abi-Kameraden und ich (oben 2.vr) mit finsterer Miene
Da sieht man, daß es 1948 nichts zu lachen gab.

Berufswahl

Zur Not schreibe ich mich an der Philosophisch-Theologischen Hochschule am Domberg in Freising ein. Lustlos belege ich die üblichen Fächer der Priesterkandidaten.

Die täglichen Radlfahrten von Ottershausen zu den Vorlesungen nach Freising lüften meine Lungen durch und ein bisserl auch das Hirn.

Der Demeter, ein Kamerad aus der A-Klasse, der auch mit mir zusammen Abitur gemacht hat und bei den Amerikanern im Lindenkeller manchmal Saxophon spielt, taucht auch hin und wieder in Philosophievorlesungen auf, setzt sich zu mir und will mir unbedingt was zeigen. Aus einem Umschlag holt er schöne Bilder von splitternackten Frauen hervor. Ich kann nicht leugnen, daß sie meine Aufmerksamkeit voll in Anspruch nehmen, so daß die Weisheiten der Philosophie der Antike im Nebel verschwinden.

„Was machen die?", frage ich den Demeter.

„Ja, sie tanzen, sogar auf den Tischen" sagt er, und was sie sonst so machen, weiß er nicht.

Ich denke mir „Du lügst mich doch an." Im Übrigen, wie soll man da Philosophie studieren?

Ich komme mir nutzlos vor. Ich will arbeiten, aber nicht daheim auf dem Misthaufen. Im Winter, d. h. von Anfang November 1948 bis Ende Januar 1949, arbeite ich im Untermoos. Die Kulturgräben werden rund 15cm tiefer gemacht. Aus nassen Mooswiesen sollen ertragreiche Wiesen mit guten Gräsern werden. Die Sauergräser und Binsen sollen allmählich verschwinden. Der Gehrer Schorsch, ein erfahrener Kultivierer, schafft an, er kennt sich aus. Der Kaindl Mart und ich schaufeln und glätten die Böschungen. Als wir fertig sind, kann ich mir ein neues, gutes Fahrrad kaufen, das mir Jahre später aber leider gestohlen wird.

Bei dieser schweren Arbeit in den Gummistiefeln hab ich endlich meine Berufsidee gefunden. Ein Diplom-Landwirt bespricht sich hin und wieder mit dem Gehrer. Er kommt von der Moorwirtschaftsstelle in Schleißheim. Er unterhält sich auch mit mir und ich merke, daß er was drauf hat und in seinem Beruf richtig aufgeht. Von ihm bekomme ich den Tipp, mich beim Dekan der Landwirtschaftlichen Fakultät der Technischen Universität (TU) in Freising-Weihenstephan zu beraten.

In Weihenstephan beim Dekan Professor Raum stößt mein Berufswunsch auf Skepsis. Die Listen der Agrarstudenten seien lang, viele Junkersöhne, die zum Kriegsende in den Westen geflohen sind und hier studieren oder schon in der Praxis arbeiten, würden die Chancen erheblich einschränken. Aber ich lasse mich nicht abwimmeln. Also dann müße ich eine zweijährige Lehre auf einem Mustergut erfolgreich abschließen, um zum Studium überhaupt zugelassen zu werden. Adressen über Lehrbetriebe kann ich beim Landwirtschaftsministerium in München erfragen. Danke!

Herr Heiligensetzer vom Ministerium nennt mir einen Betrieb östlich vom Ammersee und schickt mir Vordrucke für den obligaten Lehrvertrag. Voller Flausen im Kopf mache ich mich von Ottershausen zu dem Hof auf den Weg, Arbeitskleidung in einem kleinen Koffer hinten aufs Rad gepackt. Vertrauensselig unterschreibe ich den Vertrag schon am ersten Abend.

Was für ein epochaler Reinfall! Die Ernüchterung erfolgt schon am nächsten Morgen. Die Familie streitet mit dem einzigen Nachbarn, den es weit und breit gibt, wie Hund und Katz, und auch in der Familie kämpft jeder gegen jeden, die drei schulpflichtigen Kinder sind gestört. Der Bruder des Bauern, der ledig und am Hof geblieben ist, vögelt die Bäuerin, wenn der "Alte" am Sonntag in der Kirche und sonst auswärts unterwegs ist. Dieses Onkele hat mehr zu sagen als der Lehrherr selbst. Wir haben keinen Schlepper und keinen elektrischen Strom am Hof, aber wenigstens ein Lampensystem, das von einem Karbidgaskessel gespeist ist. Mein Einkommenstarif ist 15 Mark im Monat, das ist ganz regulär. Fachlich ist der Lehrherr eine Null in Potenz. Ich frage mich schon am dritten Tag wie dieser unfähige Mensch den Status eines Lehrherren in der Landwirtschaft erreichen konnte. Nach wenigen Wochen habe ich, vom Bauern schon mehrmals als "Feinspinner" bezeichnet, den Mut gegen den Vertrag anzugehen.

Beim Landwirtschaftsamt Landsberg am Lech finde ich Gehör für mein Anliegen, den lästigen Vertrag loszuwerden, allerdings erst nachdem ich Sodom und Gomorrha auf dem Hof anprangere.

Für die damalige Zeit ist die sogenannte Moral noch der entscheidende Knackpunkt. Das Amt besorgt mir einen anderen Lehrbetrieb in Holzhausen bei Buchloe.

Unter Verwünschungen haue ich ab und radle über Landsberg nach Holzhausen.

Der Magghof, mein künftiger Lehrbetrieb, liegt mitten im Ort an der Bundesstraße 12 München - Lindau.

Den Zugang versperrt mir ein Bernhardinerhund, so groß wie ein Kalb. Auf meinen Zuruf öffnet sich die schöne, geschnitzte Haustür einen kleinen Spalt. Ein alter Mann mit einem Schnauzer tritt halb heraus, und fragt mich barsch, was ich will.

„Der Lehrling wäre ich", sag ich etwas kleinlaut.

Er schüttelt den Kopf und verschwindet wortlos. Wenig später reden zwei Männer hinter der halb offenen Tür miteinander anscheinend über mich.

Der alte Bauer würde mich nicht nehmen, der junge aber sagt: „Wir können´s ja mal probieren mit ihm."

Dem Alten war ich vielleicht zu klein bzw. schwächlich erschienen - oder er hat eine Abneigung gegen Abiturienten. Eine solche Abneigung gegen "Gebildete" ist beim Landvolk weit verbreitet.

Haut schon! Besser hätte ich es nicht treffen können. Mein Lehrherr ist der junge Bauer "Baptist", nach Johannes dem Täufer benannt. Er strahlt eine ganz natürliche Souveränität aus. Fachlich kann ihm so leicht keiner das Wasser reichen. Er hat vor dem Krieg die Ackerbauschule in Landsberg/Lech mit bestem Erfolg absolviert. Alle paar Monate trifft er sich mit Pater Moritz vom Kloster St. Ottilien, der neben Theologie auch

Agrarwissenschaften studiert hat und die Klostergüter der Benediktiner in Bayern organisiert. Stellt euch vor, ich darf da auch hin und wieder bei den Treffen dabei sein.

Baptist Magg geriet 1943 in russische Kriegsgefangenschaft und wurde erst 1948 entlassen, nicht weil er ein besonders böser deutscher Soldat war, sondern weil ihn die Russen dringend gebraucht haben. Hinter Strohmännern und Politoffizieren war er der wahre fachliche Leiter einer sehr großen Kolchose in der östlichen Ukraine und deshalb eben für die Russen sehr lange unentbehrlich.

Wir haben am Lehrbetrieb in Holzhausen 80 Hektar Acker- und Grünland und 20 Hektar Wald. 45 Milchkühe, und 60 bis 70 Jungrinder stehen in den Stallungen, d. h. vom Frühling bis in den späten Herbst sind sie auf den Weiden. Die Besonderheit des Hofes ist ein Mähweideumtrieb, der von Agrarberatern des BASF-Konzerns fachlich begleitet wird. Auch die naturgemäß wechselnde Futterversorgung ist von Spezialisten der BASF so gesteuert und optimiert, daß die Milch reichlich fließt. Der Magghof ist ein sehr erfolgreicher Rinderzuchtbetrieb, er ist auf den Verkauf von jungen Zuchtstieren spezialisiert, die auf Auktionen in Weilheim, Kaufbeuren und Kempten versteigert werden, denn die künstliche Besamung der Rinder steckt noch in den Kinderschuhen. Der Viehbestand wird abgerundet von drei Zuchtstuten, einigen Jährigen und Zweijährigen Pferden. Außerdem haben wir acht bis zwölf Mastschweine für den Eigenbedarf. Hühner haben wir nicht, denn die würden nur das Futter in den Stallungen verscheißen.

Auf diesem Hof mache ich sehr gute Praxiserfahrungen und deshalb bringe ich mich auch gerne rückhaltlos ein. In der Frühe bin ich als erster raus und abends sperre ich als letzter die Maschinenhalle ab. Mein Monatsgehalt wird laufend aufgebessert, und bei meinem Weggang, fast zwei Jahre später, erhalte ich 100 Mark im Monat, das ist mehr als der Erste Knecht bekommt. Dazu muß ich erklären, daß der Bauer alle Mitarbeiter beköstigt, beherbergt und auch Arbeitskleidung stellt. Daneben kommt er auch für die Versicherungen auf.

Meine praktische Ausbildung schließe ich im September 1951 mit der Gehilfenprüfung auf dem Spitalhof in Landsberg mit sehr gutem Ergebnis ab. Für meinen Beruf in der Landwirtschaft ist ein gutes Fundament gelegt. Manchmal stelle ich mir vor, einen großen Gutsbetrieb zu leiten oder gar Güterdirektor derer von Thurn und Taxis zu sein. Träume müßen erlaubt sein. Der Abschied von der Familie Magg und dem Gesinde fällt mir wirklich schwer.

Vom Ersparten kaufe ich mir ein Schnauferl. Ich habe den Führerschein Klasse III und bin jetzt motorisiert. Mit meinem 50er NSU Quickly fahre ich sehr zufrieden, ja fast fröhlich, nach Ottershausen heim.

Meine Erfahrungen auf dem Lehrbetrieb möchte ich schon zum Nutzen meines elterlichen Anwesens einbringen und soweit möglich umsetzen. Schnell wird mir klar, daß dies gar nicht einfach ist, weil wir in unserem Anwesen ganz andere Voraussetzungen haben. Außerdem will ich nicht den Gscheidmeier spielen, der alles besser weiß. Also füge ich mich in die eingespielten Arbeiten ein und stehe wie meine Brüder auf dem Misthaufen. Meine Mutter entlaste ich bei der Melkarbeit und auch für das tägliche Ausmisten der Stallung bin ich mir nicht zu fein.

Im Übrigen stelle ich fest, daß unsere Schweinehaltung durchaus erfolgreich ist, so daß ein Umorganisieren falsch wäre. Die Rinderhaltung als Betriebszweig ist nach meiner Überzeugung wenig rentabel, aber da halte ich mich raus, weil ich weiß, wie meine Mutter an den Kühen hängt. Der Kartoffelanbau in Verbindung mit der Direktvermarktung an die Verbraucher in München ist finanziell ein großer Erfolg.

Alles läuft eigentlich gut. Dann gelingt es mir, die Grundstücke des Wirtsanwesens im Umfang von rund 15ha als langfristiges Pachtland für unseren Hof zu gewinnen. Das ist ein entscheidender Faktor, weil wir anstatt mit 15ha künftig mit rund 30ha viel effektiver wirtschaften können.

Studium und Praxis in Schweden

Im Herbst 1951 startet mein Studium der Landwirtschaft in Weihenstephan. Ich fahre täglich mit dem Quickly von Ottershausen nach Freising-Weihenstephan, weil ich mir eine Studentenbude nicht leisten kann. Meine Mutter, die bei uns zu Hause den Geldsack hütet, hält mich sehr knapp, möglicherweise auch deshalb, weil ich quasi "aus der Kutte gesprungen" bin. Aber das macht mir nichts aus. Mit kleinem Nebenverdienst durch Holzhacken und -aufrichten verdiene ich mir etwas dazu und komme ganz gut über die Runden. Im Frühjahr 1952 ergibt sich die Möglichkeit einer Halbjahrespraxis auf einem Mustergut in Schweden. Das lasse ich mir nicht entgehen.

Ich fahre bei Georg von Freyberg als Sozius mit. Seine Familie besitzt in Haldenwang bei Burgau einen schönen Gutsbetrieb mit reichlich Waldungen, den er eines Tages übernehmen soll. Georg, ein selbstbewusster ganz junger Diplomlandwirt, der später mal Abgeordneter des Bayerischen Landtags sein wird, holt mich mit seiner 350er Horex in Ottershausen ab und in drei Tagen sind wir am Ziel in Ransäter in der Region Värmland, das "Bayern" Schwedens, was ungefähr zwischen Oslo und Stockholm liegt. Georg von Freybergs Großvater war zu Zeiten der Weimarer Republik einige Jahre Landwirtschaftsminister in München.

Ein Sommer in Schweden! Etwas Unbeschwerteres gibt es kaum. Die älteren Herrschaften sprechen ein gutes Deutsch, sie kennen die deutschen Dichter und Denker und lieben vor allem die Kultur der klassischen deutschen Musik. Da bin ich als bayerischer Bauernbub ein kleines Licht und ein paarmal blamiere ich mich ganz erbärmlich. Hätte ich nur beim Pongratz Max besser aufgepaßt!

Die jungen Schweden lernen seit dem Kriegsende Englisch als Fremdsprache, vorher war es Deutsch. Die Menschen sind Anfang der 50iger Jahre gemessen an deutschen Verhältnissen sehr wohlhabend, die Gastfreundschaft ist wohltuend und großzügig, die Arbeitswelt human. Schweden war im Krieg neutral, über den Erzhandel hat es womöglich am Krieg noch gut verdient.

Der Gutshof der Familie K. M. Karlsson ist ganz simpel organisiert. 50 Prozent der Anbaufläche sind Sommerweizen und 50 Prozent Kartoffeln. Um die Mittsommerzeit habe ich drei Wochen frei, um mir Land und Leute anzuschauen. Ich folge der Empfehlung der Familie Karlsson und stelle mich als Tramper an die Straße. Meine bayerische Kniebundlederhose und dazu der grüne Janker weisen mich als Exoten aus. So werde ich nahezu von jedem Auto mitgenommen und komme schon nach wenigen Tagen in Kiruna an, 150 km nördlich des Polarkreises. Die Abende und Nächte verbringe ich in Gastfamilien, die mich gelegentlich zu Freunden weiterreichen. Der Anblick der Mittsommernachtssonne ist ein gewaltiges Erlebnis. Sie geht wochenlang nicht unter, sondern passiert von 22 bis 2 Uhr früh als roter Ball die Nordpolregion.

Eine Erzmine kann ich besichtigen und darf mit den Kumpels untertage Brotzeit machen. Ein Vertreter der Geschäftsführung will mich gleich als Arbeitskraft einstellen, ich sei zwar klein, aber gut durchtrainiert, meint er. Weil es in den Wintermonaten immer dunkel ist und die Leute die Sonne ein paar Monate überhaupt nicht mehr sehen, hat der Bergbaubetrieb große Probleme seine Arbeiter bei der Stange zu halten, obgleich sie sehr gut entlohnt werden.

Ob der Vertreter der Geschäftsführung es ernst meint?

Aus meiner Absicht, Narvik im nahen Norwegen zu besuchen, wird leider nichts. Die Norweger lassen die immer noch verhaßten Deutschen nicht ins Land. Mein Argument, ich sei zu Nazizeiten ein Kind gewesen und sei deshalb für die Verbrechen der deutschen Wehrmacht nicht mitverantwortlich, zieht überhaupt nicht, so daß ich schlicht kapituliere.

Auf der Rückreise erreiche ich bei Haparanda das Baltische Meer, mache aber dann einen Abstecher nach Rovaniemi in Finnland. Diese Stadt wurde von den deutschen Truppen auf dem Rückzug niedergebrannt, ist aber neu aufgebaut, und die

Menschen sind überraschend sehr deutschfreundlich. Wie ist das nach nur sieben Jahren möglich? Die Finnen sind sehr tolerant! Rovaniemi ist die Stadt der Samen, wo sie den Winter verbringen. Vom Frühjahr bis zum Herbst sind die Samen (sie werden auch Lappen genannt) als Nomaden mit ihren großen Rentierherden in Nordschweden und Finnland unterwegs.

Die Küstenstraße entlang komme ich über die Universitätsstadt Uppsala nach Stockholm.

Nach wenigen Tagen reise ich wieder nach Ransäter zur Familie Karlsson zurück, um mein Praktikum fortzusetzen, aber mit der festen Absicht, im Oktober ein paar Wochen in Stockholm als unbeschwerter Tourist zu verbringen. So passiert es dann auch. Diese Stadt auf vielen Inseln, das Venedig des Nordens, erregt meinen Sinn für schöne Bauten, wo doch bei uns sehr viele Gebäude in den Städten noch als Ruinen liegen. Das Schloß Drottningholm ist Harmonie gewordener Stein und die Riddarholm Kerkan als Kirche ein luftiges Gedicht.

Auf dem alten Segelschiff Af Chapman, das seit vielen Jahren an der Pier liegt und als Art Jugendherberge genutzt wird, habe ich eine kleine Koje für mich. Das umtriebige geschäftige Flair von Stockholm nimmt mich ganz gefangen. Ich nehme mir vor, im späteren Leben Stockholm zu besuchen. Daraus wird aber nichts werden.

Schweden bleibt mir in guter Erinnerung, als ein sehr schönes Land mit gelassenen Menschen, die offenbar nur positiv denken können und sehr sozial handeln.

Zurück in Ottershausen sehe ich meine Heimat mit anderen Augen. Ich merke, wie schön und abwechslungsreich das Dachauer Land ist und natürlich erst unser Oberland und die Berge. Meine bayerische Heimat liebe ich sehr.

Studienfreund Haigl Sepp

Über meine weiteren fünf Semester Studium will ich nur kursorisch berichten. Ich beziehe ein Zimmerchen, eine Bude, in einem kleinen Siedlungshaus auf dem Goldberg in Freising. Das kinderlose Rentnerpaar Steinbeißer hat einen zweiten Studenten zur Logis, den Haigl Sepp aus der Nähe von Kötzting im Bayerischen Wald. Der Sepp ist ein braver strebsamer Bursche. Mit dem berüchtigten Räuber Haigl, der im 19. Jahrhundert die Gegend um Kötzting unsicher gemacht und die dortige Polizei auf Trab gehalten hat, hat der Sepp absolut nichts zu tun, wie er mir gegenüber mehrmals betont. Sepp hat sein Studierstübchen im Erdgeschoß, ich in der Dachkammer oben. Weil der Sepp ins gleiche Semester geht, werden wir bald Freunde für lange Jahre.

Steinbeißer ist ein kleiner Mann, kleiner als ich, sein Weib überragt mich aber um einiges. Wenn sie sich als moralische Aufsicht vor uns beiden Studentlein aufbaut wie Meister Proper und ihren Mund weit und breit auftut, wissen wir, was die Stunde geschlagen hat. Ihre Lebenserfahrung sagt ihr, daß junge Leute wie wir moralisch noch lange nicht ausreichend gefestigt sind, und das läßt sie uns auch ausgiebig wissen. Es tut uns gut, daß sie auch für uns betet, wie sie abschließend betont. Wir sollen froh sein, der Sepp und ich.

Die ganzen zweieinhalb Jahre fällt nichts Unmoralisches vor und wenn ich mich bei sehr spätem Heimkommen von der Gred über die Dachrinne zu meiner Bude raufschwinge und über das nur angelehnte Fenster in die Kammer verschwinde, bekommt der alte Zerberus nichts davon mit. Ich bin aber wirklich kein Auftreiber, solches Gebaren läßt schon mein dünner Geldbeutel nicht zu. Im Übrigen tut mir auch der Haigl Sepp gut. Er besteht darauf, daß wir unser Wissen laufend gemeinsam durchkauen und abgleichen. So ist es kein Wunder, daß wir beide das Vordiplom und das Diplom schaffen.

Seit dem 20. September 1955 bin ich Diplomlandwirt, ein gescheiter Bauer, aber ohne Hof. Soll ich irgendwo einheiraten? Das ist eine heikle Angelegenheit. Ich denke, da stehen schon viel zu viele Schlange. Außerdem fehlt es mir trotz des schönen Titels am nötigen forschen Auftreten, und optisch bin ich auch keine besonders überzeugende Nummer. Geld habe ich schon überhaupt nicht.

Bei all diesen Überlegungen bin ich sehr schnell im Abseits. Die interessanten Anstellungen als Gutsverwalter sind über Jahre hinaus anscheinend schon vergeben, und ich merke, da muß man Beziehungen haben. Also, auch da verspreche ich mir nichts.

Rosse, mit seinen Selbstzweifeln

Diplom-Landwirt sucht Arbeit

Ich melde mich beim Ministerium als Referendar an und merke bald, das ist der richtige Weg in die Zukunft. Ich liebe meinen Beruf und bin sicher, daß ich das auch jungen Bauernburschen vermitteln kann. Schwierigkeiten im Umgang mit den Bauern werde ich ganz bestimmt nicht haben. Ich habe das Glück, in meiner Weiterbildung für den Staatsdienst beim Tierzuchtamt in Hof und beim Landwirtschaftsamt in Erding jeweils ganz liebe Chefs zu haben, bei denen ich für die Praxis in der Beratung der Landwirte und in der Landwirtschaftsverwaltung optimale Erfahrungen machen kann.

In Hof wohne ich möbliert bei einer Familie, die ein 17jähriges, schönes Töchterlein hat; ich bin wohlgelitten und darf mit dem Herrn Papa immer wieder mal eine Partie Schach spielen, wobei ich eher der Unterlegene bin. Die Mama beäugt mich wohlwollend und ich merke, daß sie ihren Segen geben würde.

Aber dann passiert es: Eine ganze Woche lang bin ich bei Körungen von Zuchtböcken für rehbraune Frankenziegen, so heißt diese Rasse, unterwegs und ich stinke bestialisch, so wie eben ein Ziegenbock stinkt. Auch meine Kleidung stinkt, wie ein Haufen Ziegenmist. Mir wird die Wohnung fristlos gekündigt. Also, so ein Diplomlandwirt ist anscheinend doch nicht der optimale Schwiegersohn!

In Erding ist mein Chef Direktor Josef Mayer ein Meister der Menschenführung und des Ausgleichs. Zu ganz schwierigen Verhandlungen im Landtausch der Flurbereinigung holt er seinen Freund, den Landrat und Landwirt Simon Weinhuber dazu, der bei den Bauern sehr angesehen und äußerst beliebt ist. Wenn es dann gar nicht mehr weitergehen will, fangen beide zu singen an, bis der ganze Saal Volkslieder oder Schlager summt. Und siehe da, auf einmal sind die stiernackigen Bauern kompromißbereit. Das sind für mich ganz, ganz positive Lehrstunden.

Im Oktober 1957 bestehe ich die Staatsprüfung mit der Platzziffer 22 von 64 Prüflingen. Zufrieden bin ich mit mir nicht, aber was willst du machen? Neben dem Diplomlandwirt bin ich jetzt Landwirtschaftsassessor, auch noch so ein Titel ohne Mittel.

Beim Saatkartoffel-Anbauverband der Oberpfalz in Regensburg finde ich gleich eine Anstellung, allerdings schlecht bezahlt. Ich plage mich mit Schriftkram und Statistiken ab und denke „Da hast du es jetzt, Herr Assessor!" Bald jede Woche rufe ich beim Ministerium in München an und frage ob sie nichts Vernünftiges für mich haben, dürfte auch anstrengender sein.

Endlich! Halleluja! Zum 1. Januar 1958 kann ich als Aushilfslehrer in der Ackerbauschule Landsberg am Lech anfangen. Der Vertrag geht bis zum Schuljahresende am 31. Juli 1958. Hat mir diese Chance ein kleiner moralischer Fehltritt einer Lehrerin eröffnet? Sie hat sich mit dem Verwalter des Gefängnis-Gutes Landsberg eingelassen und erwartet, noch unverheiratet, ein Kind. Der Herr Direktor Elling will es nicht zulassen, daß sie mit ihrem dicken Bauch den Blicken von jungen Männern ausgesetzt ist.

So übernehme ich mitten im Schuljahr, wie ins kalte Wasser geworfen, ihre schönen Unterrichtsfächer Botanik, Zoologie und Buchführung. Mitten im Schuljahr für einen anderen Lehrer weiterzumachen, ist schwierig, vor allem weil ich von der ausgeschiedenen Lehrerin nichts und von den Schülern nur recht wenig erfahre, welche Themen und wie gründlich sie bearbeitet wurden. Ich nehme mir die Freiheit Schwerpunkte selbst zu setzen, zum Beispiel in der Botanik die Getreidearten, die Leguminosen, Kartoffeln und Zuckerrüben und in der Zoologie Roß und Rind, Schwein und Hühner. Mein Wissenskapital reicht aus, um den Unterricht spannend zu gestalten.

Auch die Menschheitsgeschichte beziehe ich mit ein. Den jungen Männern, die sich für die Landwirtschaft ausbilden lassen wollen, ist im Allgemeinen nicht bewußt, was unsere Ururahnen weltweit in der Züchtung geleistet haben. Aus Gräsern haben sie Getreidearten entwickelt, Wildtiere haben sie zunächst domestiziert und dann auch zu erstaunlichen Leistungen geführt.

Die Bedeutung des Pferdes für den Verlauf der Geschichte ist zum Beispiel auch ein Thema. Wer denkt schon daran, daß die Hunnen, die Tataren und die Ungarn das christliche Abendland mit ihren Reiterheeren überrannt und zeitweilig ganz Mitteleuropa beherrscht haben. Und daß die Araber, die Mauren, über Nordafrika und Spanien bis nach Mittelfrankreich als berittene Kämpfer vorgedrungen sind.

Diesen sehr freien Unterricht setze ich beim Direktorat durch, er verschafft mir selbst viel Freude und bei den Schülern Anerkennung und auch Respekt.

Wie im Flug vergehen die Wochen. Allmählich kann ich aufschnaufen und den Kopf kreisen lassen. Wen sehe ich da? Die Stilla Sorg! Sie hat immer ein freundliches Lachen im Gesicht. Besonders auffällig ist sie ansonsten nicht, eher angenehm zurückhaltend. Mir gefällt sie, aber ich will sie nicht gleich niederrennen, eher in stiller Freude anschauen. Zum anderen weiß ich auch nicht, ob sie mich mögen wird.

Die Stilla arbeitet am Institut für Haustechnik der Ackerbauschule. Ihre Aufgabe ist es, den Landwirtschaftslehrerinnen Bayerns in Wochenkursen die technischen Geräte eines modernen Haushalts so zu erklären, daß sie ihr Wissen dann den Schülerinnen in der Landwirtschaftsschule und den Bäuerinnen weitergeben können. Die Stilla wird im sogenannten Lehrkörper als Fachkraft respektiert. Von einigen jungen Leuten des Landsberger Fechtklubs ist sie umschwärmt. In ihrer Freizeit will sie sich offenbar als Florettfechterin fit halten. Soll sie doch!

Für die Osterfreizeit hab ich mir vorgenommen, nach Igling hinauszulaufen, um eine Exkursion für meine beiden Botanikklassen vorzubereiten. Igling ist ein Ort auf einer Schotterebene links vom Lech. Meinen Plan äußere ich gelegentlich beim Essen am Lehrertisch. Die Sorg schaut mich lächelnd an, ich merke, sie ist interessiert, ob für meine Arbeit oder gar für mich selbst, kann ich nicht einschätzen.

Bei nächster Gelegenheit frage ich sie, ob sie mich begleiten mag. „Ja! Wenn das Wetter schön ist!"

Ich bete um schönes Wetter und werde erhört.

Ich weiß nicht mehr, ist es der Ostermontag oder der Dienstag, das ist auch egal. Für uns beide ist es ein schicksalhafter Tag. Stillas Nähe macht mir jedesmal richtig Freude.

Nach einigem Botanisieren liegen wir an diesem warmen Frühlingstag im Gras und schauen den Wolken zu, wie sie über den Himmel ziehen. Mir kommt in den Sinn, daß das Leben auch ein Wandern ist und daß kein Mensch das gern allein tut. Und so offenbare ich Stilla meine Zuneigung. Sie lacht und ich merke, es ist ein befreites Lachen. Später einmal bestätigen wir uns, daß da unser gemeinsamer Lebensweg angefangen hat.

Ich biete ihr das Du an, und sie ist einverstanden. Zu körperlicher Nähe kommt es weiter nicht. Wir verhalten uns im Schulbereich distanziert, damit wir nicht ins Gerede kommen, bevor wir uns sicher sein können. Das ist auch Stilla wichtig, da ist sie ganz meiner Meinung.

In den folgenden Wochen treffen wir uns immer öfter, meistens außerhalb des Schulbereichs, erzählen uns von der eigenen Schulzeit, von den elterlichen Familien und wie wir uns eine gemeinsame Zukunft vorstellen könnten.

Die Vertrautheit mit dieser jungen attraktiven Frau tut meinem Selbstbewußtsein sehr gut. Ich kann mir schon ganz real vorstellen, mit ihr eine Familie zu gründen und gemeinsam durchs Leben zu gehen. Einmal, an einem Sonntag, kommen wir von einem langen Spaziergang am Lechufer entlang etwas verspätet zum Abendessen in den Speisesaal. Kaum haben wir den Raum gemeinsam betreten, fangen die Schüler zu klatschen an. Ich werte das als Unterstützung unserer Gemeinsamkeit, daß wir uns trauen sollen. Die Schüler wollen uns Mut machen. Direktor Elling wird diese Szene anscheinend berichtet, so daß er sich veranlaßt sieht, uns beide zu ermahnen, ja den Schülern kein schlechtes Beispiel zu geben. Ich kontere: Fräulein Sorg und ich sind gute Freunde. Das darf wohl sein, oder?

Schließlich sind wir ein Paar, noch bevor das Schuljahr zu Ende ist und ich Landsberg verlassen werde. Eigentlich will ich bleiben, aber Direktor Elling versäumt es, mir ein Angebot zum Bleiben zu machen. Vielleicht erwartet er von mir, daß ich kniefällig darum bitte, als Lehrer bleiben zu dürfen. Das tue ich aber nicht.

Ich rufe im Ministerium an und bekomme gleich eine volle Stelle als Sachbearbeiter im Referat Siedlung und Agrarstruktur bei der Regierung von Niederbayern. Am 1. August 1958 trete ich den Dienst in Regensburg an. Am 1. Mai 1959 zieht die Regierung von Niederbayern, von Regensburg nach Landshut um.

Als ich bei der Regierung von Niederbayern vorstellig werde, ist eine weitere Eigenheit meiner Mutter zu Tage getreten. Ich muß meine Geburtsurkunde vorlegen, auf der unser Familienname auf einmal mit ...MAIR geschrieben wird. Meine liebe Mutter hat bisher einfach das MEIER von Ehrmeier mit dem MAIR von Roßmair ausgetauscht, um einen Teil ihres Geburtsnamens zu behalten. Ich schreibe jedoch fortan unseren Namen so, wie er urkundlich angegeben ist.

Es sieht so aus, daß ich nun jahrelang in Landshut bleiben werde. Der Referatsleiter läßt mir in der Arbeit volle Freiheit, das bedrückt mich schon ein wenig, weil ich in der Ansiedlung von Vertriebenenbauern und in der Seßhaftmachung einheimischer Bauernsöhne plötzlich mit sehr viel Steuergeld hantiere. Das geht übers Jahr betrachtet über viele Millionen Darlehen und Zuschüsse. Im Einzelfall wird meine Entscheidung zur Existenzfrage für die betroffenen Familien. Neben dem Referatsleiter begleitet meine Arbeit der erfahrene Jurist Dr. Georg Kumpfmüller, so daß ich mich bei der Geldvergabe nicht alleinveranwortlich fühlen muß. Bald bin ich in dem für mich neuen Metier sattelfest.

Mit Stilla halte ich Kontakt übers Telefon. Ein paar Mal treffen wir uns an Wochenenden in irgendeiner Stadt, zwischen Landshut und Lindau. Meine Braut Stilla wurde inzwischen an das Landwirtschaftsamt Lindau versetzt. Ich habe ein kleines Rollerschnauferl, einen grünen Frosch, der zwar nicht schnell fährt, aber gern über jeden Berg hüpft, wenn er zwei Liebende zusammenführen kann.

Das räumliche Getrenntsein hilft uns zu prüfen und festzustellen, ob unsere Liebe Bestand haben kann. Briefe gehen nur wenige hin und her zwischen Landshut und Lindau, dafür aber umso mehr gute Wünsche und intime Gedanken. So blüht unsere Liebe immer mehr auf und nimmt unser Denken gefangen.

Offiziell sind wir nicht verlobt, aber wir sind uns inzwischen sicher, heiraten zu wollen. Verlobung ist bei bäuerlichen Menschen nicht üblich, also da sind wir Bauern geblieben. Wenn wir irgendwo zusammen sind, gehen wir auch gemeinsam in die Kirche. Stilla ist das ein Bedürfnis und ich bin auch wirklich gerne dabei. Stilla kommt aus dem seit Jahrhunderten konfessionell klar gespaltenen Ort Cronheim bei Gunzenhausen!

Cronheim hatte im späten Mittelalter, als die Bauern noch unfrei, also "hörig" waren, zwei Grunherrschaften. Die eine Grundherrschaft war der Markgraf von Ansbach, die andere der Bischof von Eichstätt. Seit der Zeit Martin Luthers, also seit fast 500 Jahren ist die Dorfbevölkerung im Glauben gespalten, weil der Markgraf dem "Lutherischen Bund" beigetreten ist und selbstverständlich seine Untertanen die Religion ihres Grundherren annehmen mußten. Die jungen Leute durften sich nicht in einen Partner aus der anderen Religionsgemeinschaft verlieben. Das ging gar nicht!

Zum Ende des zweiten Weltkriegs kamen dann Flüchtlinge in den Ort, mit der Folge, daß allmählich die strenge Trennung im Glauben aufgeweicht wurde. Im Ergebnis kann man sagen, die Menschen haben sich nach und nach vom Religionszwang selbst befreit. Gott sei Dank!

Eine Goldmarkhypothek

In den Jahren 1958/59 baue ich die Verbindung zu meinen Angehörigen in Ottershausen wieder etwas weiter aus und besuche sie öfter. Meinem Vater geht´s so lala, d. h. das Zigaretterl schmeckt ihm zwar noch, aber er baut deutlich ab. Ich spreche meine Eltern an, ob sie mir den "Heldacker" schenken mögen, ich würde auf dem Feld mit 0,26 Hektar einen Obstgarten anlegen wollen. Ich würde mich auch als voll abgefunden im Sinne des Erbrechts betrachten. Mein Vater ist gleich dafür, meine Mutter eher nicht, aber nach einigen Wochen kommt es im Oktober 1958 doch zur Übereignung.

Ich bedanke mich vielmals bei Mutter und Vater, erwähne aber beiläufig, das noble Geschenk habe einen Schönheitsfehler, denn immer noch sind alle Grundstücke unseres Hofes, auch das mir geschenkte, mit der häßlichen Goldmarkhypothek für den Gustav Amerikaner belastet. Dieser Grundbucheintrag sollte doch schon lange gelöscht worden sein.

Da wird meine Mutter hantig und sagt: „Wenn du schon so gescheit bist, dann kümmere dich darum."

Ich denke, da hat sie recht. Mein Referatsjurist Dr. Kumpfmüller, dem ich mein Problem darlege, weiß Rat: „Erst einmal die Anschrift des Gläubigers ausfindig machen, dann sich mit ihm einigen. Falls keine Einigung erzielt werden kann, beim Amtsgericht Dachau die Löschung beantragen und das Gericht entscheiden lassen."

Meine Mutter hatte immer guten Kontakt zur Familie des Gustav Amerikaner, die bis ins Frühjahr 1939 in München in der Hohenzollernstraße wohnte. An der Wohnungstür hat sie jährlich den Zins bezahlt und manchmal auch eigene Erzeugnisse wie Eier, Butter und Gockerl zum Kauf angeboten. Nach der sogenannten "Kristallnacht" im November 1938 ist das jüdische Ehepaar Amerikaner so verschreckt, daß es auf das Klingelzeichen hin die

Türe nicht mehr öffnet. Allen Juden in ganz Deutschland wird in der Nacht vom 09. auf 10. November 1938 schweres Unrecht angetan. Ihre Geschäfte werden zerstört, die Synagogen abgefackelt. Sie werden von SA-Leuten auf den Straßen verprügelt und einige bestialisch ermordet. Das geschieht auch im katholischen München mit besonderer Brutalität.

Im Frühjahr 1939 steht meine Mutter laut jammernd vor der Tür der Familie Amerikaner und sagt im Selbstgespräch besonders laut: „Jetzt fahr ich von Ottershausen mit dem Radl da her und jetzt muß ich wieder heim nach Ottershausen, ohne daß ich mein Zeug loswerde."

Ihre kräftige Stimme wird gehört. Langsam, vorsichtig, leise wird die Tür einen kleinen Spalt aufgemacht und dann die Schuldnerin eingelassen. Bei einem weiteren Besuch im Sommer 1939 erfährt meine Mutter von einer Wohnungsnachbarin das Gerücht, die Amerikaners seien über die Schweiz, Genua und Lissabon in die USA geflohen.

So, was mache ich jetzt im Jahr 1959 mit meinem Problem? Das Konsulat der USA in der Königinstraße in München forscht auf meine Bitte hin nach Gustav Amerikaner und stellt schon nach einigen Wochen fest, daß er 1939 tatsächlich eingewandert ist und sich in Milwaukee, der Bierstadt, niedergelassen hat. In Bayern hat er sich schon hauptsächlich mit dem Hopfenhandel befaßt. Gustav Amerikaner ist aber inzwischen verstorben. Seine Tochter Alma Selig hat ihn beerbt. Ihre Anschrift erhalte ich.

Auf einen freundlichen Brief hin, erhalte ich eine sehr kühle Antwort mit Beschimpfungen der neuen Bundesrepublik Deutschland und einer hohen Geldforderung. Mein juristischer Berater empfiehlt mir vorzuschlagen, ein Zehntel der Nennsumme, also 340 DM und Zinsen in Höhe von 5% für die letzten vier Jahre, zu leisten. Alle weiteren Zinsforderungen seien verjährt. Das kommt mir wenig vor, aber so ist die Rechtslage. Bei der Währungsreform 1948 wurde die Hypothek, wie alle anderen Hypotheken auch, auf ein Zehntel gekürzt, und die gestrichenen neun Zehntel waren in Form der Hypothekengewinnabgabe an den neuen Staat Bundesrepublik Deutschland abzuführen.

Ein Jude als Gläubiger wird eben auch nach dieser Rechtslage behandelt. Ich schreibe nochmals an Frau Selig, erhalte aber von ihrem Rechtsanwalt Jakob Kaufmann eine ausweichende Antwort mit der gleich hohen Forderung. Ich bin hin und her gerissen wegen des Unrechts, das die Juden von den Nazis erfahren haben. Meine Familie hat dem Gustav Amerikaner und seinen Angehörigen aber sicherlich kein Unrecht getan.

Also erhebe ich beim Amtsgericht Dachau Klage auf Löschung der Goldmarkhypothek. So geschieht es dann auch. Die Familie Roßmair ist mit dem Ergebnis zufrieden und ich natürlich auch.

In dieser Zeit stelle ich meine Braut Stilla meiner Familie in Ottershausen vor.

Meine Mutter will das abwehren, aber wir überrumpeln sie. Sie will nicht, daß ich schon bald heirate. Erst wenn ich mir ein Haus gebaut habe, ist nach ihrem Verständnis die Zeit für die Hochzeit gekommen. Eine Wohnung mieten oder, wie sie sich ausdrückt, in die Logis gehen, ist für einen Bauernsohn nicht ehrenwert.

Der Besuch in Ottershausen verläuft etwas angespannt, aber insgesamt können wir alle zufrieden sein. Es werden ein paar Fragen gestellt, Meinungen ausgetauscht. Wahrscheinlich ist die Familie zufrieden, daß ich keine komplizierte Dame aus der Stadt angeschleppt habe. Zurecht hab ich auf das freundliche Wesen meiner Braut gesetzt. Dem hat auch meine Mutter nicht widerstehen können. Ihr ist es wichtig, daß ihre Schwiegertochter katholisch ist und in die Kirche geht. Das ist aber kein Gesprächsthema, allenfalls ein bißchen so nebenbei. Meine Familie erfährt auch, daß mein künftiger Schwiegervater Bürgermeister seiner kleinen Gemeinde und daß Stilla's Mutter schon vor einigen Jahren verstorben ist. Ich merke wie dieses Gespräch die etwas angespannte Stimmung befriedet.

Wir verabschieden uns herzlich und ich bemerke mit Freude, daß mein Vater glücklich ist. Von meiner Mutter hoffe ich, daß sie es meiner geliebten Braut nachsehen kann, mit ihrer Liebe einen Pfarrer von der Bahn abgedrängt zu haben.

Familiengründung

Im Mai 1959 treffe ich mich mit meiner Braut Stilla in Freising. Ich zeige ihr den Mariendom, wo ich als Knabe im Domchor Messen und bei Maiandachten Marienlieder im Sopran mitgesungen habe. Dann lehnen wir uns an das alte Gemäuer des Domgymnasiums und ich gebe ein paar Schülerwitze zum besten. Da werden immer neue Erinnerungen wach, da hat man sich viel zu erzählen. Nach dem Essen wandern wir über den Lankesberg liebestrunken durch den Wieswald hinauf. Die Luft ist geschwängert von fliegenden Käfern, Schmetterlingen und Vögeln, die Grillen zirpen, Kuckuck und Häher rufen durcheinander. Leben in Fülle überwältigt auch uns, und wir sind auch dabei.

Dieses Treffen in verliebter Natur bleibt nicht ohne Folgen. Stilla wird schwanger. Welch eine Freude! Also organisiere ich unsere formale Heirat. Mein künftiger Schwiegervater Herr Xaver Sorg ist Bürgermeister in Cronheim, Landkreis Gunzenhausen (Mittelfranken). Er wird uns am 7. August 1959 standesamtlich verheiraten. Zeugen sind mein Schwager Josef und mein Bruder Ludwig. Wig ist ernüchtert, wie schlicht es bei den Sorgs zugeht, das merke ich. Schon vor neun Jahren ist Stillas Mutter verstorben. Man merkt, daß sie eine Lücke hinterlassen hat. Das Festessen nach der Trauung aber schmeckt meinem Bruder Wig sehr gut, vor allem die Bratwerscht!

Beim Abschied sag ich ihm: „Ich bin kein Bauer, dem bei der Wahl seiner Bäuerin das Geld wichtig sein kann oder sein muß."

Was ich meinem Bruder nicht sage: Mir ist wichtig, daß Stilla für mich eine ganz liebevolle Freundin ist und daß sie eine gediegene Ausbildung als Hauswirtschafterin hat. Was ein Mensch im Herzen und im Kopf hat, kann ihm niemand nehmen. Das behalte ich aber für mich.

Am nächsten Tag, meinem 30. Geburtstag, feiern wir eine ergreifende kirchliche Trauung in Landsberg am Lech. Diese schöne Stadt ist von Heinrich dem Löwen gegründet. Für Stilla und mich ist an diesem Tag und an diesem Ort die Tür zu einem Leben in Fülle aufgegangen. Hier beginnt für uns beide eine neue wunderbare Wirklichkeit, abseits von den Dingen des oft banalen Berufslebens. In der Johanniskirche in Landsberg am Lech, einer Schöpfung des großen Baumeisters Dominikus Zimmermann, werden wir uns das Versprechen der Liebe und lebenslanger Treue geben. Stadtpfarrer Wagner segnet unsere Trauung und mahnt, die Kinder, die uns Gott schenken will, im christlichen Glauben zu erziehen. Bei diesen Worten lächelt mich Stilla an und ich weiß, daß sie an unser gemeinsames neues Leben in ihrem Schoß denkt.

Das Hochzeitsmahl nehmen wir im Herkomerhaus ein, ein Prachtbau mit prunkvoller Fassade. Wir haben etwa zwei Dutzend Gäste. Die Tafel ist festlich geschmückt, Kerzen brennen und erzeugen ein feierliches Flair. Ehrengast ist Direktor Elling mit seiner Frau Gemahlin. Sie schenken uns eine Geflügelschere, die noch nach Jahrzehnten ihren Dienst tut. Elling bedauert nochmals, daß ich nicht als Lehrer an seiner Schule geblieben bin.

Ich bedanke mich für dieses, wie ich schon glaube, ehrliche Bedauern, aber ich denke mir: „Selber schuld! Hättest du mir eher ein Angebot gemacht, ich wäre gern Landwirtschaftslehrer geblieben."

Gottlob ist meine Mutter aus Ottershausen mit angereist. Erst hat sie sich bockig gezeigt und wollte nicht, im letzten Moment gab sie aber Gott sei Dank doch nach. Ob sie sich mit uns gefreut hat? Da bleiben mir Zweifel. Denn ein Pfarrer oder gar Geistlicher Rat, das wäre für sie das größere Fest.

Nach Kuchen und Kaffee geht das Fest zu Ende, denn unsere Bauerngäste müßen wieder heim zur Arbeit. Auch auf uns wartet der Alltag, eine Hochzeitsreise machen wir nicht. Wir bauen unser Nest. Meine Frau kündigt den Dienst beim Freistaat Bayern, denn sie kommt zu mir nach Landshut, wo wir ganz in der Nähe in Piflas, Gemeinde Ergolding, eine Wohnung mieten.

Eine eigene Wohnung ist für junge Leute Ende der 50er Jahre noch etwas ganz besonderes. Hotels, Pensionen oder auch Wohnungseigentümer, die Unverheirateten ein Zusammensein erlauben, setzen sich dem Vorwurf der Kuppelei aus. Der Staat und seine Organe sind zumindest in der Theorie noch sehr streng. Die Leute können sich sicher nicht vorstellen, daß nur ein Jahrzehnt später die "freie Liebe" zur Normalität wird.

Tochter in Amerika

Die Stadlers haben in Piflas, Gemeinde Ergolding, ein Siedlungshaus. Im Obergeschoß mit Dachschrägen beziehen die frisch verheirateten Roßmairs einen Wohnraum mit Küchenteil und ein Schlafzimmer. Die Miete ist billig, sehr sozial. Wir genießen unsere Zweisamkeit, zu den Vermietern halten wir freundliche Distanz.

Eines Tages komme ich doch ins Gespräch und erwähne, daß wir im Winter ein Kind erwarten und sie sich bitte auf Babygeschrei einstellen sollten. Ja, einverstanden, das ist ja normal, das macht ihnen gar nichts aus. Meine Frage, ob sie auch Kinder haben, macht die Frau Stadler augenblicklich traurig, sie geht weg und kommt nach ein paar Minuten etwas verweint wieder. Inzwischen hat Herr Stadler zu erzählen angefangen.

Sie haben eine Tochter, die ist aber in Amerika verheiratet und war erst einmal mit ihrem Mann auf Besuch da. Ob und wann sie wieder einmal kommt, wissen sie nicht. Natürlich sehnen sich die zwei alten Leute nach ihrem Kind.

Dann erfahre ich, wie das gekommen ist.

Die Stadlers haben nach ihrer Heirat in den 1920er Jahren in Mallersdorf eine kleine Gastwirtschaft mit einigen Hektar Landwirtschaft von einer Brauerei gepachtet und sich so durchs Leben gefrettet. Sie sind nicht reich geworden, aber zu einem zufriedenen Leben hat es gelangt.

Zum Kriegsende ist es dann passiert.

Anfang April 1945 kommt der Sträflingszug, der Morituri-Elendszug, vom KZ Flossenbürg in Richtung Dachau durch Mallersdorf genau an ihrem Pachtanwesen vorbei. Ein junger Jude hat noch Kraft genug, in die Freiheit zu springen. In einem günstigen Augenblick verläßt er den langen Zug und läuft unbemerkt in den Hof ihres Pachtanwesens. Er kann sich im Heu verstecken, ohne daß irgendjemand ihn sieht. Aber am nächsten

Tag schon zwingt ihn der Hunger sich zu zeigen, Er trifft auf die Tochter des Hauses und weiß natürlich nicht, ob sie ihn bei der Polizei verraten wird. Nein, das tut das Mädchen nicht. Es erbarmt sich über den abgemagerten Kerl und füttert ihn zwei Wochen heimlich durch. Ihr Geheimnis vertraut sie nicht einmal ihren Eltern an. Diese merken, daß sie etwas verändert ist und manchmal abwesend wirkt und fragen auch nach, was mit ihr los ist, ob sie etwas bedrückt. Aber sie kann sich herausreden mit Sorgen, weil die Kriegshandlungen immer näher kommen und die Menschen mit Angst erfüllen.

Als die amerikanische Armee Mallersdorf eingenommen hat und wie durch ein Wunder alle Nazis über Nacht verschwunden sind, lüftet sie ihr Geheimnis und präsentiert ihren heimlichen Kostgänger. Der junge Mann bleibt noch einige Wochen bei ihnen in der Familie. Bald aber verläßt er die Stadlers, wohin auch immer.

Nach vielen, vielen Monaten kommt ein Brief aus Amerika mit langen Dankesbeteuerungen und ein paar Zeilen an die Tochter des Hauses, daß er sie liebhabe.

So gehen erst einmal viele Briefe über den Atlantik hin und her. Der Kontakt reißt nicht mehr ab, vielmehr baut sich eine innige Beziehung zwischen der Retterin und dem geretteten KZler auf.

1948 reist sie mit dem Schiff nach Amerika und heiratet ihren Schatz. Ganz bestimmt halten sie einander die Treue, müßen aber zusehen, wie die Eltern in Bavaria, im fernen Germany, mit ihrer Einsamkeit zurechtkommen.

Ein freudiges Ereignis

Der Winter ist da und unser Robert wird als erster Roßmair dieser neuen Generation am 10. Februar 1960 geboren. Mutter und Kind sind wohlauf. Die Oberschwester Pastora vom Achdorfer Klinikum, eine Frau die nach ihrer Statur auch einen großen Küchenbetrieb mit schweren Kesseln, großen Schöpflöffeln und viel Dampf leiten könnte, trägt mir etwas kleinlautem Vater das süße Bündel mit dem rosigen Kerlchen entgegen. Auch Schwester Pilar gratuliert mir.

Dann werden wir ans Bett der Mama geleitet, die zwar erschöpft ist, aber ein überglückliches Lächeln im Gesicht stehen hat. Unfaßbar, beim ersten Kind eine eher leichte Geburt und gleich ein Sohn! Das wissen wir erst jetzt. Natürlich freut sich Stilla, daß es ein Bübchen ist, denn sie weiß von den Eitelkeiten junger Väter, die - wenn sie es auch nicht zugeben - doch stolz sind, daß sie erst einmal einen Sohn haben, der den Namen in die nächste Generation weitertragen kann.

Schwester Pastora spielt sich als Prophetin auf. Das nächste Kind wird ein Mädchen, sagt sie. Aber woher will sie wissen, daß wir überhaupt ein weiteres Kind wollen? Sieht man so was dem Ehepaar Roßmair an? Vielleicht! Meine Frau und ich wissen nur, daß wir an den Quellen des Lebens nicht herummanipulieren wollen und uns nicht gegen weitere Kinder sperren. Das haben wir uns zugesagt.

Und so kommt es, daß wir Eltern noch fünfmal die Dienste der Schwestern Pastora und Pilar in Anspruch nehmen. Auch unsere Töchter Martina Walburga, Elisabeth Anna, Stilla Regina, der Sohn Markus Christian sowie das Töchterlein Judith Beate werden in Achdorf geboren. Meine liebe Frau hat, obwohl zierlich gebaut, gottlob weder mit den Schwangerschaften noch mit den Geburten Schwierigkeiten. Sie ist sich mit mir einig: Mit jedem Kind wird die Sehnsucht und Lust nach Leben neu geboren.

Wir, die Roßmairs, sind inzwischen in der Geburtsabteilung im Achdorfer Krankenhaus so bekannt, daß sich Schwester Pastora einen mahnenden Scherz über den fleißigen Vater Roßmair erlaubt. Als wir anläßlich der Geburt von Markus beieinander stehen, sagt sie zur Schwester Pilar gewandt: „Ja, jetzt ist der Roßmair schon wieder da. Was sollen wir da machen? Sollen wir ihn mal zu den Franziskanern schicken, damit er lernt, wie man keine Kinder bekommt!" Für eine katholische Ordensschwester ist das ein bißchen frech, aber immerhin sehr witzig. Natürlich werde ich sie nicht verpfeifen bei ihrer Mutter Oberin oder gar beim Bischof. Im Stillen denke ich mir aber, wenn die Franziskaner-Patres Frauen an ihrer Seite hätten, wie ich eine habe, dann würden sie auf die Askese pfeifen, und bald würde aus ihrem Klostergarten ein Kindergarten werden.

Inzwischen ist die Familie Roßmair im Herbst 1960 von Piflas nach Ergolding umgezogen. Wir beziehen in der Lindenstraße bei Seimels eine schöne große Wohnung in einem neuen Dreifamilienhaus. Das erste OG mit ca. 110 qm Wohnfläche bietet reichlich Platz auch für unsere Tochter Tina, die wenige Monate nach dem Umzug geboren wird. Die alte Frau Seimel ist sehr kinderlieb, das tut den drei Mieterfamilien gut, denn jede dieser Familien hat zwei Kinder.

Wir freunden uns schnell mit den Familien Hofmann und Deller an und erleben ein paar unbeschwerte Jahre zwanglosen Zusammenseins mit den Vorzügen der nachbarlichen Hilfe, wenn diese einmal nötig ist.

Frau Seimel bietet einen Bereich von etwa fünf Beeten in ihrem relativ großen Gemüsegarten zur Nutzung an. Meine Frau ist sehr erfreut, daß sie ihre Kenntnisse im Fach Gemüse da zeigen kann. Auch dank meiner heimlichen Blaukorn-Düngergabe bleiben Erfolge nicht aus. Wir haben nahezu das ganze Jahr über frischen Salat und anderes heimisches Gemüse.

Da spart man ja auch Geld. Das ist für uns schon ein Thema. Wir haben gleich nach unserer Heirat einen Bausparvertrag beim BHW, dem Beamtenheimstättenwerk, abgeschlossen. Unser wichtigstes Ziel bei materiellen Gütern ist ein eigenes Haus. Ein

Auto haben die Roßmairs noch lange nicht, wir fahren mit dem Kinderwagen! Nein, ein paarmal fahren wir auch Auto, das wir bei Seimels ausleihen können.

Die Seimels sind Geschäftsleute. Sie betreiben eine Schmiede mit allen möglichen Metallverarbeitungen. Der Sohn ist Installateur. Es geht ihnen wirtschaftlich optimal. So haben sie auch das Dreifamilienhaus zum Vermieten anschaffen können.

Also, mit Seimels Zweitauto kann ich jetzt mit meiner Familie meine Angehörigen in Ottershausen doch hin und wieder besuchen. Mein Vater ist schon recht ausgezehrt. Er freut sich sichtlich über den ersten Enkelsohn Robert, aber er stirbt schon im März 1961.

Seine Enkeltochter Martina Walburga hat er nicht gesehen. Sie ist bei seinem Tod erst zwei Monate alt.

Meine Mutter hat, glaube ich, ihren Seelenfrieden gefunden und trauert den Pfarrerträumen nicht mehr nach.

Hausbau

Vier Jahre arbeite ich nun schon bei der Regierung in Landshut als Angestellter nach BAT III. Mein Dienst macht mir viel Freude, ich habe keine Probleme. Die Arbeit wird immer mehr, denn mein Referatschef, auch Diplomlandwirt und als Beamter Oberregierungsrat, ist etwas bequem. Er genießt es über allem zu schweben, findet immer die passenden großen Worte und glänzt gerne im Kreise der Experten. Aber ich merke schon, daß auch er, wie wir alle, nur mit Wasser kocht.

Immer mehr Arbeit schiebt er mir zu, freut sich aber, wenn er geschliffene Texte von mir an das Ministerium als "Berichterstatter" liefern kann. So ist es eben in der Arbeitswelt. Mancher schmückt sich mit Lorbeeren, die ihm nicht gebühren, ich aber mucke nicht auf.

Unsere Tochter Elisabeth wird geboren, ein schwarzhaariges Maderl. Was wird aus ihr werden?

Meine Frau lehnt es ab, eine Haushalts- oder Putzhilfe zu haben. Sie schneidert die Kleidchen für die Kleinen selbst und findet auch noch Zeit sich in den Frauenbund in Ergolding einzubringen. In Abwesenheit wird sie zur Vorsitzenden gewählt, vorbehaltlich ihrer Zustimmung. Mich fragt sie, ob sie die Wahl annehmen soll. Ich verspreche ihr, die Kinder zu betreuen und zu versorgen, wenn sie mal zu einer Tagung oder Abendveranstaltung gehen sollte.

Dank ihrer gewinnenden Art und ihrer guten Ideen kennen bald viele Ergoldinger den Namen Roßmair, und man begegnet uns freundlich. Jetzt nimmt unser Hauptziel, ein Haus zu bauen, immer mehr Platz in unseren Unterhaltungen ein. 1963 wollen wir es richtig angehen.

Zuerst braucht man da ein Grundstück, das sollte schon so etwa 1.000 qm haben. Neben einem Gemüsegarten wollen wir auch Platz zum Spielen für die Kinder haben. Wir haben uns einen

Bauplatz in der Bahnhofstraße ausgesucht, sehr guter fruchtbarer Lößlehmboden. Schon der Bauplatz kann teuer werden.

Ich überlege mir Strategien, wie ich die Kaufverhandlung führe, aber eigentlich weiß ich noch gar nicht, ob der Eigentümer verkaufen will. Bei uns baut sich Druck auf, denn das vierte Kind ist schon unterwegs, die Wohnung bei Seimels wird in absehbarer Zeit zu klein werden.

Das Vorgespräch für den Kauf des Bauplatzes verläuft überhaupt nicht schwierig, sondern insgesamt ideal. Ich will gleich ein Handgeld bezahlen, damit uns dieser Fisch, der ja noch zappelt, bis wir notariell abschließen, nicht mehr auskommt. Das braucht´s nicht, sagen die guten Leute. Der Bauplatz kostet uns 15.000 Mark, später wird man sagen „geschenkt". Das Geld haben wir nicht, unsere Ersparnisse, rund 8.000 Mark, sind im Bausparvertrag gebunden. Also muß ich zu meiner Mutter fahren und einen Kniefall machen. Ich weiß, die in Ottershausen haben immer Geld genug, ja das weiß ich!

Nach Einschätzung eines Architekten, der auch bei der Regierung arbeitet und später über unseren Antrag auf Förderung nach dem Sozialen Wohnungsbau mitentscheidet, brauchen wir rund 100.000 Mark, alles in allem. Ottershausen hilft uns mit 12.000 Mark zinsloses Darlehen. Zusammen mit unserer Ansparung kommen wir auf 20 Prozent Eigenleistung, das genügt. Die günstigen Darlehen der Kreissparkasse sowie die hohen Zuschüsse im Rahmen des Sozialen Wohnungsbaues decken den Bedarf. Es bleibt keine Finanzierungslücke. Wir wissen schon vor dem Aushub des Kellers, was wir an Mark und Pfennig für das fertige Haus monatlich aufbringen müssen. Natürlich wird es etwas mehr sein, als die Miete bei Seimels, aber wir können das leisten. Da kommt Freude auf. Wir werden nur ortsansäßige Firmen beschäftigen, das kann kein Fehler sein.

Ende Juni 1963 geht´s los. Eine schwere Schubraupe hebt den Keller aus. Ich komme am Spätnachmittag nach Hause und merke, daß Stilla geweint hat, gerade trocknet sie sich die Augen. Was ist los? Sie holt mich ans Küchenfenster zeigt auf unsere Baustelle in ca. 200 m Entfernung Luftlinie und erklärt mir lachend, daß sie vor Freude weinen mußte, weil jetzt unser eigenes Haus entsteht. Ich bin perplex. So viel bedeutet das einer Mutter, wenn für sie und unsere Kinder ein Familienheim entsteht. Wir umarmen uns ganz, ganz innig.

Im neuen Haus werden wir reichlich Platz haben, auch Platz für unser weiteres Kind, das dann am 21. September geboren wird. Es ist die Tochter Stilla Regina. Ich schlage diesen Namen vor, die Mama Stilla ist überglücklich.

Wir sind alle gesund, die Kinder gedeihen, kleinere Probleme, wie Zahnen, leichte Erkältungen, erste Trotzaufwallungen bei den Kleinen nehmen wir erst gar nicht ernst, sie können die Harmonie nicht stören. Zur Erziehung unserer kleinen Kinder hat meine Frau keine anderen Mittel zur Verfügung als ihre Herzensgüte. Manchmal hat sie mich damit beschämt, wenn ich für kleine Verfehlungen gröbere Belehrungen verordnen wollte.

Wir sind sehr froh, daß wir den Hausbau gewagt haben. Auch Walburga Roßmair, meine Mutter, ist jetzt offensichtlich zufrieden, daß ihr Sohn mit seinen vier Kindern nicht mehr in der Logis leben muß. Wir geben ihr das Gefühl, daß sie einen wesentlichen Beitrag zu unserem Glück geleistet hat. Das ist auch wirklich so, vergessen werden wir ihr das niemals. Sie hat uns erklärt, daß wir das "Darlehen" von 12.000 Mark nicht zurückzahlen müßen, also geschenkt!

1964 ergeben sich in meinem Berufsumfeld Änderungen, die ich nur begrüßen kann. Mein Chef wird zur Regierung von Oberbayern nach München versetzt. Ich rücke sozusagen als der leitende Landwirt im Referat nach. Leiter des Referats wird Dr. Kumpfmüller, unser Jurist; ihn mag ich sehr, wir arbeiten bestens zusammen.

Nach sieben Jahren als Angestellter werde ich zum 1. Mai 1964 Regierungsrat, also Beamter. Das bedeutet uns viel, der Titel ist mir weniger wichtig, ich realisiere aber, daß meine Familie jetzt viel besser abgesichert ist und das tut uns gut. Wenn sich jetzt noch ein Kind anmelden würde, wäre das überhaupt kein Unglück, jetzt schaffen wir alles, was daher kommt, und wir beten darum, daß wir und die Kinder gesund bleiben. Hoppla, wir haben uns sehr lieb, also folgt ein weiteres Kind, es ist Markus Christian. Er wird am 8. Mai 1965 genau 20 Jahre nach Kriegsende geboren. Als Bub nach drei Mädchen wird er begeistert aufgenommen.

Ein Jahr später stirbt Dr. Kumpfmüller nach kurzer Krankheit. Da er zu uns wie ein Familienfreund war, spreche ich an seinem offenen Grab tief empfundene Dankesworte. Der Herr Regierungspräsident Ludwig Hopfner tritt zu mir, tröstet mich und legt wie zum Ritterschlag seine Hand auf meine Schulter. Darüber bin ich sehr betroffen. Mein höchster Chef zeigt mir durch diese Geste, daß er mir Wertschätzung entgegenbringt.

Mittlerweile haben wir auch in Landshut gute Bekannte. Landshut ist eine liebenswerte Stadt, in allem eigentlich eine schöne Stadt, mit gotischen Gebäuden, zum Beispiel der Stadtresidenz der Herzöge des Mittelalters.

Die Altstadt ist geprägt von den Arkadendurchgängen und dem sehr langen und breiten Stadtplatz. Die Burg Trausnitz beherrscht das Gesamtbild. Sankt Martin hat mit 133 Metern Höhe den höchsten Backsteinturm der Welt. In dieser Kirche gibt es ein Glasfenster, das nach dem Krieg wegen Beschädigung erneuert werden mußte. Der Künstler hat den drei Folterknechten des Heilands die Gesichter der Nazi-Größen Hitler, Göring und Göbbels gegeben. Das stimmt jeden Betrachter nachdenklich.

Die Geschichte Landshuts mit der Landshuter Fürstenhochzeit ist ein eigenes Kapitel. Im 15. Jahrhundert war Landshut das Zentrum Bayerns. Schließlich war Landshut auch mal der Sitz der Landesuniversität. Nicht umsonst hieß der Herzog "Georg der Reiche". Wir sind sehr angetan, im Nahbereich dieser schönen Stadt, in Ergolding eine Heimat gefunden zu haben.

Landshut hat ein reiches, fruchtbares Hinterland.

Mein Dienstgebiet ist ganz Niederbayern. Die Menschen sind sehr direkt, das gefällt mir. Im Umgang mit den Bauern und den Kollegen an den Ämtern für Landwirtschaft habe ich keine Probleme. Da kann man sich richtig wohlfühlen.

Wenn ich gelegentlich an die Zukunft denke, dann freue ich mich richtig. Ich bin zwar ein Oberbayer, aber Niederbayern empfinde ich inzwischen wie meine zweite Heimat. Beim Bäcker und beim Metzger in Ergolding sind wir längst gut bekannt und werden mit manchen Köstlichkeiten freundlich bedient. Auch meine Frau fühlt sich in der Dorfgemeinschaft sehr wohl, das merke ich und es ist mir auch wichtig.

Das ist für uns eine sehr glückliche Zeit. Wir haben eine Reihe von Familienfreundschaften, die uns gut tun. Das ergibt sich zwanglos, weil man immer wieder jungen Leuten begegnet, die auch Kinder im Alter unserer Kinder haben. Da redet man dann nicht nur über die kleinen Wehwehchen der Kinder, sondern kommt vom Hundertsten ins Tausendste. Man freut sich wie die Kleinen mit dem Alltäglichen ihres Lebens immer besser fertig werden.

Wir haben einen sehr einfühlsamen Kinderarzt, den wir sogar am Sonntag bemühen können, wenn es dringend notwendig ist. Wenn es ein wirkliches Paradies auf Erden gibt, haben wir es in Ergolding in unserem eigenen neuen Haus mit den Kindern gefunden.

Chef geworden

Da unser Referat fachaufsichtlich dem Bayerischen Staatsministerium für Ernährung, Landwirtschaft und Forsten untersteht, muß dieses Haus nach dem plötzlichen Tod Dr. Kumpfmüllers die Neubesetzung des Referats regeln. Ich denke gar nicht daran, mich zu positionieren, umso mehr bin ich überrascht, daß ich als 37-Jähriger zum Referatsleiter berufen werde. Das Vertrauen ehrt mich sehr, aber ich spüre auch etwas Unsicherheit, weil jetzt zum Fachlichen die Personalführung hinzukommt, wo ich keinerlei Erfahrung habe. Meine Besorgnis ist unbegründet, das Team arbeitet gut eingespielt, und ich glaube, alle sind froh, daß sie einen jungen Chef bekommen, den sie schon kennen. Ich verlasse mich einfach darauf, daß die Atmosphäre des gegenseitigen Respekts erhalten bleibt.

Als Referatsleiter habe ich des öfteren Kontakt zum Ministerium und merke, wie die Herren mir wohlwollend begegnen. Ich nehme an Tagungen teil, wo ich die Referenten der anderen Bezirksregierungen kennenlerne. Meine Erfahrungen im Bereich der Siedlung und Agrarstruktur sind gefragt, und ich merke, daß ich gut dabei bin und bei älteren Kollegen geachtet werde.

Was will man mehr als im Berufsumfeld erfolgreich zu sein und zu Hause geliebt zu werden. Ich empfinde es als großes Glück, in der Partnerschaft und auch im Beruf die richtige Grundentscheidung getroffen zu haben. Das Leben macht mich jetzt richtig froh, so mag es weitergehen.

Das Jahr 1967 bringt uns zwei Höhepunkte. Kurz nach Frühlingsbeginn, am 25. März, wird unser sechstes Kind geboren, unser "Vogerl" Judith Beate. Wir haben sie nach der biblischen Judith benannt, einer großartigen Frau. Sie hat ihrem jüdischen Volk einen existentiellen Dienst erwiesen, indem sie den feindlichen Heerführer Holofernes mit weiblicher List umgarnte und ihm dann, als er erschöpft eingeschlafen war, mit seinem eigenen Schwert den Kopf abgeschlagen hat. Danach ist sein Heer von 100.000 Fußkämpfern und 10.000 Berittenen kopflos geflohen und Israel war gerettet. So berichtet es die Heilige Schrift!

Wir wünschen unserer Tochter Judith natürlich nicht, daß sie dem bayerischen Volk jemals einen gleichartigen Dienst erweisen soll. In diese Lage möge sie bitte nicht kommen. Gott bewahre! Aber wir wünschen ihr die Entschlossenheit und Geradlinigkeit ihrer Namenspatronin. Wir werden sehen. Zunächst schaut sie hoffnungsfroh aus den Kissen, von ihren Schwestern wird sie geliebt, von den Brüdern interessiert betrachtet.

Meine Frau und ich beraten uns, wie es mit Kindern weitergehen soll bzw. aufhören kann. Ja es reicht. Zum Spaß sage ich aber, sieben sei eine heilige Zahl, das sei Allgemeingut der Menschheit. Ich erinnere an die Sieben Weltwunder, die Heiligen Sieben Sakramente, die Sieben Todsünden und sonst noch Allerlei, zum Beispiel die Sieben Geißlein. „Wir können uns statt der Sieben Geißlein Sieben Rößlein wünschen. Denk dir mal, wie die herumspringen würden. Eine Schau!"

Ganz so überzeugend findet Stilla meine Schönfärberei nicht. Scherzend sage ich, wir sind doch jetzt schon zweimal angenehm überrascht worden.

„Wieso?", fragt sie mich. „Ja es heißt, jedes dritte Kind das auf der Welt geboren wird, ist ein Chinese. Das stimmt so nicht, sonst müßten unsere Töchter Elisabeth und Judith Schlitzaugen und gelbe Hautfarbe haben." Aber lassen wir das Feixen!

Robert und Martina gehen schon in die Grundschule. Sie könnten zusammen ihr kleines Schwesterchen schon im Kinderwagen auf der Bahnhofsstraße spazierenfahren. Die Kinder haben sich in der Bahnhofstraße, gottlob eine ruhige Sackgasse, viele Spielmöglichkeiten erobert, nicht nur in unserem Garten tollen sie herum, auch auf den benachbarten Feldern sind sie unterwegs.

Das eigene Haus macht die ganze Familie von Herzen glücklich. Stilla, meine Frau, ist ganz gelöst und freut sich, ja, eigentlich über alles. Ich weiß schon, daß ich mit ihr das große

Glück gefunden habe. Wenn ich beschreiben soll, was sie in unsere Ehe mitgebracht hat, fallen mir zwei Dinge ein: ein großes für Alles offenes Herz und eine gut funktionierende Nähmaschine.

Beide haben wir mittellos geheiratet. Vielleicht hat das unserer Ehe sogar gut getan.

Wenn man gut und solide ausgebildet ist, was bei uns beiden zutrifft, spielt es keine große Rolle, ob man in den Start der Familie Geld einbringt. Das ist ja in den 60er Jahren die Regel, daß die jungen Leute bei Null anfangen.

20 Jahre nach Ende des Weltkrieges II haben nur ganz wenige Eltern die Möglichkeit, ihren Kindern zur Familiengründung etwas Gewichtiges zuzuwenden.

Wir aber fühlen uns nicht bedürftig oder gar arm. Zielstrebig sparen und wirtschaften, das ist dennoch ein Grundsatz unseres Lebens. Wir strengen uns an!

Niemals verliert meine Frau auch nur ein Wort über die viele Familienarbeit. Wenn ich sie loben will, sagt sie, das sei alles eine Frage der Organisation und der Unterscheidung zwischen Wichtigem und Unwichtigem.

Wir beide sind bestimmt kein Paar, das in der Zeitung auf die Seite Eins paßt, aber wir haben uns die Zuneigung und das Urvertrauen unserer Verlobungszeit bewahren können. Das ist sehr, sehr viel.

München ruft an

So gegen Ende Mai 1967 ruft mich Dr. Hans Moser vom Ministerium an. Er ist ein junger Kollege. Ich kenne ihn gut und er meint es gut mit mir. Im Vertrauen sagt er mir, man habe die Absicht mich nach München ans Ministerium zu holen. Er rufe mich an, damit ich mich besser auf das Gespräch mit dem Ministerialdirektor einstellen und meine Interessen zur Geltung bringen kann. Ich bedanke mich vielmals für diesen Freundschaftsdienst.

So, jetzt kann ich zusammen mit meiner Frau ruhig überlegen, vielleicht wird auch gar nichts daraus, mal sehen. Wir überlegen hin und her, es ist gar nicht leicht. Die Familie ist in Ergolding gut etabliert, meine Frau hat inzwischen Entlastungshilfe durch Marlene erhalten, ein Schulmädchen aus den höheren Klassen, das gerne bei uns hilft und dabei sehr anstellig ist. Sie ist aus eigenem Antrieb zu uns gekommen, hoffentlich bleibt sie uns lange erhalten.

Stilla ist Vorsitzende des Frauenbundes, ich bin im Elternbeirat der Schule engagiert, wir haben ein schönes Haus, der Garten blüht und ich fühle mich bei der Arbeit im nahen Landshut wohl. Wir sind wer, wir leben unter Bauern und können jeden Tag frische Kuhmilch haben. Unser Familienschiff kreuzt in ruhigem Gewässer. Wir waren auch schon ein paarmal für jeweils acht Tage in Südtirol bei Familie Heinrich Schwellensattl in Algund bei Meran im Urlaub. Das genießt meine Frau sehr. Eine Familienschwester namens Wallner hat da meine Frau optimal vertreten. Alles in allem haben wir keinen Anlaß uns nach München zu verändern, wer weiß, was da auf uns zukommen kann. Aber was ist das Ergebnis unserer Beratungen: Wir werden auch das hinbekommen!

Das Gespräch beim Herrn Ministerialdirektor Ludwig Hopfner ist angenehm. Hier muß ich erwähnen, daß Hopfner, der früher

Regierungspräsident in Landshut war, seit etwa zwei Jahren Ministerialdirektor im Landwirtschaftsministerium ist. Er kennt mich also von Landshut her.

Als Hopfner mir sagt, ich solle ins Ministerium versetzt werden, zeige ich mich überrascht. Später frage ich mich selbst, wie meine Schauspielerei bei ihm so gut ankommen konnte. Ich stelle die Bedingung, selbständig arbeiten zu können. Hopfner sagt, das läßt sich machen. Also ich werde gleich unabhängiger Referent, nicht Hilfsreferent, wie es wohl vorgesehen war. Das bedeutet auch, daß meine Aufstiegsmöglichkeiten noch besser sind.

Mit dem Hinweis, daß ich mich mit meiner Frau noch beraten müße, bitte ich um 14 Tage Bedenkzeit, obgleich ich schon weiß, daß ich dieses berufliche Angebot nicht ausschlagen werde, weil ich es gar nicht ausschlagen darf, denn sonst werde ich vom Ministerium "vergessen".

Am 1. Juli 1967 trete ich den Dienst in München an. Gleich stelle ich mich beim Minister Dr. Dr. Alois Hundhammer, dem Erzkatholiken, vor und erfahre von ihm, daß ich ein vorbildlicher Familienvater bin. Wenn dieser Bayerische Sittlichkeits-Wächter wüßte, daß ich einen "wild" gezeugten Sohn habe, würde er vielleicht meine Karriere ein bisserl einbremsen. Er weiß nur von sechs legitimen Kindern.

Ich denke mir, das fängt ja schon ganz falsch an. Bin ich vielleicht wegen meiner Zeugungskraft und nicht wegen meiner guten Arbeitsleistung hierher versetzt worden? Aber sei's drum, ich lebe mich bald ein und komme mit dem Chef und den Kollegen der Abteilung gut zurecht. Zunächst habe ich nur drei Mitarbeiter und eine Schreibkraft im Referat. Sie sind mir gewogen und bald schätze ich meinen neuen Arbeitsplatz.

Die Arbeit im Ministerium erfordert schon deutlich mehr Einsatz und Bereitschaft für verantwortliches Entscheiden als in einer nachgeordneten Behörde. Das war mir schon bisher bewußt, jetzt aber spüre ich es richtig.

Die Überlegung, täglich mit dem Auto nach München zu fahren, dort konzentriert zu arbeiten und dann den 75 km langen

Weg wieder nach Hause zu fahren, gebe ich sehr rasch auf. Es läuft auf Trennung von der Familie hinaus.

Meine Frau merkt, wie mich die Fahrerei streßt. Also beschließen wir, daß ich Montag bis Freitag in München bleibe. Ich miete ein möbliertes Schlafzimmer bei einem Rentnerehepaar in der Erhardstraße an der Isar, wo heute das Europäische Patentamt steht. Finanziell ist die Trennung für uns kein Problem, denn ich beziehe bis auf weiteres Trennungsgeld. Außerdem bekomme ich die nicht unbedeutende Ministerialzulage, also wir können uns die Trennung leisten. Aber die Familie fehlt mir schon sehr, am meisten fehlt mir meine liebe Frau. Für uns beide ist das eine ganz neue Erfahrung, denn bisher waren wir die ganze Zeit unserer Ehe immer zusammen.

Das Glück des Zusammenseins weiß man aber erst richtig zu schätzen, wenn man getrennt ist. Jeden Abend um 20:00 Uhr rufe ich kurz zuhause an, um mit Stilla zu sprechen. Die Kinder sind da immer schon im Bett. Natürlich kann mich meine Frau in einem Notfall auch untertags anrufen. Das tut sie nicht, weil es nicht notwendig ist, wie sie mir versichert.

Sie ist also jetzt streckenweise eine alleinerziehende Mutter von sechs Kindern. Sie macht das großartig, sie ist eine begnadete Familienmutter. Marlene, unsere Helferin, selbst noch ein Kind, geht ihr dabei zur Hand. Ziemlich sorglos kann ich meine Arbeit machen und mich auf die Heimfahrt am Freitag Nachmittag freuen.

Im Spätherbst, in den Wintermonaten und im zeitigen Frühjahr wäre die tägliche Autofahrerei ohnehin lebensgefährlich, denn auf der B11 sind zu viele Idioten unterwegs, die waghalsig überholen.

Schon vor Beginn meines Dienstes im Ministerium haben wir beschlossen, daß ein Umzug nach München auf Dauer unausweichlich ist. Wir denken dabei auch an Schul- und Bildungsmöglichkeiten für unsere Kinder, die in München sicher vielfältiger sind, als in Landshut, ganz zu schweigen von den weit besseren Berufsangeboten in und um München. Nach den Erfahrungen der ersten acht Monate ist ein Umzug alternativlos.

Mir ist ja auch bewußt, daß ein Vater zur Familie gehört, alles andere ist falsch oder eben nur ein Notbehelf.

Meine Frau ist ein Phänomen! In der Zeit meiner Abwesenheit greift sie ihr altes Hobby wieder verstärkt auf und fängt zu zeichnen und zu malen an. „Wegen der Kinder!", wie sie sagt. Ich glaube aber, sie pflegt ein altes Talent, das sie ihr Leben lang begleitet hat. In dieser Zeit muß die Tuschezeichnung von dem jungen übermütigen Pferd entstanden sein, die mein Buch ziert. Ein schöneres Cover hätten wir für mein Erinnerungsbuch nicht finden können. Haben die kleinen Roßmairs ihre Mama inspiriert? Jedesmal wenn ich die Tuschezeichnung sehe, bin und bleibe ich beglückt.

An einem Freitagabend fahre ich mit dem Auto von München heim, bin gerade zwischen Altdorf und Ergolding unterwegs und freue mich schon auf Frau und Kinder. Da spüre ich rechts vorne einen dumpfen Schlag. Ich bremse und setze das Auto zurück. Im Scheinwerferlicht sehe ich einen Hasen liegen, der aus dem Maul, der Nase und den Ohren blutet.

Den Vorschriften nach müßte ich jetzt den zuständigen Revierjäger ausfindig machen und ihm das tote Tier übergeben. Aber in meinem Kopf gewinnt der "Alte Wilderer" die Oberhand! Ich lege den Hasen in den Kofferraum und fahre heim. Dabei denke ich schon an den Braten am kommenden Sonntag und stelle mir vor, wie die Kinder schlecken werden. Das Gewissen meiner Frau und auch mein eigenes beruhige ich mit dem Versprechen, am Sonntag einen Zehner in den Klingelbeutel zu legen.

Ach, was ist das für ein schöner Kirchweihsonntag! Zu Mittag gibt es einen Hasenbraten in würziger Sauce und Semmelknödel. Und danach noch eine Süßspeise dazu. Alle sind wir begeistert.

Am Abend aber finden Martina und Liza im Keller das Hasenfell, auf ein Brett genagelt. Schnell stellen sie den Zusammenhang fest. Ein Tier zu töten, wird von Kindern, vor allem von den Mädchen, hart bestraft! Wenigstens 10 Minuten trommeln sie mit ihren kleinen Fäusten auf meinem Rücken herum! Dieser Frevel wird mir lange Zeit nicht verziehen!

MUC

München braucht einen neuen Flughafen! Im August 1969 beschließt der bayerische Ministerrat, für München einen neuen Verkehrsflughafen zu bauen und nach seiner Fertigstellung den Flughafen in München-Riem zu schließen. Die Standortwahl fällt auf Hallbergmoos im Landkreis Erding; drei andere mögliche Standorte, Hofolding, Sulzemoos und Manching, werden verworfen. Zu dieser Zeit bin ich schon zwei Jahre im Ministerium und unter anderem sind mir die Fragen des landwirtschaftlichen Grundstückverkehrs zur Bearbeitung zugewiesen.

Der Landbedarf für den neuen Flughafen ist maximal 3.400 Hektar, anders ausgedrückt 34 Millionen Quadratmeter. In den ersten Plänen sind vier Start- und Landebahnen vorgesehen, auch Lärmzonen sind schon angegeben. Schnell formiert sich Widerstand gegen das Projekt. Der Rechtsanwalt Christian Kopf ist als Interessenvertreter der Gegner, aber auch von Verkaufswilligen bald schon aktiv.

Die bayerische Regierung beruft einen "Sachverständigenbeirat für Grundstücksfragen". Das Landwirtschaftsministerium ist ganz selbstverständlich eingebunden, weil es in erster Linie um Agrarland und um die Ab- bzw. Umsiedlung von Bauernfamilien geht. Die Aufgabe des Beirats ist, die Landbeschaffung zu organisieren und die Richtlinien dafür festzulegen. Mit der praktischen Durchführung des Landankaufs wird die Bayerische Landessiedlung GmbH beauftragt. Meine Aufgabe als Mitglied des Beirats ist es, ein Basisgutachten für die Bewertung und Entschädigung zu erstellen, so daß die Experten der Landessiedlung einen Rahmen für Landankäufe, für die Entschädigung der Gehöfte und für die sonstigen Wertverluste haben. Dieses Gutachten lege ich am 18. September 1969 vor.

Im Herbst 1969, wenige Wochen nach dem Beschluss des Bayerischen Ministerrats, einen Verkehrsflughafen nördlich von

Halbergmoos zu bauen, ist die meist bäuerliche Bevölkerung im dortigen Gebiet so richtig aufgeschreckt.

„Ja, müaßen mia iaz do weg? Des geht doch gor net!"

„Seit mehr ois Hundert Johr is des unser Hoamat. Do sammer auf d'Welt kemma und do woin mia a amoi eigrobn wern, wann mia sterbn... Aber des pressiert net"

„Mia bleibn do, do ko kemma wos wui, de in Minga drobn kennan uns net zwinga."

„Unser Regierung wird se no wundern."

So gibt man der Obrigkeit Bescheid. Solche spontane Äußerungen höre ich wenn ich wegen der Begutachtung der Ländereien in dieser Moosregion unterwegs bin. Die Mösler waren immer schon besondere Leute, manchmal agieren sie auch am Rande der Legalität.

Die Platzhirsche bei den Bauern geben die Meinung vor und schnell ist eine große Einigkeit im Widerstand gegen das Flughafenprojekt gefunden. Niemand werde seine Äcker und Mooswiesen verkaufen. Das wäre ja quasi so, als ob man seine Seele an den Teufel verkaufen wollte.

Das Stichwort Enteignung macht die Runde. Die älteren Bauern erinnern sich natürlich schon noch an den Autobahnbau in den Jahren 1936/37 für die Strecke München - Berlin. Das lief ja im benachbarten Gebiet Garching, Neufahrn und Eching, jenseits der Isar. Die damalige Hitler-Regierung war mit fragwürdigen Methoden vorgegangen und hatte bei bockigen Bauern unverhohlen politischen Druck ausgeübt. Nicht vergessen sind auch die dürftigen Zahlungen für den Landverlust und andere Nachteile.

Aber 1969 sind sich die Leute sicher, daß unsere junge Demokratie das Zwangsmittel der Enteignung nicht anwenden würde. Das Gift der Enteignung fürchten die Bauern also ganz zu Recht nicht.

Die ersten Versuche der Landaufkäufer scheitern kläglich. Die Diplomlandwirte und Agrarexperten der Bayerischen Landessiedlung GmbH, der diese Aufgabe übertragen ist, werden von den Bauern erst gar nicht in die gute Stube gebeten, sondern mit viel Geschrei und unter wüsten Beschimpfungen des Hofes verwiesen. Laßt euch ja nicht noch einmal blicken, ist der übliche Bescheid.

Der geniale Zeichner Dieter Hanitzsch hat damals eine sehr treffende Karikatur in der Süddeutschen Zeitung gezeigt: ein Eindecker- Propellerflugzeug, gesteuert von einem Piloten mit Motorradhaube, will im Erdinger Moos landen. Er kann zu Landung aber nicht ansetzen, weil ein Bauernpaar, bewaffnet mit Heugabeln und Holzrechen ihn hindert, herunter zu kommen. Der Landkauf scheint keine Chance zu haben.

Ganz unverhofft kommt dann doch bald die Wende.

Eine Bäuerin, um die vierzig Jahre alt, mit noch kleinen Kindern, ist Witwe geworden. Sie ist eine "Hereingeschmeckte". Sie hat bei einem mittleren Hof eingeheiratet und niemand weiß so recht, wo sie hergekommen ist. Eine richtige Außenseiterin ist sie nicht, aber sie hat ihnen eigenen Kopf. Einen Bauernsohn aus der Ortschaft, der ihre Witwenschaft aufheitern wollte, hat sie schon abblitzen lassen.

Die Witwe ist in der Dorfgemeinschaft isoliert und fühlt sich schon längere Zeit nicht wohl. Was macht so ein einsamer Mensch? Er sucht das Weite, wenn sich eine gute Chance bietet.

Die Landankäufer machen ihr ein nobles Angebot mit einer für sie hohen Ablösesumme. Die Experten sind ihr auch behilflich beim Kauf eines sehr schönen Hauses und einiger neuen Wohnungen im Münchner Norden für ihre noch unmündigen Kinder.

Das Eis der Ablehnung des Landkaufs ist gebrochen.

Nach und nach erfahren die anderen Leute, wie großzügig die "Verräterin" entschädigt worden ist. Da eröffnen sich großartige Möglichkeiten, das eigene kleine Anwesen gegen ein größeres woanders zu tauschen.

Einige Familien mit mittelgroßen Betrieben, können in Niederbayern große Höfe in ertragreichen Lagen erwerben. Freilich, die angestammte Heimat aufzugeben, ist für viele Umsiedler nicht leicht.

Das Projekt der Landbeschaffung für den neuen Flughafen ist im Laufe mehrerer Jahre dann doch zu einer Erfolgsgeschichte geworden. Alle Beteiligten können letzten Endes zufrieden sein. Das zeigt sich schon darin, dass deutlich mehr Land angekauft werden kann, als der unmittelbare Flächenbedarf ausmacht. So kann die Flughafen München GmbH schließlich viel Land als "Ökologische Ausgleichsfläche" bereitstellen.

Zur Projektpräsentation Ende 1969 gibt es einen Flug für Presseleute über das Planungsgebiet, an dem auch ich teilnehmen kann. Die vorgesehenen vier Start- und Landebahnen werden von einem Flieger mit etwa 30 Fluggästen abgeflogen. Anfang und Ende der einzelnen Bahnen sind für den Piloten so markiert, daß er sie in einer Höhe von 20 Metern wie echte Bahnen genau abfliegen kann. Wir sind alle überrascht, wie leer das Planungsgebiet ist, wenn man von der Ortschaft Hallbergmoos absieht. Wenn ich vier Jahrzehnte später das Gebiet hin und wieder als Fluggast anfliege oder überquere, dann bin ich fast schockiert, was da alles um den Flughafen herum an Industrie- und Wohnbauten neu entstanden ist, wie alle Ortschaften geradezu sprunghaft gewachsen sind.

Ich kann daraus nur schließen, daß die Lärmlast für die meisten Menschen erträglich, vielleicht sogar nebensächlich ist. Deshalb überrascht es gar nicht, daß seit 1970 die Landkreise Erding, Freising und Dachau und der Norden Münchens einen Wanderungsgewinn von mehr als 30 Prozent haben, die unmittelbare Flughafenumgebung vielleicht noch mehr.

Da fällt mir mein Freund Baldur Hofmann ein, dessen Wohnungsnachbar ich mit meiner Familie im Seimelhaus in Ergolding bei Landshut einige Jahre war. Er erzählt mir beiläufig, er ziehe in den Landkreis Freising um, er kaufe sich wahrscheinlich ein Haus in Neufahrn bei Freising.

„Paß auf!", sage ich ihm, „Da wird ein neuer Flughafen gebaut. Da gibt es vielleicht Dauerlärm."

„Nein!", sagt er, „Der wird nicht gebaut, alle Leute sind dagegen."

„Das mag schon sein", sage ich ihm. „Die Politik hat es aber schon beschlossen", und ich erkläre ihm das politische Einmaleins. „Ja, wie geht das?", fragt er mich.

Meine Erklärung: „Erstens, die SPD hat den Münchnern schon seit vielen Jahren versprochen, daß München-Riem bald geschlossen wird. Die Flugbewegungen werden immer mehr. Der Lärm im Münchner Osten, vor allem in Trudering, ist schon jetzt für die Anwohner ganz unerträglich. Riem liegt viel zu nahe am dicht bewohnten Stadtgebiet.

Und dann hatten wir auch noch das furchtbare Absturzunglück im Dezember 1960 mitten in der Stadt an der Paulskirche. Eine zweimotorige Convair der US-Luftwaffe mit 13 amerikanischen Studenten und 7 Besatzungsmitgliedern an Bord stürzt auf eine vollbesetzte Trambahn. Alles geht sofort in Flammen auf. Die Studenten wollten heimfliegen, um mit ihren Familien Weihnachten zu feiern. Insgesamt finden bei diesem Flugzeugabsturz 52 Menschen den Tod. Dutzende weitere Fahrgäste der Trambahn erleiden schreckliche Brandverletzungen.

So ein Absturzunfall auf München kann sich wiederholen, weil die Flugzeuge über die Stadt hinweg starten müssen.

Ich merke, daß Baldur etwas beeindruckt ist. „Und dann kommt: Zweitens: die CSU verspricht sich einen starken wirtschaftlichen Impuls von einem modernen neuen internationalen Großflughafen, einem Drehkreuz im Süden Bayerns. Sie erwartet eine Initialzündung der Wirtschaft im Großraum München und dem nördlichen Oberbayern bis Pfaffenhofen und Ingolstadt."

„So, jetzt zählen wir Eins und Eins zusammen und kommen zu dem Ergebnis: Der Flughafen München II muß her! Er wird kommen, auch wenn viele Leute Kopf stehen. Er wird vielleicht manchen stören oder ärgern, sein Bau aber ist unvermeidlich."

Ob ich Baldur überzeugt habe? Ich glaube es eher nicht, denn Monate später erfahre ich, daß er sich zusammen mit seiner Frau Edith in Neufahrn knapp neben der Lärmlinie 72 Dezibel A ein Reihenhaus gekauft hat. Wenn er eine positive Einstellung zu dem Projekt gefunden hat, wird er ohnehin zufrieden sein, denn seine

Familie lebt im Zentrum eines quirligen Wirtschaftsraumes mit einem breiten Angebot an Arbeit und Bildungseinrichtungen. Die Haupt- und Residenzstadt München ist im 20-Minuten-Takt schnell erreichbar. So wollen es die Leute doch heute haben.

Zusammen mit meiner Frau habe ich den MUC, wie er in der Luftfahrtsprache heißt, auch schon etliche Male genutzt, wenn wir zu Töchtern nach Australien oder nach Sri Lanka oder sonst wohin gereist sind. Am 17. Mai 1992 gut 22 Jahre nach Planungsbeginn geht der MUC in Betrieb.

In Freising habe ich zwei alte Abi-Freunde, den Ernst Sepp und den Geistlichen Rat Mayer Done. Beide sind vom Anfang an energische MUC-Gegner und sie sind es bis heute geblieben. Ich versuche sie zu verstehen, aber es gelingt mir nicht.

Beim Sepp waren meine Frau und ich schon mehrmals gern gelittene Gäste und saßen in seinem schönen Garten auf der Terrasse bei Kaffee und Kuchen. Ich habe keinen Lärm gehört, meine Frau auch nicht. Aber vielleicht höre ich nicht mehr so gut wie er und seine liebe Frau Edith.

Ottobrunn, die neue Heimat

Die Finanzlage unseres "Familienunternehmens" in Ergolding wird dank der Beförderung zum Oberregierungsrat und vor allem dank der Ministerialzulage sehr wesentlich gefestigt. Allerdings steht das Problem des Umzugs der Familie nach München im Raum, und das ist so leicht nicht zu lösen. Wir brauchen eine Wohnung mit rund 150 bis 170 qm Wohnfläche oder ein Haus, wo neben dem Speicher auch der Keller bewohnbar ist.

Beim Finanzministerium klopfe ich an. Die haben immer wieder Wohnungen, die passen könnten, so sagt mir ein Insider. Aber in diesem etwas vornehmen Ministerium macht man mir keine Hoffnung zum Zug zu kommen. Vermutlich gibt es längere Wartelisten für "unsere Leut". Wahrscheinlich wäre ich sehr lange ein Bittsteller, der mit der Zeit immer lästiger würde. Ich streiche die Segel, weil ich den Eindruck gewinne, so sozial wie der Staat sich durch seine oberen Vertreter in Sonntagsreden gibt, ist er in Wirklichkeit gar nicht.

Die katholische Kirche fällt mir ein, meine Mutter Kirche. Ich bilde mir ein, in München und im Umland gibt es bestimmt ein paar Dutzend Pfarrhöfe, die nicht mehr besetzt sind, also leer stehen. Ein Gespräch in der Erzbischöflichen Finanzkammer, wo die Liegenschaften verwaltet werden, verläuft enttäuschend.

Die Kirche verkauft nicht, schon gar nicht Objekte, die Wertsteigerung erwarten lassen. Das ist ein eherner Grundsatz. Da kommt man schon ins Grübeln. Jesus, der Urgrund der Kirche, dieser "Körperschaft des öffentlichen Rechts", hatte nichts wo er sein Haupt hinlegen konnte. Seine irdischen Vertreter wetzen ganz verlegen in ihren teuren Bürostühlen hin und her, wenn sie mir bedauernd erklären müßen, daß eine achtköpfige Familie ein leer stehendes Pfarrhaus nicht kaufen kann. Die meisten Objekte seien ohnehin mit lästigem Denkmalschutz belegt. Eine Miete käme allenfalls in Frage. Aber ich suche keine Miete, sondern Eigentum für meine Familie.

Also bleibt mir der offene Immobilienmarkt, und dieser ist derzeit im München brodelnd in Bewegung. Schnell stoße ich auf die Bauträgerfirma Demos. Ihr Projekt in Ottobrunn fasziniert mich. Auf einem größeren Areal in der Nähe des Industrieunternehmens MBB (Messerschmitt-Bölkow-Blohm) entstehen in einem Zug rund 270 neue Häuser. Die Gemeinde Ottobrunn baut dazu einen Erholungspark und Spielplätze. Später soll ein Hallenbad ganz in der Nähe entstehen.

Das ist es! Zu meiner Verblüffung sind die Reihenhäuser mit ganz kleinem Garten spottbillig angeboten. Die Firma Demos, erst vor kurzem gegründet, will offenbar den Häusermarkt aufmischen und bietet ihre Objekte quasi zu den Gestehungskosten plus kleiner Gewinnmarge an. Das Kaufvertragsmuster hat zwar Neuerungen, die mir so nicht geläufig sind, zum Beispiel Ratenzahlungen gemäß Baufortschritt, aber insgesamt ist das Risiko eines Abschlusses nicht viel größer als bei etablierten Bauträgern.

Ich mache einen Vorvertrag mit kurzer Frist, weil ich Stilla nicht vor vollendete Tatsachen stellen will. Wir sind uns schnell einig und kaufen im Herbst 1968 das Haus in Ottobrunn, Schwalbenstraße 30, mit Garage für 108.400 Mark. Wegen der begrenzten Wohnfläche haben wir uns auch beraten und kommen zu dem Ergebnis: Wenn die Kinder zum Studium weg sind und dann als junge Erwachsene die Familie ganz verlassen, ist uns das Haus groß genug.

Am 18. Februar 1970, einem recht sonnigen Wintertag, zieht die Familie von Ergolding nach Ottobrunn um. Die Kinder sind begeistert. Sie sausen die Treppe auf und ab, so daß der Nachbar links sich gleich mal wegen des Lärms beschwert. Ich denke, das wird sich einrenken, sobald die Treppe mit einem Filz belegt ist. Unsere Schüler bringe ich in ihre Klassen. Wir leben uns rasch ein, bleiben aber wegen der Kinderzahl die Exoten in der Schwalbenstraße.

Jetzt tut sich ein angenehmes Problem auf. Wir können das Haus in Ergolding zu einem überraschend hohen Preis verkaufen. Was sollen wir mit dem Geld machen, das uns übrig bleibt? Es sind rund 80.000 Mark.

Meine liebe Frau läßt mir da freie Hand. Sie weiß schon, daß ich das Geld nicht verplempere. Nach vielem Überlegen komme ich zu dem Ergebnis, daß eine Immobilie meiner Familie die beste Sicherheit bietet, zumal sich die Preise gerade im Münchner Raum stetig leicht nach oben bewegen und somit der Anlagewert steigt. Also, wir kaufen in Zorneding eine Doppelhaushälfte zum Vermieten. Das Haus wird gerade fertig gestellt.

Der Doppelhausnachbar Thomas Laumer rät mir, mit ihm zusammen das Dach besser zu isolieren. Da mache ich gerne mit. Wir freunden uns gleich etwas an, gemeinsames Arbeiten verbindet schnell. Ich merke, der Laumer Thomas ist kein Schwätzer, sondern einer, der was kann, man kann sagen, ein Allrounder. Die Finanzierung des Hauses belastet uns nur wenig, weil die Miete die monatlichen Zins- und Tilgungsraten schon von Anfang an nahezu deckt.

Die Kinder haben keine Schwierigkeiten sich in der neuen Schule in Ottobrunn einzugewöhnen. Alles Neue interessiert sie. Rasch entwickeln sich kleine Freundschaften. So einfach haben wir es uns gar nicht vorgestellt. Mir tut die Familie auch gut. Morgens und vor allem abends genieße ich die Kinder sehr. In der Familie sind sie eher friedlich, wobei Robert, als der Älteste, die höchste Instanz ist. Bei seinem Klassenleiter rufe ich an und frage, wie er sich einfügt. Seine Auskunft: Robert hat keine Probleme und er könne schon seine Ellbogen ausfahren, wenn es notwendig ist, was immer das heißen mag.

Es ist schon überraschend! Man ist geneigt anzunehmen, daß sechs Kinder deutlich mehr Probleme aufwerfen, als zwei oder drei. Wir beobachten gerade das Gegenteil, je mehr Kinder, desto weniger Unstimmigkeiten. Meine Frau bringt es auf den simplen Nenner: Je mehr Kinder, desto weniger Erziehungsschwierigkeiten. Ihre Devise ist: 1. Füttern, 2. Wachsen lassen, 3. Die Kinder einfach gerne haben! Danke Frau Professor!

Pfister Sonnen

Von Ergolding haben wir einen noch unsichtbaren Schatz mitgebracht. Der Schatz wird in Ottobrunn größer und größer. Endlich am 21. September 1970 tritt er in Person unseres siebten Kindes Bernhard an die Öffentlichkeit. Wenn man zurückrechnet, wurde er in den Weihnachtstagen des Vorjahres gezeugt, genau wie seine sieben Jahre ältere Schwester Stilla Regina, die ihren Geburtstag auch am 21. September, im Jahr 1963, hat. Weihnachten ist halt ein besonderes Fest, das Fest der Liebe und Umarmungen. Mittlerweile ist Berni, wie wir ihn rufen, schon fast ein Vierteljahr alt und es geht ihm sichtlich gut. Seine Geschwister mögen ihn auch sehr oder haben sich an ihn gewöhnt.

Da kommt ein schöner Brief ins Haus, mit dem Absender "Der Bürgermeister der Gemeinde Ottobrunn". Kaum bin ich abends zuhause, legt meine liebe Frau mir den Brief vor und schaut mich erwartungsvoll an. Die Anschrift ist "An die Familie Josef u. Stilla Roßmair". Wir öffnen ihn gemeinsam. Welche Überraschung! Herr Bürgermeister Leiß gratuliert uns zur Geburt unseres siebten Kindes sehr herzlich und teilt uns mit, ihm liege eine Gratulationsurkunde des Herrn Bundespräsidenten Gustav Heinemann vor, und auch ein Geldgeschenk sei vorgesehen.

Er schlägt einen zeitnahen Termin vor, an dem wir Urkunde und Geldgeschenk entgegennehmen möchten. Stilla und ich vereinbaren, daß ich allein hingehe und diese Ehrung entgegen nehme. Meine Frau sagt, sie sei für ein solches Brimborium wenig geeignet, sie wolle nicht so in den Mittelpunkt gestellt werden. Sie sei froh, daß wir alle gesund sind und daß es uns gut geht.

Unser Bürgermeister Leiß ist wirklich ein angenehmer Mensch, wir unterhalten uns ungezwungen und angeregt. Er ist froh, daß ihm keine der kinderreichen Familien mit vier und mehr Kindern Sorgen macht und daß der Beigeschmack des Asozialen bei den Kinderreichen der Gemeinde Ottobrunn in keinem Falle zutreffe.

Ganz im Gegenteil seien die Familien mit mehr Kindern sehr verlässliche Bürger und sie bringen sich in aller Regel in die öffentlichen Belange ein. Von mir weiß er, daß ich im Elternbeirat aktiv bin und in der Pfarrgemeinde mitarbeite. Also, denk ich mir, dann ist ja alles in Ordnung.

Dann kommt das Geldgeschenk des Bundespräsidenten an die Reihe. Ganze Hundert Mark bekommt die Familie Roßmair. Ich fange gleich zu spotten und zu räsonieren an, wie es meine Art schon immer war.

„Das reißt uns schwer nach vorne, da können wir es im nächsten halben Jahr richtig krachen lassen. Auf jeden Fall", sage ich, „werden wir in den kommenden Wochen nicht hungern müssen. Von den 100 Mark können wir uns in dem Brotladen der Firma Ludwig Stocker rund 30 Pfister Sonne Brotlaibe kaufen, vielleicht sogar mehr, wenn wir nach halb sieben Uhr abends einkaufen, weil ab da das Brot zum halben Preis abgegeben wird."

Herr Leiß wird ein wenig säuerlich, das merke ich, und schaue, daß das Gespräch wieder eine freundliche Richtung nimmt. Er kann ja nichts dafür, daß der oberste Repräsentant unseres so arg sozialen Staates einer vielköpfigen Familie ein lächerliches Geldgeschenk macht. Nachdem ich den Empfang des Geldes quittiert habe, verabschieden wir uns sehr freundlich.

Daheim angekommen, schenke ich den Hunderter meiner Frau zum persönlichen Gebrauch. Sie möge sich mal was Extravagantes leisten. Ob sie das tun wird, da bin ich mir aber gar nicht sicher. Wir unterhalten uns ausgiebig über unsere familiäre und soziale Situation. Wir sind uns schnell darüber einig, daß wir Eltern allein für das Wohlergehen unserer Kinder verantwortlich sind, aber daß der Staat ständig darum bemüht sein muß, die Rahmenbedingungen für die nachwachsende Generation zu verbessern, zum Beispiel bei den Schulen und Hochschulen, beim Angebot von Kindergärten, Freizeiteinrichtungen, öffentlichen Schwimmbädern usw. Da hat Ottobrunn noch einiges zu leisten.

Ich muß feststellen, daß meine Frau das Geldgeschenk des Bundespräsidenten in seiner Höhe nicht so kritisch sieht wie ich. Ein Geldgeschenk in dieser Höhe ist nach meiner Überzeugung

Ausdruck geistloser Geringschätzung der Familien. Mich reut es jetzt schon, daß ich es überhaupt angenommen habe. Ich ärgere mich über mich selbst. Ich hätte es zurückweisen und Herrn Heinemann einen scharfen Brief schreiben sollen. Deutschland ist 1970 schon ein recht wohlhabendes Land. Was sind da 100 Mark für eine neunköpfige Familie? Das reicht ja kaum für einen Tierparkbesuch mit anschließendem Eisessen.

Das ist, kritisch betrachtet, ein viel zu kleines Feigenblatt, um die soziale Kälte zu bedecken, die im öffentlichen Leben den Kinderreichen häufig begegnet. In unserem Fall ist diese Geldhilfe unwesentlich, das ist schon klar. Als Regierungsdirektor mit Ministerialzulage verdiene ich genug, um viele Wünsche der Familie zu erfüllen.

Was aber ist mit einem Normalverdiener? Da ist mit sieben Kindern die Armutsgrenze längst unterschritten. Solche Familien sind schnell abgehängt, und die Kinder fühlen sich ausgegrenzt, weil sie vieles "mangels Masse" nicht mitmachen können. Da hat der Staat sehr wohl eine Verantwortung! Vor allem müßte der Staat für mehr Steuergerechtigkeit sorgen. Er müßte das Steuersplitting für kinderlose Ehepaare abschaffen und dafür eine Art Kindersplitting einführen. Ich merke es ja immer wieder am Arbeitsplatz. Kinderlose Paare leisten sich jedes Jahr zwei bis drei aufwendige Fernreisen, fahren zum Beispiel nach Südafrika, nach Ostasien, in die USA oder nach Indien, während ein normaler Familienvater mit sieben Kindern allenfalls einen Sonntagsausflug mit dem Radl nach Indersdorf macht.

Als Geldgeschenk an eine so kinderreiche Familie wären meines Erachtens 1.000 Mark angemessen. Ja, Eintausend Deutsche Mark für die Geburt des siebten Kindes! 500 Deutsche Mark vielleicht für die Geburt des sechsten Kindes. Da könnte die gestreßte Mama einmal richtig entspannt Urlaub machen. Ich hätte da gute Ideen, wie man so großen Familien wirksam helfen könnte. Mit 100 Mark aber ist doch überhaupt nichts bewirkt.

Ja, wenn ich Bundeskanzler oder Bundespräsident wäre ... Da würden die Leute aufhorchen und mal gscheit schauen!

Nein, ich will wirklich nicht so hoch hinaus, ich bin nicht einmal Mitglied in einer der demokratischen Parteien. Am liebsten wäre ich ja Kommunist. Aber diese Partei gibt es Gottseidank nicht mehr. Weil ich also kleine Brötchen backe, werde ich im nächsten Sommer mit meiner Frau in Südtirol wieder mal bei der Familie Heinrich Schwellensattl in Algund einen acht- bis zehntägigen Urlaub machen und auf die Berge steigen, hoffentlich bei schönem Wetter.

Meiner Frau tun die Urlaubstage im "Heinrichshof" in Südtirol immer sehr gut, mir natürlich auch. Es ist eine große Freude bei diesen Menschen Urlaub zu machen, denn sie leiden unter manchen Schikanen der Italiener in den 60er Jahren immer noch sehr. Man läßt es sie spüren, daß sie Deutsche (eigentliche Bayern) sind, die den Krieg verloren haben.

Das Herzogtum Bayern reichte im frühen Mittelalter bis zu der Talenge Salurner Klause, kurz vor Verona.

Wenn die Südtiroler ihr altes Brauchtum pflegen wollen, müssen sie sich jeden Trachtenaufmarsch samt Liedgut und Reden vorher von der italienischen Verwaltung umständlich amtlich genehmigen lassen, wobei der Inhalt der Reden genau geprüft und jedes Wort abgeklopft wird. Das demütigt dieses stolze Berglervolk sehr.

Nach dem Abschluß der "Römischen Verträge" zur Europäischen Einigung ist freilich Vieles besser geworden und nach Jahrzehnten begegnet man sich endlich auf Augenhöhe.

Nach jedem dieser Urlaube kehren wir mit neuem Schwung nach Hause zurück ins Schwalbennest. Stilla ist gottlob immer gesund, sie hat wohl auch keine Zeit, krank zu sein.

Einmal frage ich bei unserer Hausärztin nach, die wir von den Impfungen der Kinder her kennen, ob sie meiner Frau mal eine Erholungkur verschreiben kann, zum Beispiel wegen Erschöpfung. Die Ärztin sagt mir: „So einfach ist das nicht." Meine Frau sei ja noch nie bei ihr in Behandlung gewesen. So mir nix dir nix könne sie keine Kur verschreiben, wenn nicht einmal ein Patientenstatus bestehe.

Meine Mühe ist also umsonst. Stilla hat aber eigentlich auch keine Lust zum Kuren, das kennt sie nicht, ich auch nicht. Sie ist lieber zu Hause bei unseren Kindern. Ich sage zu ihr: „Wenn du eine Alkohokerin wärst, dann könnte dir die Ärztin eine Kur, eine Entziehungskur verordnen." Sie entgegnet mir: „Soll ich saufen anfangen?"

Schnell hole ich aus dem Kastl die Flasche mit dem guten Kirschlikör und wir trinken ein Gläschen auf unsere Gesundheit, auf unser Glück und auf ein langes Leben. Und weil das so gut geschmeckt hat, nehmen wir noch ein Stamperl.

Der Tod, ein ungebetener Gast

Mit Bernhard sind wir eine große und sehr glückliche Familie geworden.

Ich liebe meine Frau Stilla ganz innig und ich kann mir sicher sein, daß sie auch mich herzlich gerne hat und angesichts unserer Kinder mit keiner anderen Frau tauschen möchte. Trotz der vielen Kinder sind wir relativ wohlhabend. Uns fehlt es an nichts. Als Existenzrückhalt haben wir das Haus in Zorneding und von meinen Eltern den Heldacker in der Gemarkung Haimhausen.

Wir haben ein gutes Gefühl, daß auch kleine Katastrophen die Familie nicht aus der Bahn werfen können. Doch dann kommt der schwerste Schicksalsschlag, der eine junge Familie mit kleinen Kindern treffen kann.

Wie aus heiterem Himmel zeigen sich bei meiner Frau eigenartige Symptome. Sie fühlt sich hin und wieder unsicher auf den Füßen, greift mit den Händen mal daneben oder läßt eine schöne Tasse fallen. Scherben bringen Glück, nicht immer!

Das zieht sich einige Wochen hin. Stilla empfindet keine richtigen Schmerzen, eher eine Benommenheit. So sieht sie auch keinen Anlaß, zur Ärztin zu gehen. Dann treten Sehstörungen auf. Sie hat von beiden Augen Bilder, die nicht genau übereinander liegen, weshalb das Gesehene etwas verschwommen ist. Was ist los? Was kann das bedeuten?

Die Augenärztin hat eine bedenkliche Diagnose. Die Augen als Organ sind in Ordnung, aber der Druck im Kopf von Innen auf die Augen ist viel zu hoch. Es ist anzunehmen, daß ein Entzündungsprozess im Kopf die Symptome auslöst. Sie empfiehlt, sofort die Klinik in der Beethovenstraße in München aufzusuchen. Die Neurologen werden eine Diagnose stellen.

Wir, Stilla und ich, können uns noch nichts besonders Bedrohliches vorstellen. Ich telefoniere mit der Klinik, übermorgen schon soll Stilla in die Klinik kommen, es ist der 24.

November 1971, ein trauriger Herbsttag. Auf Stillas Wunsch nimmt sie nicht dramatisch Abschied von den Kindern. Sicher denkt sie nicht daran, das Haus für immer zu verlassen.

Aber die kleine Judith mit ihren viereinhalb Jahren spürt den Ernst der Lage und fragt besorgt: „Mama, wo gehst du hin? Komm boid wieda, bitte. Mama, du bist ja soo liab!"

Judith hängt an den Beinen ihrer Mama, die den kleinen Bernhard auf den Arm nimmt und innig herzt.

Das passiert, als unsere fünf Schulkinder schon zum Unterricht weg sind. Die Familienhelferin versorgt Judith und Bernhard, wird den Kindern was zu Mittag machen. Ich weiß nicht, wann ich heimkomme.

Die Diagnose des Oberarztes in der Klinik ist nach den ersten Untersuchungen niederschmetternd. Am Hirnstamm hat sich eine Geschwulst gebildet, ob gutartig oder bösartig, kann er noch nicht sagen. Das erklärt den Druck im Kopf.

Einen Tag später wirkt der Befund wie ein Fallbeil: ein bösartiger Tumor in schnellem Wachstum. Der Oberarzt, assistiert durch einen jungen Arzt, läßt keinen Zweifel zu. Es gibt nur eine ganz geringe Überlebenschance, wenn man aber zuwartet: Null Chance. Wenn operiert wird, eine sehr kleine Chance, wobei niemand die Folgen einer gewagten Operation abzuschätzen vermag. Der junge Arzt schaut nur zum Boden. Er ist anscheinend zum ersten Mal dabei, als einem Patienten der Tod angekündigt werden muß. Meine Frau reagiert scheinbar nicht. Hat sie gar nicht zugehört? Sie schreit nicht auf. Ich gehe mit ihr in ihr Zimmer, alles ist wie im Nebel. Wir umarmen uns, sie ist ganz gelassen.

Morgen früh, hat der Arzt gesagt, sollen wir uns entschieden haben, ob sie die Operation durchführen sollen. Darüber reden wir an diesem Abend nicht mehr. Es ist spät, als ich die Klinik verlasse. Ein paar Tage später weiß ich schon nicht mehr, über was alles wir geredet haben.

Am anderen Morgen fahre ich gleich wieder in die Klinik. Ich finde meine Frau in einer fast guten Stimmung vor. Ich erzähle ihr, daß ich in der Nacht für sie, für uns alle, gebetet habe, was ich schon lange nicht mehr sehr bewußt getan habe.

Da lächelt sie und sagt: „Ich habe unseren Familienschutzengel geschimpft! Das geht doch gar nicht, daß ich sterbe! Die Kinder sind noch klein, die brauchen die Mama noch viele Jahre. Ich will nicht sterben, hab ich ihm gesagt, ich lebe sehr gerne. Ich möchte sehen, wie unsere Kinder groß werden."

„Und was hat er geantwortet?", frage ich sie.

„Ja", sagt sie „er hat gesagt, über das Leben entscheidet eine höhere, die letzte Instanz."

Wie kann ein Mensch, dessen Leben so in Frage steht, solche Gedanken überhaupt in Worte fassen? Vierzehn Jahre haben wir uns gekannt und intensiv miteinander gelebt, aber eigentlich habe ich ihr Innerstes nie so wahrgenommen, wie in den letzten Tagen. Das macht mich ein wenig glücklich und sehr traurig zugleich. Ich merke, sie ist ein zutiefst religiöser Mensch, da kann ich nicht mithalten. Dennoch bin ich froh und erleichtert, daß sie als aufrechter Mensch dem Tod begegnen kann, wenn er denn kommt.

Wir reden über Vieles, auch praktische Dinge, zunächst über die Operation.

Ich sage ihr, „Entscheide du, es ist dein Leben." Ja, sie will die Operation.

Dann fragt sie mich: „Soll ich ein Testament machen?"

„Ja", sage ich, „Das ist schon für jeden gesunden Menschen geboten, der Angehörige hat." Augenblicklich setzt sie sich hin und schreibt in wenigen Zeilen das Testament, in dem sie ganz einfach mich zum Alleinerben einsetzt.

Später werde ich sehr dankbar bemerken, wie das Testament unsere Familie schützt. Kein Jugendamt, kein Klugscheißer wird mir in die Suppe spucken und dreinreden, wie ich meine Kinder führe und wie ich das Familienschiff in die Zukunft steuere.

Am vierten Tag des Klinikaufenthalts wird Stilla operiert. Man hat den Schädel geöffnet und das bösartige Gewebe weitgehend entfernt. Ich komme jeden Morgen und jeden Abend nach dem Dienst in die Klinik. Stilla ist nicht ansprechbar. Leider kann ich mit ihr gar nicht mehr reden. Der Oberarzt macht mir keine Hoffnung.

Ich weiß nicht mehr aus noch ein. Soll ich die Kinder mal in die Klinik mitnehmen? Aber wenn die Mama nicht antwortet oder irgendwie reagieren kann, was hat dann ein solcher Besuch für einen Sinn? Würde ich unsere Kinder nur verstören? Schweren Herzens entscheide ich mich gegen ihren Besuch in der Klinik und tröste mich mit der Hoffnung, sie mögen sich einst an schöne Tage und gute Zeiten erinnern.

Infolge der Operation sind einige unbewußte Funktionen sehr gestört, zum Beispiel das Schluckzäpfchen funktioniert nicht mehr. Speichel läuft in die Lunge. Eine Lungenentzündung ist die Folge, sie ist tödlich.

Am Sonntag, den 5. Dezember so gegen acht Uhr läuten zwei Polizisten an unserer Haustür.

Sie sagen mir mit belegter Stimme: „Ihre Frau ist heute Nacht leider verstorben."

Ich sage mehr automatisch als bewußt: „Danke!" Dann merke ich gleich, wie falsch dieses Wort in den Ohren der beiden Todesboten klingen muß, aber sie sind schon weggegangen.

Ich habe zwar sieben Kinder im Haus, aber ich bin ganz, ganz allein. Niemand auf der weiten Welt kann so allein sein wie ich. Nach dem Sonntagsgottesdienst, an dem heute weder ich noch eines der Kinder teilnimmt, kommt unser Herr Pfarrer Herbert Rauchenecker zu uns. Er sagt, es tue ihm sehr leid, aber er sei nicht in der Lage, uns zu trösten. Das rechne ich ihm später hoch an, daß er keine frommen Sprüche losgelassen hat.

Die Kinder wissen inzwischen, daß die Mama nicht mehr heimkommt, daß sie verstorben ist. Ob sie die Tragweite erfassen können, weiß ich nicht, ob eines geweint hat, weiß ich bis heute nicht. Ich vermeide jede Geste, jedes Wort, das den großen Kummer bloßlegen kann. An die Tage vor der Beerdigung meiner lieben Frau werde ich mich später auch nicht mehr erinnern können.

Am Mittwoch, den 8. Dezember am späten Nachmittag betten wir ihren schönen Mutterleib in die gesegnete Friedhofserde. Ihre fromme Seele möge ihre Kinder in eine gute Zukunft begleiten. Bei der Beerdigung selbst verhalte ich mich einigermaßen gefaßt und bin scheinbar auch nicht erschüttert, wenn Freunde unserer Familie und einige Verwandte fassungslos weinen. Aber in der Nacht, sobald die Kinder schlafen, weine auch ich und das öfter und länger als ich will.

Mir fallen Verse aus Goethes Faust ein:

Wer nie sein Brot in Tränen aß,
Wer nie die kummervollen Nächte
an seinem Bette weinend saß,
Der kennt euch nicht, ihr himmlischen Mächte.

Ihr führet uns ins Leben ein,
Ihr laßt auch Arme glücklich werden,
Dann übergebt ihr sie der Pein,
Denn alles Glück erstirbt auf Erden.

Ich suche nach einem Sinn des Geschehens und bemühe ein wenig meine Kenntnisse in der Philosophie. Ich will Hoffnung schöpfen, einen Sinn erkennen und Ruhe finden können. Vielleicht könnte ich dann an Gott glauben.

Meine Gedanken kommen zu einem naheliegenden Ergebnis: Wir Menschen sind der Natur unterworfen. Mein geradliniges Denken erkennt das Sterben als natürliches Geschehen. Die Natur ist nicht böse, auch ist sie nicht gut. Sie kann aber grausam daher kommen und ohne Gnade sein. Die Natur nimmt den kleinen Kindern die Mutter, den Liebenden läßt sie allein. Sie bringt dem einsamen Vater seine Kinder näher, als sie ihm jemals nahe waren.

Später läßt sie uns wieder Blumen erblühen.

In 14 Tagen feiert die christliche Welt Weihnachten. Was soll dieses Fest der Liebe? In einer Welt voller Hass und Terror zünden wir Kerzen an und singen Lieder wie "O du fröhliche, o du selige, gnadenbringende Weihnachtszeit." Mir dreht es fast den Magen um. Wegen der Kinder bemühe ich mich um ein wenig Festlichkeit. Wird es uns gelingen? Ich hoffe es sehr. Ich möchte ein guter Vater sein, ja das möchte ich viel mehr als früher.

Im Ministerium rufe ich an, weil ich nicht arbeite und frage, ob ich ein ärztliches Attest vorlegen soll. Ich kann nicht arbeiten und zum Heulen brauche ich keinen Bürostuhl. Nein, ich brauche keine formale Krankmeldung abgeben. Ich versichere meinem Ministerialdirektor, daß ich wiederkomme, sobald ich wieder arbeiten kann. Am 15. Januar ist es dann so weit, langsam fange ich wieder zu arbeiten an.

Die Zeit heilt auch schwere Wunden. Die Kinder gewöhnen sich erstaunlich rasch an die Abwesenheit der Mutter. Oder scheint es mir nur so? Wir reden nicht über die Mama. Ich habe Angst davor. Soll ich oder soll ich nicht? Ich frage einen Arzt. Das hilft mir aber nicht wirklich. Ich bin vielleicht zu feige, um dieses Problem aktiv anzugehen. Auf keinen Fall will ich einen Fehler machen, der die Familie aus dem Gleichgewicht bringt. So läuft alles ziemlich freudlos dahin und wird schließlich zur Normalität.

Meine Mundharmonika spiele ich wieder und zwar die Melodien, die Stilla so gerne gehört hat. Da kommen einige der Kinder zu mir her und lehnen sich bei mir an. Und wenn ich dann mal nicht weiterspielen kann, weil mir der Mund trocken ist wegen meines eigenen Kummers, dann betteln sie so lange, ich soll nochmals spielen, bis ich wieder Töne hervorbringe.

Die Lehrerinnen und Lehrer der Kinder rufe ich an und bitte sie, behutsam auf meine Kinder zu achten. Das beruhigt mich selbst sehr. Sie sollen keine Sonderbehandlung erhalten. „Aber bitte rufen sie mich an, wenn etwas schief läuft. Ich kann mich nicht optimal kümmern."

Jetzt greife ich auch mal zur Bibel, blättere und blättere und bleibe im Buch Kohelet hängen. Zum Buch der Weisheit komme ich erst gar nicht. Schon bei Kohelet stoße ich auf die brutale Weisheit.

Worte Kohelets, des Davidsohnes:
Für jedes Geschehen unter dem Himmel gibt es eine bestimmte Zeit:
eine Zeit zum Säen und eine Zeit zum Ernten,
eine Zeit zum Weinen und eine Zeit zum Lachen,
eine Zeit zum Umarmen und eine Zeit, die Umarmung zu lösen,
eine Zeit zum Gebären und eine Zeit zum Sterben.

Auch der Krieg und der Friede wird dem Leser auf diese Weise nahe gebracht. Ich denke lange darüber nach und sehe ein wenig Glück in meiner zerrissenen Familie.

Trauer? Mein Herz ist schwer. Ist das Trauer? Ich trage keine schwarze Krawatte. Ich will nicht weiter trauern. Das bringt doch nichts. Ich will mich dem Schicksal stellen. Wie geht das am besten? Ich weiß es nicht! Manchmal packt mich die Trauer, wenn ich es gar nicht gebrauchen kann. Dann ärgere ich mich, weil ich die Trauergedanken nicht einfach von mir wegschieben kann.

So gern würde ich wieder fröhlich sein, wie es war, als meine Frau noch gesund und sehr lebendig war. Ich will nicht aufgeben. Das Positive, die Freude muß endlich wieder die Oberhand in den Gefühlen und Stimmungen gewinnen. Aber wie schaffe ich das?

Die Kinder sind mir da gottlob kein Hindernis. Bei ihnen sehe ich keine Leiden seelischer Art. Das allein macht mich schon froh und läßt mich hoffen.

Aber manchmal bin ich mutterseelenallein; dann muß ich darum kämpfen, nicht in Trübnis abzugleiten. Durch Stillas Tod sind mir Aufgaben zugewachsen, die mich ein wenig ablenken.

Die Begegnung mit Freunden und guten Bekannten ist schwierig geworden. Sie finden anscheinend keine Worte, mich zu trösten. Vielleicht weichen mir einige deshalb aus, oder habe ich nur den falschen Eindruck, daß das so ist?

Dabei will ich mit dem Schicksal gar nicht hadern. Wenn ich zur Ruhe komme und zurück schaue, hatte ich zusammen mit Stilla, meiner Frau, ein Duzend sehr, sehr schöne Jahre. Wir beide haben die schönen Zeiten, die es in jeder großen Familie gibt, ganz bewußt genossen. Danke! Danke, liebe Stilla!

Seltsame Gäste

Die Liebe und der Tod, das sind die beiden gewaltigen Themen, die das Leben jedes Menschen bewegen, beherrschen. Es sind die Inhalte aller großen Dichtungen, Dramen und Tragödien seit der Zeit der Alten Griechen. Mich und meine zerrissene Familie bedrohen auch die vergangene Liebe und der allgegenwärtige Tod. In meinem Denken und im Fühlen kann ich ihnen nicht entfliehen. Noch hab ich keine Ahnung, wie ich damit zurechtkommen werde. Aber das Leben muß weitergehen.

Die Schwestern des Todes, die Finsternis und die unerträgliche einsame Stille umfangen immer wieder mein Dasein. Mich quält die Stille, reden kann ich mit Niemandem. Der Schatten des Todes begleitet mich weiterhin.

Mein Himmel ist eingestürzt, zerbrochen, verstorben, weg! Wie kann ich die Fesseln der Einsamkeit abstreifen, loswerden? Wäre ich doch gläubig! Dann könnte ich mit dem "lieben" Gott reden, ihm die Frage stellen: Warum? Gläubig bin ich aber nicht! Meine Unsicherheiten muß ich vor den Kindern verbergen, vor ihnen muß ich stark sein!

Meine Tante Rosa, eine Bäuerin aus der Holledau, die selbst acht Kinder geboren und großgezogen hat, führt einige Wochen unseren Haushalt. Die Kinder erkennen ihre Güte. Danke, liebe Tante! Meine Mutter kann wirklich nicht helfen, weil sie es schwer am Herzen hat.

Ich bemühe mich erfolgreich um Haushaltshilfen bei der Organisation der Dorfhelferinnen. Da ich aber ein städtischer Haushalt bin, verstößt ihr Einsatz in meiner Familie gegen die Statuten. Also das geht nicht über längere Zeiten. Wir brauchen eine Fachkraft im Hause. Einige Bekannte hören sich für uns um. Es tauchen Frauen auf, die es gut meinen, aber den besonderen

Anforderungen nicht genügen können. Dann hab ich die Tochter eines Bauern gefunden, den ich schon lange kenne.

Das ist ein Treffer!, denke ich.

Lore macht ihre Arbeit gut und ist lieb zu den Kindern. Sie ist verlobt und will in etwa einem Jahr heiraten. Dann wird das Haus fertig sein, das sie und ihr Bräutigam gemeinsam beziehen wollen. Aber sie kann bei uns nicht bleiben. Ihr Bräutigam ist eifersüchtig auf mich und meine Kinder. Schon nach wenigen Wochen geht es nicht mehr. Mein heiliges Versprechen, seine Braut niemals zu berühren, hilft nichts.

Aus Karlsfeld meldet sich eine junge Frau. Ich lade sie zu einem Probe- oder Kennenlerntag an einem Samstag ein. Sie bekocht uns und backt auch einen Kuchen für den Sonntag. Es wird Abend, aber sie macht keine Anstalten unser Haus zu verlassen. Es ist schon spät, fast 10 Uhr nachts. Da eröffnet sie mir, daß sie dableiben möchte. Meinem Hinweis, dass ich für sie keine Schlafgelegenheit habe, begegnet sie mit einem anzüglichen Lächeln. Kein Zweifel, sie sucht das Abenteuer. Ich aber nicht!

Mit meinem Auto fahre ich sie nach Karlsfeld heim, eine lange schweigsame Strecke. Sie lädt mich ein, in ihre kleine Wohnung zu kommen, sie habe ein paar schöne Spielsachen für meine Kinder. Mein Gott, bin ich naiv. Auf ihrer Couch warte ich geduldig auf das so schöne Spielzeug. Da, die Überraschung! Sie erscheint frisch gestylt in einem weißen Morgenmantel, den sie augenblicklich öffnet, um sich mir in ihrer ganzen Pracht darzubieten. Der Teufel soll mich holen, wenn ich jetzt die Liebe meiner verstorbenen Frau verrate. Es schießt mir durch den Kopf, wie zärtlich und einfühlend Stilla die ganze Zeit unserer Zweisamkeit war. Schon bin ich über die Treppe nach unten fort.

Diese Dame war zu tollpatschig. Später denke ich mir, ich hab sie gar nicht richtig kennenlernen können, oder doch? Auf der Heimfahrt grüble ich darüber nach, wer sie mir geschickt haben könnte. Der Himmel kann es nicht gewesen sein!

Etwa drei Wochen später kommt eine andere Dame ins Haus. Dame meine ich dieses Mal nicht ironisch. Die macht wirklich einen sehr gepflegten Eindruck, mit Lidschatten und von den

Fingernägeln her. An den Fingern trägt sie ein paar prächtige Ringe, es können drei sein oder auch vier. Ihren Hals schmückt eine dicke Goldkette. Altersmäßig würde sie auch zu mir passen. Ich weiß nicht, woher sie Kenntnis hat von meiner Problemsituation, ich frage sie auch nicht danach.

Was mir gleich auffällt, die Kinder beachtet sie kaum, obgleich immer wieder mal eines im Wohnzimmer auftaucht. Schon beim dritten Satz erfahre ich, daß sie finanziell unabhängig ist und gerne schöne Reisen macht. Sie wünscht sich anscheinend einen Regierungsdirektor an ihrer Seite, mit dem sie sich aller Welt zeigen kann. Meinem Hinweis, mit den sieben Kindern zu verreisen könne mühsam, sogar sehr anstrengend sein, begegnet sie mit dem logischen Vorschlag, die Kinder könne man in guten Internaten oder in interessierten Familien unterbringen.

Da werde ich ziemlich einsilbig und lasse einen echten tiefen Seufzer los. Ich glaube, das hat sie verstanden, denn sie verabschiedet sich bald mit einem: „Viel Glück!" Ich bedanke mich herzlich dafür, denn Glück kann ich wirklich gebrauchen.

Eine Neue! Veronika mit ihrem kleinen Töchterlein Angelika kommt ins Haus und übernimmt den Haushalt. Sie ist eine kreuzbrave junge Frau, aber sie kann wenig, außerdem ist sie durch ein steifes Bein behindert. Angelika, das kleine süße Mäderl, hat sie offenbar bei einem farbigen Amerikaner aufgegabelt.

Ob sie das Heft in die Hand nehmen und sich gegen die 10- bis 13-Jährigen durchsetzen kann? Da habe ich große Zweifel, aber jetzt keine Alternative. Das kleine schwarze Engelchen, wie ich den Namen des kleinen Maderls übersetze, hat liebe Kulleraugen, aber es zerbricht alle Augenblicke ein Stück Geschirr.

Maschinen funktionieren nicht mehr, alles wird in absehbarer Zeit kaputtgehen. Manchmal denke ich auf dem Nachhauseweg, was wird denn heute zu Hause wieder los sein. Allmählich nähert sich das Unternehmen in der Schwalbenstraße 30 einem Zustand, den man ganz zurecht als Bankrott bezeichnen kann.

Meine Kinder aber behalten den Kopf oben, das ist mir das Allerwichtigste. Nur in den Ferien gibt es etwas Entspannung, auch für mich. Da kann ich meine Kinder ohne Bedenken bei meinen Verwandten in der Holledau oder bei Freunden unterbringen und ich erlaube mir auch mal eine Lustreise nach Frankreich, nach Paris, Avignon, Nimes, Perpignan und Toulouse. Dort kann ich auch nachdenken, wie ich mein Leben mit der Familie etwas besser organisieren werde.

Mir ist klar geworden, daß ich nicht noch einmal heirate, schon wegen der Kinder. Die werden eine andere Mutter schwerlich annehmen. Bei sieben sind bestimmt zwei oder drei dabei, die blockieren würden. Außerdem werden sie in der heraufkommenden Pubertät komplizierter werden, als das eine oder andere der Kinder jetzt schon manchmal ist.

Ich selbst bin gescheit genug, zu sehen, daß ich mit meiner Kinderschar keine attraktive Partie bin. Meine eigene Position ist: Eine junge, gute "Familienmutter" krieg ich nicht und eine alte will ich nicht. Den Rat meiner Mutter, eine 50-Jährige zu heiraten, die garantiert keine Kinder mehr bekommen kann, pariere ich mit dem kühlen Scherz: „Lieber wären mir zwei 25-Jährige." Da macht meine Mutter wieder einmal böse Augen.

Sie drängt mich, die Familie Frühbeis in Zolling aufzusuchen. Diese Familie gehört zur weiten Verwandtschaft Ehrmeier in Volkenschwand, wo mein Großvater Bartl Ehrmeier herkommt.

Beim Frühbeis gibt es eine Tochter, um die 40 Jahre alt, noch unverheiratet. Also, um meiner Mutter einen guten Willen zu zeigen, fahre ich gelegentlich nach Zolling bei Freising. Auf dem Hof treffe ich die alte Bäuerin. In einem Eimer hat sie ein paar Hände voll Getreide, das sie den Hühnern füttern wird.

Sie fragt mich nach meinem Begehr. Ja, ich möchte mit ihrer Tochter reden. Aber die ist gerade in den USA zu einem Praktikum. Warum ich mit ihr reden will, fragt sie mich.

Ich sage: „Ich bin Witwer geworden und wenn es paßt, will ich wieder heiraten."

„Hast du Kinder?" fragt sie mich. Ich sage: „Ja, sieben, sie sind alle noch klein." Sie stellt den Kübel mit dem Hühnerfutter ganz zum Boden und sagt: „Ja, moanst du, mei Tochter is bled?"

Das haut mich fast um. Ich bin voll bedient und verlasse diesen schönen Bauernhof ziemlich ernüchtert. Als ich in mein Auto einsteige, glaube ich auch den Grund für diese Abfuhr zu kennen. Mein altes Auto! Man begibt sich nicht mit einem verbeulten Karren auf Brautschau. Mit einem neuen Merzedes Benz wäre mir das wahrscheinlich nicht passiert.

Auf der Heimfahrt reflektiere ich meine Lage. Beruflich bin ich ganz auf der Höhe. Aber ich kann mir doch kein Schild umhängen, wo Regierungsdirektor draufsteht. Wenn man das Wort trennt in Regierung und Direktor wirkt es gleich noch einmal besser.

Auch will ich nicht vor mir hertragen, daß ich Realitätenbesitzer bin. Ich mag dieses schöne, alte, bayerische Wort schon, weil es gerade im bäuerlichen Umfeld Bedeutung hat. Aber ich will der bleiben, der ich bin und der ich immer war.

Ein bisserl bin ich von der alten Bäuerin schon enttäuscht, ja fast geschockt. Man erwartet von einer älteren Frau Güte und Hilfsbereitschaft, aber doch keine solche Watschn. Ich will ihr zugute halten, daß sie von der großen Zahl der Kinder überrascht war. Außerdem weiß ich nicht, welche Eheerfahrungen sie in ihrem eigenem Leben gemacht hat. Ihr derbes Verhalten kommt vielleicht nicht von ungefähr.

Gut, jetzt weiß ich definitiv, daß ich mich von den lieben Wunschvorstellungen verabschieden muß, die in einen Kinofilm passen mögen, wo eine strahlend schöne junge Frau an der Seite eines gesetzten Mannes eine Schar lieblicher Kinder singend in einen sonnigen Frühlingmorgen begleitet.

Die Brutalität der Natur, die kleinen Kindern die Mutter plötzlich wegnimmt, verstellt mir soche Ausflüge in die Welt der Phantasie! Ich werde entsagen und hart arbeiten, solange auch nur eines meiner Kinder meine Hilfe braucht. Endlich bin ich in der Wirklichkeit angekommen.

Aber ich werde mir den Mut und die Zuversicht nicht nehmen lassen, dem Leben wieder eine positive Richtung abzugewinnen.

In meinem Frauengarten stehen jetzt nur Disteln herum. Ich sehne mich aber manchmal nach einer duftenden Rose. Ja, ich glaube daran, es gibt eine Zeit zu weinen und dann gibt es wieder eine Zeit zu lachen, zu tanzen und Lieder zu singen.

Neuanfang, zauberhaft

Mit ein bißchen Optimismus und viel freudiger Erwartung auf meine Kinder, komme ich von meinem Kurzurlaub in Südfrankreich zurück. Jetzt werde ich Nägel mit Köpfen machen, einen klaren Plan habe ich schon gefaßt.

Wir brauchen dringend eine perfekte Wirtschafterin, eine junge Frau vom Land, mit der ich mich auch über Kühe und Ochsen, über Sau und Hühner, über Korn und Weizen und über Erdäpfel und Rüben unterhalten kann. Der Weg dahin ist eigentlich einfach. Ich werde ihr ein gutes Gehalt bezahlen und sie wird den Haushalt wieder auf Vordermann bringen.

Landmädchen, ich meine Bauerntöchter, gibt es genug; nicht jede findet Gelegenheit bei einem großen Bauernhof einzuheiraten. Die Superwirtschafterin vom Land, die mir vorschwebt, muß die Meisterprüfung in der ländlichen Hauswirtschaft gemacht haben. Jetzt hab ich endlich ein klares Ziel. Frau Emmi Sigl, die Leiterin der Abteilung Hauswirtschaft beim Landwirtschaftsamt München, hat seit Jahren Meisterinnenkurse geleitet, sie weiß Bescheid. Gleich rufe ich sie an und trage ihr meine Idee vor. Ja, sagt sie mir, sie hat ein paar Listen. Die meisten dieser Mädchen machen den Meisterkurs, weil sie schön einheiraten wollen und dann eine sicherere Stellung in ihrem neuen Wirkungskreis haben.

Meine Idee kommt gut bei Frau Sigl an. Sie erinnert sich an ein Mädel aus dem Schwäbischen, das ihr in vieler Hinsicht sehr positiv aufgefallen ist, ihren Namen weiß sie auch gleich: Irmgard Hopf! Ob sie geheiratet hat, weiß sie aber nicht. Jedenfalls war sie in den letzten Jahren im Oberland auf einem Gutshof als Wirtschafterin tätig. Wie heißt dieses Gut? Blocksberg, Bocksberg oder so ähnlich. Ich bemühe unsere Telefonistinnen, aber ohne Erfolg. Übers Wochenende studiere ich ein gutes Kartenwerk, doch nichts kommt dabei heraus.

Dann kommt mir die Erleuchtung: Das Fräulein Hopf hat ganz bestimmt eine Heimatadresse angegeben im Rahmen der Bürokratie. Gleich am Montag in der Früh rufe ich die Kollegin Frau Sigl wieder an. Sie sagt mir die Anschrift Josef Hopf, in Gundelfingen, Untere Vorstadt 28a. Unser Telefondienst stellt die Verbindung her. Ich frage nach der Tochter des Hauses, die ich an einem Montagvormittag selbstverständlich an ihrem Arbeitsplatz auf einem Gutshof im bayerischen Oberland vermute. Jetzt wird es kompliziert. Sie selbst ist in der Leitung. Das realisiere ich aber erst richtig nach ein paar Wortwechseln. Endlich besteht Klarheit bei mir, daß ich meine bereits fest eingeplante künftige Wirtschafterin in der Leitung habe.

Mein Sprüchlein, daß ich eine sehr gute Kraft für unseren Haushalt mit sieben Kindern suche, löst offenbar kein besonders großes Interesse aus, vielmehr sagt mir die junge Frau, sie hat einen sehr guten Platz, den gibt sie nicht auf; allenfalls, wenn sie einmal heiratet.

Aufgeben ist nicht meine Sache. Auf meine Bitte hin gibt sie mir ihre Anschrift bei der Familie Berghaus, Gut Gossenhofen, Gemeinde Eberfing, Landkreis Weilheim. Ich werde ihr einen kurzen Brief schreiben und so ihr Interesse wachhalten. Vielleicht kann ich sie doch abwerben. Ihre freundliche Stimme hat mich sehr entschlossen gemacht. Drei Tage später schon will ich sie treffen, und zwar am Abend in Gossenhofen. Man muß das Eisen schmieden, solange es heiß ist. Die Vermutung, daß mein Bemühen um eine Superhaushälterin ausgiebig für Gesprächsstoff auf Gut Gossenhofen sorgt, dürfte nicht abwegig sein.

Am 26. Juli 1973 treffen wir uns erstmals persönlich beim Fischerwirt in St. Heinrich am Starnberger See. Es ist möglich, daß mein Outfit Fräulein Hopf nicht übermäßig begeistert. Wie sie mir später erzählt, hat sie einen Mann von etwa 1,80 m Größe mit dicker Hornbrille erwartet. So sieht offerbar ein Regierungsdirektor aus, der in einem Ministerium arbeitet. An diesem Abend frage ich Fräulein Hopf nicht förmlich, ob sie unseren Haushalt übernehmen will.

Ich glaube, wir beide sind uns bald klar, daß dieses Kennenlernen auch in einen gemeinsamen Lebensweg münden kann. Wir sprechen überwiegend von unserer bäuerlichen Herkunft. Unsere Lebensziele können nicht allzu weit auseinanderdriften. Wir können über vieles reden, Langeweile kommt nicht auf. Eine Art Zauber liegt über diesem ersten Treffen. Zum Ende des Abends steht fest, daß wir uns ganz gewiß nochmals wiedersehen.

Der 15. August ist so ein Feiertag in Bayern, an dem die Herzen höher schlagen. Wir treffen uns am Abend in Bernried und besuchen dann einen Gottesdienst mit viel Weihrauch, einer Lichterprozession und innigen Marienliedern. Unsere Hände finden in der dichtgedrängten Kirche zusammen, ich spüre eine tiefe Gemeinsamkeit, die eine Ehe braucht, um in Krisen bestehen zu können. Da täusche ich mich offenbar nicht. Am späten Abend fahre ich in meinem alten Auto allein nach Hause. Aber ich bin nicht allein, ständig spüre ich, daß neben mir eine junge Frau anwesend ist, nur eben nicht körperlich.

Ich rede mit mir selbst.

„Sepp!", sage ich, „Sepp paß auf, verliebe dich nicht Hals über Kopf. Erst wenn die Kinder gut eingebunden sind, darfst du dich wirklich annähern." Die Kinder, vor allem die Töchter, sind mir ganz wichtig, denn wenn sie sich sperren, hilft alles nichts. Man kann Mädchen nicht mit logischen Argumenten von einer Stiefmutter überzeugen.

An einem Sonntag bringe ich Irmgard mit nach Hause in die Schwalbenstraße. In der Küche steht meine Tochter Liza (11) beim Pudding anrühren. Noch bevor ich mit salbungsvollen Worten Irmgard als Vielleichthaushälterin vorstellen kann, bekommt sie eine Abfuhr: „Vater, schleppst du schon wieder eine an, wir machen unseren Haushalt selbst."

Ich glaube nicht, daß Irmgard verletzt ist von diesem Bescheid. Ohne viele Worte bringt sie sich ein und zaubert ein Essen auf den Tisch, das allen schmeckt. Der erste Tag in der Familie verläuft ohne viel Aufregung. Ich glaube, alle liegen wir irgendwie auf der

Lauer, auch ich bin ziemlich angespannt und froh, daß Irmgard nicht weiter verschreckt wirkt.

Als ich Irmgard nach Gossenhofen zurückbringe, reden wir eher wenig und dann auch nur Nebensächliches. Ich bin unsicher und möchte positive Eindrücke, die Irmgard vielleicht doch hat, nicht leichtfertig zerreden. Auch will ich meine Familie nicht gleich als besonderes Beispiel einer harmonischen Gemeinschaft empfehlen.

In den Herbstmonaten lade ich Irmgard ein paarmal ins Theater ein. Der "Raub der Sabinerinnen" mit Gerd Fröbe und "Anatevka" mit Iwan Rebroff werden uns noch viele Jahre in herzlich fröhlicher Erinnerung bleiben.

An einem schönen Septembersonntag machen wir einen Picknickausflug ins Oberland. Die Sonne scheint. Sie wärmt die Herzen und die gute Stimmung. Für jedes der Kinder ist eine Köstlichkeit im Korb. So schön kann die Welt sein, wenn der Vater eine junge Begleiterin dabei hat, die für jedes Kind nicht nur eine gute Brotzeit, sondern auch ein freundliches Wort anbietet.

Diese gute Stimmung begleitet uns auf der Nachhausefahrt. Vier Kinder sitzen auf der Rückbank, drei liegen oder spielen im Laderaum. Ich am Steuer lasse mich angesichts der durch nichts gesicherten wertvollen, lebendigen Fracht nur ungern ablenken. Aber was war da gerade für eine Frage aus weiblichem Kindermund an uns beide gerichtet, die wir vorne sitzen:

„Wann werdet ihr endlich heiraten?"

Es ist wohl Liza in ihrer unbekümmerten Art, wobei wir unterstellen dürfen, daß Tina und Liza dieses wichtige Thema vorher beraten haben. Eine Welle des Glücks überschwemmt mein Herz, die nächste Kurve nehme ich Gottseidank dennoch ohne Mühe. Das ist eine Art "Stunde Null".

Jetzt kann ich ohne große Bedenken um Irmgard werben. Und ich werbe nicht nur um eine Superhausfrau, sondern um meine Braut, die jugendfrische 16 Jahre jünger ist. Schon steigen Wünsche in mir herauf. Die Kinder, vor allem die vier Mädchen, mögen Irmgard als Freundin erleben. Darum will ich beten.

An einem der nächsten Abende besuche ich Irmgard in Gossenhofen. Der Wind pfeift durch die Alleebäume, das Laub wird kräftig abgeschüttelt, wir aber stapfen durch einen ungemütlichen Herbstabend, als ob es ein rosiger Frühlingsmorgen wäre. Die Wetterwand im Westen durchzucken heftige Blitze, und Donnergrollen verliert sich weit weg.

Das ist die richtige Zeit, die Hand der geliebten Person zu ergreifen und ihr einen Heiratsantrag zu machen. Ja, ja, ja! Wir umarmen uns lange, sprechen aber nicht viel. Als wir wieder etwas Luft geholt haben, vernehme ich eine wichtige Botschaft. Meine junge Braut will auch Kinder mit mir haben, mindestens eines. Natürlich ist das auch mir wichtig, denn ich weiß, Kinder schweißen zusammen, wenn zwei Menschen sich ehrlich mögen.

Irmgard macht eine Reise nach Norden zu einer Freundin im Landkreis Verden an der Aller in Niedersachsen. Dort besucht sie Jutta, eine Bauerntochter, die sie in Fredeburg im Sauerland kennengelernt hat. In Fredeburg haben beide zusammen ein Semester an der Akademie des Deutschen Bauernverbandes studiert. Mir erzählt Irmgard, das sei die schönste Zeit in ihrem bisherigen Berufsleben gewesen.

Nun nimmt sie sich Urlaub auf dem Bauernhof ihrer Freundin, um gemeinsam mit Jutta über ihre Zukunft mit uns nachzudenken.

Auf ihrer Rückreise von dort treffen wir uns in Unterfranken. An einem Freitagnachmittag hole ich sie am Bahnhof Gemünden ab.

Daß es Irmgard gibt und daß wir uns begegnen konnten, empfinde ich als großes Glück. Ich sehe in meinem Frauengarten eine schöne Rose aufblühen und freue mich auf ihren Duft.

A Massl g'habt!

Hochzeit geplant

Von Gemünden fahren wir bei schönstem Herbstwetter auf ein paar Tage in den Odenwald, mieten uns ein Zimmer bei privaten Leuten und genießen nicht nur die herrliche Landschaft. Wir sind ein Paar geworden. Zum Schluß unseres gemeinsamen Kurzurlaubs fahren wir nach Gundelfingen, wo ich der Familie Hopf vorgestellt werde.

Mein künftiger Schwiegervater glaubt wahrscheinlich, daß der Herr Regierungsdirektor einen blitzblanken neuen Mercedes fährt, denn er nötigt seinen Sohn Werner, die Garage für mein Auto freizumachen, was bei Werner einigen Ärger auslöst, wie ich aber erst viele Jahre später erfahren werde. Wie muß Vater Hopf enttäuscht gewesen sein, als wir mit meinem alten Karren, einem Ford Consul, Kilometerstand ca. 400.000, ankommen.

Bäuerliche Menschen sind mir nicht fremd, ich kann mit ihnen über alles reden. So finden wir bald die gemeinsame Wellenlänge. Die Entscheidung der Tochter wird selbstverständlich akzeptiert. Die Mutter Hopf ist eine fürsorgliche Bäuerin, die es auf den einfachen Nenner bringt:

„Ein solcher Mann braucht auch wieder eine Frau."

Eigentlich freue ich mich sehr, daß Irmgard aus einer Familie mit neun Kindern kommt, da bin ich mit meinen sieben Kindern, die ich mit in die Ehe bringe, immer gut aufgehoben. Über Materielles spreche ich mit meinen künftigen Schwiegereltern nicht, weil es sich einfach nicht gehört. Vielleicht haben sie von Irmgard schon erfahren, daß ich gut situiert bin, wie man so sagt.

Der Hopf-Opa ist kein Schwätzer, eher wortkarg, aber einer, der immer etwas plant und dann auch durchzieht. So hat er sich von einem Kleinbauern zu einem der führenden Gärtnerbetriebe in Gundelfingen entwickelt. Nicht nur eine Flucht von Frühbeet-Kästen ist da, auch ein Gewächshaus für die Anzucht von Balkonblumen und vieles andere. Der Betrieb erzeugt eine ganz breite Palette von Feldgemüse in hoher Qualität für den überregionalen Markt. Immer wenn sich Gelegenheit bot, kaufte Vater Hopf Äcker hinzu.

Der Clou seiner Unternehmungen war der Kauf einer ländlichen Gastwirtschaft mit rund 10 Hektar landwirtschaftlichen Flächen im Nachbarort Echenbrunn. Nach nur zwei Generationen hat sich daraus eines der führenden Hotels in der Umgebung entwickelt, der "Landgasthof zur Sonne" in Echenbrunn.

Die Familie Hopf genießt den besten Ruf. Meine künftigen Verwandten sind ohne Ausnahme sehr erfolgreich. Ein Sohn wird sogar Pfarrer, was meine Mutter sicher beeindrucken wird, wenn sich dabei auch etwas Wehmut bei ihr einstellen dürfte, weil ihr eigener Sohn dieses hohe Lebensziel nicht erreicht hat.

Schon sind wir dabei die Hochzeit zu planen. Im Spätherbst 1973 ist das nicht einfach. Die Energiekrise hält die ganze Welt im Griff. Ganz plötzlich ist der Rohölpreis weltweit auf das Vier- bis Fünffache hinaufgeschnellt. Die Bonner Regierung sieht sich genötigt, den Spritverbrauch im Straßenverkehr erheblich zu drosseln. Dazu verordnet sie ein Fahrverbot an den Wochenenden. Autos dürfen wechselnd nur an jedem zweiten Samstag fahren. Das ist über die geraden bzw. ungeraden Zahlen der Autoschilder geregelt. Für die Sonntage gilt ein striktes Fahrverbot für alle Autos.

Also kommt eine Hochzeitsfeier an einem Samstag nicht in Betracht, ein Teil meiner Verwandtschaft könnte nicht nach Gundelfingen anreisen. Deshalb legen wir den Termin auf Freitag den 15. Februar 1974 fest. Wir werden in der Pfarrkirche Sankt Martin in Gundelfingen heiraten.

Die Zeit vor der Hochzeit ist immer etwas Besonderes, etwas Zauberhaftes, eine Zeit der Vorfreude, der Erwartung, ein wenig Hektik und ein wenig Besinnung über das Vergangene. Irmgard ist des Öfteren bei uns in Ottobrunn und lernt dabei die Kinder im Alltag kennen. Diese Gewöhnung in die Normalität ist etwas ganz Wichtiges, sowohl für die Braut, vor allem aber für meine Kinder. Wir können auf ein gutes Klima im Schwalbennest Ottobrunn hoffen.

Irmgard hat den Schreinermeister Berg zu uns gebeten, er wird ein schönes Wohnzimmer und unser Eheschlafzimmer in solider Handwerksarbeit herstellen. Den Mädchen schneidert Irmgard blaue Röcke und gelbe Blusen, so daß sie das Hochzeitsfest in neuen Kleidern erleben können. Wir freuen uns alle sehr auf dieses besondere Familienfest, bei dem aus "meinen" Kindern "unsere" Kinder werden.

Wir werden wieder eine komplette Familie sein. Gerne würde ich ein bißchen eine Ahnung haben, welche Gedanken und Gefühle meine großen Kinder Robert (14), Tina (13) und Liza (11) meiner noch jungen Frau entgegenbringen. Aber ich frage nicht danach, ich habe eine Scheu sie zu Bekenntnissen zu drängen. Ich fürchte sogar, das könnte die neue Gemeinschaft in Gefahr bringen und das Zusammenwachsen belasten. In diesem Dilemma ist Reden wohl Silber, Schweigen aber Gold. Überhaupt bin ich der Meinung, freundliche Gesten und kleine gute Werke sind wichtiger als große Worte.

Wir fahren am Kirchplatz in Gundelfingen vor. Als ich aussteige, höre ich ein eindeutiges Kompliment. „Des isch ja a ganz a Jungr." Man hat mich wohl wegen der sieben Kinder und dem erlesenen, ungewöhnlichen Beamtentitel mindestens jenseits 55 nahe bei 60 Jahren angesiedelt.

Unser Ottobrunner Pfarrer Herbert Rauchenecker wird unsere Trauung segnen, er hat die kirchlichen Dokumente dafür bei sich. Außerdem ist Pfarrer Franz Pritscher aus Ergolding eingeladen und natürlich ist auch Stadtpfarrer Josef Nicklaser bei unserer Trauung anwesend. Bei soviel Geistlichkeit, mit diesem ganz großen Beziehungsgeflecht zum lieben Gott im Himmel wird unsere Ehe wohl einige Jahrzehnte halten, hoffe ich. Herr Donhauser, ein Mitarbeiter in meinem Referat, ein ehemaliger Regensburger Domspatz, und Maria, eine Freundin Irmgards, beide mit glockenreinen Stimmen gesegnet, werden in der Kirche innige Lieder singen. Pfarrer Rauchenecker verspätet sich, weil er bei der Anreise nach Gundelfingen bei einem Verkehrsunfall mit einem Amerikaner als Beteiligtem dolmetschen muß.

"Sacramentum magnum" (großes Geheimnis) haben wir in unsere Ringe gravieren lassen. So soll es bleiben.

Die kirchliche Trauung verläuft angemessen feierlich. Wir versprechen uns Liebe und Treue, bis daß der Tod uns scheidet; und wir meinen es ernst. Mir wird schlagartig bewußt, daß ich ein Geschiedener bin, durch den Tod von meiner Frau Stilla geschieden. Bei diesem Gottesdienst wird ihr Name nicht fallen, dennoch ist sie siebenfach anwesend, auch in meinem Herzen hat sie ihren Platz behalten.

Ich weiß nicht, ob Seelen ewig weiterbestehen, aber wenn das doch so ist, bitte ich Stillas Seele, ihren Segen für die neue Familie heute zu spenden. Insgeheim hoffe ich, daß solche Gedanken weder die Hochzeit stören noch irgendwann befremdliche Wirkung entfalten können.

Die Kommunion wird in beiden Gestalten Brot und Wein gereicht. Pfarrer Rauchenecker ist so frei, auch die Kinder, die noch nicht zur üblichen Erstkommunion vorbereitet sind, einzubeziehen, nämlich Judith und Bernhard. Da sind wir sehr einverstanden, schon weil es ein Familienfest ist. Da darf niemand ausgeschlossen sein. Ohne daß es vorher abgesprochen ist, nehmen Bernhard und Judith das geweihte Brot. Den Wein verweigert Bernhard mit dem ganz laut geäußerten Widerspruch: „Des Limo mog i ned."

Gloria, Gloria in excelsis Deo!! Et in terra pax hominibus! Ehre sei Gott in der Höhe und Friede den Menschen auf Erden. Die neue ganze Familie Roßmair gehört dazu, bitte für immer!

Das ist der Tag, den der Herr gemacht hat. Es ist ein schöner, warmer, sonniger Februartag. Auf dem Kirchplatz wird diese Hochzeit noch ausgiebig beredet, viele gute Bekannte wollen Glück wünschen und freuen sich mit dem Brautpaar auf eine gute Zukunft.

Auf geht's zum Hochzeitsmahl in die "Sonne" nach Echenbrunn, in das firmeneigene Gasthaus. Die Tafel ist festlich gedeckt. Der Wirt, mein Schwager Manfred, und seine Frau Hilde zeigen heute in Vollendung, was sie können.

Wir haben rund 100 Gäste. Alle sind froh gestimmt, tanzen und erfreuen sich an den Köstlichkeiten, die die Frau Wirtin auf den Tisch zaubert. Eine Band spielt die Melodien, die uns seit Jahrzehnten in den Ohren liegen. Pfarrer Pritscher, der wahrscheinlich mal Regensburger Domspatz war, schmettert "Ja, ja der Chiantiwein", "O Sole mio" und andere Schlager in den Saal. Auch wir, das Ehepaar, tanzen oft und gerne auch mit anderen Gästen. Unsere Kinder nehmen wir in den Kreis und ringeln über das Parkett. Nur unsere Tochter Tina kann nicht! Sie hat sich beim Skifahren im Bayerischen Wald vor einigen Tagen ein Gipsbein geholt.

Um Mitternacht ist Schluß. Irmgard und ich beenden mit einem letzten Tanz dieses schöne Fest.

Dann kommt die Kraftprobe für den Bräutigam! Er muß gemäß schwäbischer Tradition die Braut auf den Armen über einen Stuhl tragen. Hoppla, das kann er sogar mit Leichtigkeit. Das haben die Burschen von Gundelfingen wohl nicht gedacht. Vielleicht haben sie gemeint, ich sei so ein Büro-Weichling und hätte keine Kraft in den Schenkeln. Also diese Prüfung hat der Bräutigam bestanden. Dann wird er das Mädle schon auch glücklich machen können.

Die Hochzeit ist zu Ende und das Schönste dabei ist, der Herr Schwiegervater bezahlt alles. Keine Sorge, er hat das schon ein paar Mal so gemacht, ohne daß er finanziell anscheinend groß gelitten hat.

Am Morgen danach gibt es Tränen bei der Braut. Sie muß Abschied nehmen von den Eltern, den Geschwistern und den vielen Freundinnen und Freunden. Vielleicht graut ihr auch vor der Riesenaufgabe als Mutter. Wer schafft das schon, ohne große Eingewöhnung, sieben kleine eigenwillige Persönchen in den grauen Alltag zu führen. Da braucht es Mut, Einfühlung, Nachsicht, Hingabe, manchmal auch ein klares Nein, insgesamt aber viel, viel Liebe. Wir werden das schon hinbekommen!

Zunächst fahren wir in einen dreiwöchigen Skiurlaub, machen eine Hochzeitsreise in die verschneiten Tiroler Berge nach Auffach zum Schatzberg. Die Pistenverhältnisse sind für mich tragbar, ich kenne das Gebiet gut von den Wochenenden her. Für Irmgard sind die Buckelpisten eher bedrohlich, so daß sie anscheinend wenig Vergnügen hat.

In unserem Quartier haben wir eine Sauna zur Verfügung, die wir oft so lange benutzen, bis uns schwarz vor den Augen wird. Meine Überlegungen für künftige Urlaube richten sich wieder mehr nach Südtirol, das ich gut kenne. Dieses Land, südlich der Alpen, hat ein sehr angenehmes Klima, besonders im Frühjahr und im Herbst. Die Leute reden deutsch und freuen sich über jeden deutschen Feriengast, ganz gleich ob er aus Norddeutschland kommt oder aus dem sprachverwandten Bayern. Als Urlauber hast Du schon am zweiten Tag das Gefühl, zu den Leuten zu gehören. Man weiß sich sofort gut aufgehoben.

Es gibt kaum ein schöneres Urlaubsland, ich jedenfalls bin seit Jahren richtig verliebt in Südtirol. Im Sommer, wenn es heiß ist, steigst du auf die Berge und schaust rundum in ein Bilderbuch-Alpenpanorama.

Nach den fragwürdigen Skifahr-Erfahrungen bei unserem Hochzeitsurlaub werde ich meine zweite Frau bald mal mit dem

Taumurlaubsland Südtirol überraschen und ich weiß auch schon, wo wir als erstes Urlaubsziel hinfahren werden: auf die Seiseralm vor dem schönen Schlernmassiv, oberhalb Sankt Ulrich!

Jetzt aber fahren wir erst einmal nach Ottobrunn zurück und es beginnt die Bewährungszeit für meine junge und schöne Frau. Der Alltag fordert sie ohne Nachsicht heraus.

Zu meiner Überraschung gibt es kaum Schwierigkeiten, die uns beide voneinander bringen können. Vieles, was vielleicht unangenehm ist, erfahre ich erst gar nicht. Meiner Frau, die selbst keine höhere Schule besucht hat, sondern die Hauswirtschaftsschule für Landmädchen, gelingt es, den Haushalt so zu organisieren, daß die Kinder - auch die gescheiten Gymnasiasten – einen guten Ordnungsrahmen haben. Allmählich stellt sich eine angenehme Vertrautheit ein. Die Kinder gewöhnen sich rasch an die Ordnung, und wo nicht, wird behutsam nachgeholfen.

Mit Irmgard hab ich vereinbart, daß die Kinder sie mit dem Vornamen ansprechen. Mama wäre unangebracht und Frau Roßmair abwegig. Die größeren Töchter, die ihre so sehr liebe Mama über viele Jahre ganz bewußt erlebt haben, würden die Bezeichnung Mama nur gequält verwenden und Judith und Bernhard sollen selbst entscheiden, was sie zu der neuen Familienmutter sagen wollen.

Nach einigen Monaten realisiere ich, daß Irmgard eine "gute Partie" ist. Ihre Eltern haben ihr nicht nur die übliche Aussteuer und die Hochzeit bezahlt, sondern noch einen Bauplatz und einen Acker übereignet und - ich bin ganz baff - Bargeld 100.000 DM. Das läßt sich sehen, damit kann die Tochter etwas anfangen. Aber was? Ich bin davon angenehm berührt, möchte aber dieses Vermögen nicht einseitig für meine bestehende Familie verwendet sehen.

Die beiden Grundstücke, Bauplatz und Acker, wird Irmgard bald wieder an den Hof zurückgeben, das Bargeld aber muß eine sinnvolle Anlage finden. Aber was für eine? Es ist angenehm, solche Probleme zu haben!

Ein Haus im Oberland

Mein Rat an Irmgard, eine Eigentumswohnung zu kaufen, um Mieteinkommen für sich zu haben, zieht gar nicht. Das paßt offenbar mit ihrem bäuerlichen Denken nicht zusammen. Ein Haus kaufen? Ja! Am besten im bayerischen Oberland. Das könnten wir dann auch als Ferienhaus für unsere große Familie und für Freunde verwenden. Das ist keine schlechte Idee, das ist sogar eine sehr gute Idee. Aber es eilt nicht.

Mit Kindern in den Urlaub zu fahren ist für die Eltern im allgemeinen wenig erholsam, zumindest wenn es mehr als zwei Kinder sind. Es geht in speziellen Einrichtungen, wo gut geschultes Personal die Kinderbetreuung übernimmt. Das habe ich eigentlich so nie erprobt. Ich berichte jetzt über meine früheren Erfahrungen:

Von Ergolding aus fahre ich in zwei aufeinanderfolgenden Jahren nach Bibione an die Adria. Nach einer Nachtfahrt, Robert und Tina schlafen im Auto, kommen wir um sechs Uhr früh auf dem Campingplatz an. Wir haben ein schönes Pascha-Zelt! Das Ziel der Unternehmung ist: Schwimmen lernen innerhalb 14 Tagen. Wir haben es nicht nur geschafft, sondern die beiden Kinder sind richtige Wasserratten geworden.

Ein Jahr später sind in gleicher Weise Liza und Stilla Regina dran. Da macht es nichts aus, daß Ergolding kein Schwimmbad hat.

In anderen Jahren bringe ich die Kinder zu Verwandten auf das Land, zum Beispiel nach Seibersdorf, in die Holledau. Aber das ist Gott sei Dank Vergangenheit.

Jetzt ist es unser Ziel in ansprechender Umgebung ein Haus zu kaufen, wo die ganze Familie gemeinsam entspannt Ferien machen kann.

Wegen des Kaufes eines Ferienhauses nehmen wir uns hin und wieder den Immobilienteil der Süddeutschen Zeitung vor. In

Siegsdorf ist ein Altbau angeboten, da müßte man aber einiges richten, das schreckt uns ab. Außerdem ist es ein schrecklich alter, großer Bau.

Ein Makler bietet im südlichen Teil des Landkreises Rosenheim ein neues Haus an, eine ansprechende Skizze weckt unsere Neugier. Wir schauen uns das Objekt auf der Rückfahrt von Siegsdorf an. Der Rohbau steht schon und wir können uns das fertige Haus im Landhausstil gut vorstellen. Innerhalb einer Viertelstunde sind wir fest entschlossen, es zu kaufen.

Vor allem die Situation in Immelberg hat uns überzeugt. Immelberg liegt auf dem Höhenrücken vis a vis vom Samerberg, ist ein kleiner Ort mit vier Bauernhöfen, fünf Wohnanwesen und einem Café. Schon kurz darauf schließen wir den Notarvertrag. Die Gesamtkosten einschließlich der Sonderwünsche liegen bei 280.000 Mark. Die Finanzierung macht uns große Probleme, weil ein Förderungsantrag nach dem Gesetz für den Sozialen Wohnungsbau von einem Neidhammel bei der Regierung von Oberbayern abgelehnt wird.

Die Frau eines Ministerialrats kann nicht gefördert werden, auch wenn die Familie sieben Kinder hat und weitere Kinder zu erwarten sind. Obwohl ich Lust habe mit dem Vater Staat wegen dieser Ablehnung zu streiten, nehmen wir den negativen Bescheid schließlich hin. Folglich plagt uns eine Finanzierungslücke von rund 80.000 Mark. Wie können wir das Problem lösen?

Wir gehen "betteln" bei Verwandten und erhalten von ihnen Privatdarlehen zinslos im Umfang von knapp 60.000 Mark, zur Rückzahlung, sobald wir in der Lage sind. Den Rest stottern wir durch Überziehung des Kontos zusammen. Diese Plagerei schmälert aber keineswegs unsere Freude über den neuen Besitz. Ab November 1975 können wir Immelberg 4 ½ als Ferienhaus nutzen und wir sind dankbar für die Nachbarschaft. Gute Nachbarn sind das halbe Leben. Sie helfen uns aus, wo sie nur können, und bald gehören wir ganz zu ihnen. Wir fühlen uns wirklich sehr wohl. Wir denken schon daran Immelberg zu unserer richtigen Heimat zu machen.

Wir gehen aufs sogenannte Hochfeld und schauen in eine einmalige Bergwelt. Von der Kampenwand angefangen, über die Hochries, den Heuberg, den Petersberg bis hinüber zum Wendelstein ergibt sich ein großartiges Panorama. Alle unsere Kinder teilen die Begeisterung über das Ferienhaus. Es kommt vor, daß sie von Ottobrunn mit dem Radl nach Immelberg fahren, immerhin 60 km, also eine Mühe von rund drei Stunden und streckenweise bergauf, bergab.

Unterhalb Immelberg liegt Lauterbach, vor der Gebietsreform 1973 eine eigene Gemeinde. Heute gehören Immelberg und Lauterbach zur Gemeinde Rohrdorf. Die Autobahn A8 München-Salzburg durchzieht das Gemeindegebiet von West nach Ost. Die Gemeinde Rohrdorf ist "gut aufgestellt", also mit Industrie ausgestattet, was heutzutage Wohlstand bedeutet.

Lauterbach hieß vor rund 1200 Jahren Lutrinpah, gemäß einer Urkunde des Bischofs Arno von Salzburg aus dem Jahr 788.

Wie kam es zu dieser Urkunde?

Der Bayernherzog Tassilo III., dessen Reich neben Altbayern auch das Gebiet des heutigen Ober- und Niederösterreich, Kärnten und Tirol bis zur Salurner Klause hinunter umfaßte, war 788 bei König Karl dem Großen in Ungnade gefallen. Tassilo hatte mit seinen Nachbarn im Osten, den slawischen Awaren, Verträge gegenseitiger Achtung abgeschlossen. Karl hat dem Tassilo diese Verträge als Hochverrat ausgelegt und ihn vor den Reichstag in Ingelheim am Rhein zur Verantwortung zitiert. Dazu konnte er ihn zwingen, weil er Söhne des bayerischen Herzogs als Geiseln genommen hatte. Dort in Ingelheim machte man Tassilo den Prozeß, der mit dem Todesurteil endete. Den Prozeß führte aber nicht König Karl selbst, sondern sein Hofgeistlicher Arno, der schrift- und rechtskundig war. Tassilo wurde nicht getötet, sondern zu einer lebenslangen Klosterhaft begnadigt. Er war ja ein Cousin Karl des Großen. Sechs Jahre später mußte Tassilo vor der Reichssynode in Frankfurt noch einmal feierlich auf sein Herzogtum Bayern verzichten. Er starb als Mönch im Kloster Lorsch (Hessen).

Zum Dank dafür, daß Arno den bayerischen Herzog erledigte, wurde er von Karl dem Großen zum Bischof von Salzburg ernannt. Außerdem erhielt er ein paar Dutzend Bauernortschaften, eben auch Lutrinpah, dazu geschenkt. Damit war der Weg für König Karl frei, Bayern seinem großen Reich einzuverleiben.

Ein schändliches Spiel! Karl der Große wurde dann im Jahr 800 zum Kaiser des Heiligen Römischen Reiches gekrönt und später vom Papst heiliggesprochen. Auch der fiese Bischof Arno wurde von der Kirche später heilig gesprochen. Vielleicht hat er sich von einem Lakei König Karls dann doch noch zu einem guten Bischof gewandelt.

Was soll man als Bayer heute dazu sagen? Am besten: Nichts! Oder: Schade um das schöne Herzogtum Bayern!, oder: Ja, mei!

Der Name Lutrinpah bedeutet "der lautere Bach", der klares, reines Wasser führt. Die Bajuwaren wußten instinktiv, daß lauteres, reines Wasser eine unbedingte Lebensgrundlage ist. Historisch gesehen, war Lauterbach ein Taufzentrum. Der Patron der Kirche ist Johannes der Täufer. Umliegende Pfarrgemeinden brachten bis ins späte Mittelalter ihre Kinder zur Taufe nach Lauterbach.

Die kleine Barockkirche ist gut mit Heiligenfiguren ausgestattet. Von Immelberg geht man eine knappe Viertelstunde zur Kirche nach Lauterbach.

Der Weiler Immelberg ist mit Kindern gut gesegnet. Drei Familien haben je vier Kinder, zwei Familien je drei und "beim Huber" hat man sogar fünf, alle etwa im Alter unserer Kinder. Da kommt an den Wochenenden und in den Ferien keine Langeweile auf.

An einem Sonntagabend fahren wir gut gelaunt von Immelberg zurück nach Ottobrunn. Kurz vor der Autobahnausfahrt Bad Aibling kommt aus dem Fond des Autos die bange Frage: Wo ist Berni? Tatsächlich! Wir haben unseren kleinen Sohn beim Einsteigen übersehen, vergessen! Gibt es sowas? Das nächste Mal zählen wir ab! Sofort fahren wir zurück, mit einem ganz schlechten Gewissen. Wir erwarten Bernhard weinend vor der

Haustür Immelberg 4 ½. Weit gefehlt! Er sitzt quietschfidel beim Nachbarn Kink am Brotzeittisch. Das ist nochmal gutgegangen.

Unser Hauptwohnsitz bleibt vorerst Ottobrunn, weil ich beruflich sehr eingespannt bin. Der Herr Minister Dr. Hans Eisenmann hat mir neue Aufgaben zugewiesen, nachdem die Arbeit im Rahmen der Siedlung und Seßhaftmachung weniger wichtig geworden ist.

Künftig bin ich im Ministerium für die optimale Vermarktung der pflanzlichen Erzeugnisse der Bauern im Rahmen des Europäischen Agrarmarktes verantwortlich. Bayern stellt sich mit seinen hohen Überschüssen in nahezu allen Sektoren dem europäischen Wettbewerb mit einem immer höher werdenden Anspruch der Qualität. Hierbei mitzuwirken ist für mich eine große Herausforderung. Bald schon spüre ich Freude an dieser Aufgabe, vor allem auch, weil ich bei dem ständigen europaweiten Wettbewerb der Ideen ein klein wenig beteiligt bin.

Dienst- und Lustreisen

Ich arbeite jetzt verantwortlich für eine gute Vermarktung von pflanzlichen Erzeugnissen der bayerischen Landwirtschaft. Mein Abteilungsleiter nennt mich beiläufig den Getreidetandler, wenn ich mich für gute Erlöse bei Braugerste oder Brotgetreide, zum Beispiel für Qualitätsweizen, den Backweizen, einsetze. Aber auch viele andere Sparten der Veredelung und guten Vermarktung gehören zu meinen Aufgaben, zum Beispiel Zuckervermarktung, Kartoffelstärke, Branntweinmonopol und einiges andere. Ich bin der Chef des "Gemischtwarenladens" im Ministerium.

Die Arbeit macht mir Freude, auch weil ich viel mit Verbandsleuten zu tun habe. Die Bevorratung spielt auch eine wichtige Rolle, denn wir sind nach wie vor im Kalten Krieg, und die Bundesrepublik steht mit ihrer Ostgrenze an der Front.

Mein neues Arbeitsfeld hat auch angenehme Seiten. Manche Tagungen werden nicht nur in Bonn, sondern in den Länderhauptstädten geführt und sind hin und wieder mit einem Damenprogramm gerundet. So lernt meine Frau ein bißchen auch meine Arbeitsbereiche kennen. Aber was ihr noch viel mehr gefällt, in einem sorglosen Umfeld lernt sie schöne Städte wie Bremen, Hamburg, Frankfurt, Mainz und Berlin, Bamberg, Regensburg, Würzburg, Garmisch und das Juwel, die Fraueninsel im Chiemsee, kennen.

Im Rahmen meiner dienstlichen Aufgaben darf ich zwei sehr schöne Auslandsreisen mitmachen. Alles wird von Bonn aus organisiert, ich brauche mich überhaupt nicht kümmern und dem Freistaat Bayern entstehen keine Reisekosten.

Auf Einladung der spanischen Regierung nehme ich als Vertreter Bayerns an einer Studienreise nach Andalusien teil. Die Spanier wollen ihr ramponiertes Ansehen im Bereich der Speiseöle wieder aufbessern. Da gab es die Spain Speiseöl Katastrophe mit etwa 50 Todesopfern infolge vergifteten Rapsöls. Dadurch ist der

Ruf auch der spanischen Olivenöle erheblich geschädigt, nicht nur in Deutschland, sondern in ganz Europa.

Wir fliegen von Frankfurt nach Madrid. Dort begrüßt uns ein hochrangiger Vertreter des Landwirtschaftsministers. Er läßt keinen Zweifel zu, wie ernst es den spanischen Speiseölerzeugern ist, das verlorene Vertrauen der Europäer vor allem in die spanischen Olivenöle wieder herzustellen. Deutschland ist da ein ganz wichtiger, ein Schlüsselmarkt.

Dann fliegen wir weiter in den Südwesten des Landes, in die Stadt Sevilla, die Hauptstadt Andalusiens.

Sevilla liegt nur 15 Meter über dem Meer. Der Fluß Guadalquivir führt reichlich Wasser aus der Sierra Morena, so daß im Mittelalter Hochseesegler hier starten konnten. Christoph Columbus segelte 1492 von hier mit seiner Santa Maria und zwei Begleitschiffen los, um eine "neue Welt" zu entdecken. Hier im Dom von Sevilla ist sein Grabmal. Sehr schöne Stadthäuser mit Innenhöfen zeugen von maurisch-arabischem Einfluß.

Wir lernen auch Granada kennen, eine der schönsten Städte Europas, reich an Bau- und Kulturdenkmälern aus der maurischen Blütezeit. König Ferdinand II. und Königin Isabella I. sind hier bestattet. Sie haben im 15. Jahrhundert die islamischen Mauren endgültig nach Nordafrika zurückgedrängt. Zeugnis der Maurenherrschaft ist vor allem die Burg Alhambra, die diese schöne Stadt prägt und das Stadtbild beherrscht.

Im weiteren Verlauf unserer Reise kommen wir schließlich nach Cordoba, auch ein Juwel unter all den schönen Städten des spanischen Südens. Weltbekannt ist die ehemalige Moschee mit fast 900 Hufeisenbögen aus rotem und weißem Marmor, der bedeutendste religiöse Bau des Islam in Europa.

Cordoba war zur maurischen Zeit die berühmteste Stätte der Gelehrsamkeit der Welt; hier blühten die Mathematik, die Algebra und die Astronomie ebenso wie die Philosophie der alten Griechen. Ihre alten Schriften und die beiden großartigen Dichtungen Homers, die "Ilias" und die "Odysse" wurden von den maurischen Arabern ins Arabische und ins Lateinische übersetzt und blieben so der mittelalterlichen Geisteswelt erhalten. Diese für Europa sehr wichtige Kulturarbeit der Mauren wird nur selten hervorgehoben. Das ist eigentlich schade. Wenig erwähnt wird auch die Toleranz der Mauren gegenüber den Juden.

Dagegen wird die Vertreibung der islamischen Mauren nach Nordafrika durch Ferdinand und Isabella als große Errungenschaft für das christliche Abendland gefeiert. Was dabei an Kulturgut zerstört wurde, wird auch heute noch geflissentlich verschwiegen. Außerdem war es für die in Spanien und in dem heutigen Portugal ansässigen Juden mit der Toleranz ganz schnell vorbei, als die Christen die Herrschaft übernahmen.

Diesen kleinen Ausflug in die große Geschichte des Abendlandes erlaube ich mir.

Die Spanier zeigen uns die Rapsölaufbereitung und die Gewinnung hochwertiger nativer Olivenöle im Südwesten des Landes. Was uns Teilnehmer der zehntägigen Reise geboten wird, ist eine kulinarische Sensation. Erlesene Fleischspeisen und vor allem eine Palette von edlem Fisch und speziellen Meeresfrüchten, veredelt mit hochwertigen Olivenölen und Kräuterzutaten des Landes, versetzt uns in ein Paradies des leiblichen Genusses.

Ich bin schon überzeugt von der Bedeutung nativer Olivenöle für die gehobene Küche. Ihr Einsatz erfordert natürlich viel Verständnis für die Bewahrung der Qualität, denn natives Öl ist weit mehr dem Verderb ausgesetzt als gängiges Pflanzenöl, das denaturiert ist, um seine Haltbarkeit zu gewährleisten.

Diese Reise durch einen unglaublich großen Olivenhain, der Andalusien prägt, wird mir noch lange in guter Erinnerung bleiben.

Eine weitere dienstlich veranlaßte Reise, eine Reise nach Brasilien dient dem Studium des dortigen 1973 gestarteten Programms der Verwendung von Agraralkohol als Treibstoff für Autos. Unser Bauernverband sieht in der Versprittung von Rübenzucker eine zukunftweisende Chance. Auch andere Stärketräger, zum Beispiel Kartoffeln und Getreide kann man letzten Endes in Motorensprit wandeln. Das Erdöl ist teuer und wird, da die Lager eines Tages erschöpft sein werden, immer wertvoller. Außerdem können damit die lästigen Überschüsse an Zucker und Getreide in der Europäischen Gemeinschaft schnell abgebaut werden. Der Markt kann so dauerhaft entspannt und die Erzeugerpreise für die Landwirte auf höherem Niveau stabilisiert werden.

Das ist alles richtig, aber nur wenn die Kosten konkurrenzfähig gehalten werden können. Und das ist eben nicht der Fall. Das kann man in Europa vielleicht in einigen Jahrzehnten erreichen, wahrscheinlich aber überhaupt nie.

Eine Gruppe von deutschen Experten der Alkoholwirtschaft und die Marktreferenten der Landwirtschaft reisen in São Paulo an. Die Brasilianer sagen uns, angesichts der inzwischen im Urwald und vor der Küste gefundenen Erdöllager würden sie das Programm nicht mehr neu starten. Im Jahr der Energiekrise 1973 und in den Folgejahren hatte Brasilien keine eigenen Ölquellen und auch nicht die nötigen Devisenreserven, um Erdöl in ausreichendem Umfang auf dem Weltmarkt einzukaufen. Man war genötigt, die Motorenenergie über das Zuckerrohr zu schaffen.

Die Stadt São Paulo ist die "größte deutsche Industriestadt", denn in Old Germany gibt es keine Stadt, in deren Umfeld mehr deutsche Firmen produzieren. São Paulo ist mit rund 15 Mio. Einwohnern eine Riesenstadt, für uns unvorstellbar.

Wir besichtigen im VW-Werk São Paulo die Motorenproduktion und hören Technisches über die speziellen Automotoren und deren Effizienz. Sie starten mit Benzin und werden bei der richtigen Betriebstemperatur auf Äthylalkohol (aus Zuckerrohr) umgeschaltet. Die Abgase erinnern dann ein wenig an Pommes Frites.

Wir fahren über Land zu einer sehr großen Zuckerrohrfarm, 35.000 Hektar Anbaufläche. Eine weitläufige Villa mit großem Pool steht an einem Wäldchen, davor eine Tennisanlage und ein kleiner Flugplatz für die Besitzerfamilie und ankommende Gäste. Wir werden auf der grünen Wiese mit einigen Köstlichkeiten versorgt, bedient von Dienern in schwarz-weißen Uniformen mit blütenweißen Hemden und großer schwarzer Fliege. Der junge Farmer dagegen empfängt uns in legeren Jeans, verwaschenem

Polohemd und Turnschuhen. Einen krasseren Gegensatz zwischen Arm und Reich kann man sich kaum vorstellen. Der Reichtum tarnt sich und läßt die Armen reich erscheinen.

Ein paar robuste Personenwagen bringen uns aufs Feld. Mit Macheten ausgerüstete Zuckerrohrschneider hauen das Rohr kniehoch über dem Boden ab, andere, meist Frauen werfen es auf niedrige Transportfahrzeuge. Eine Frage aus unserer Gruppe, warum diese schwere Arbeit nicht von Maschinen gemacht wird, beantwortet der Chef ausweichend. Später erfahre ich den Grund. Die Rohrschneider sorgen auf geheime Weise dafür, daß die Maschinen, die es tatsächlich gibt, niemals funktionieren. Die Leute, Männer wie Frauen, würden ihre Arbeit verlieren und wahrscheinlich noch ärmer dran sein, als sie es schon sind.

Für eine der Arbeiterinnen ist heute ein besonderer Tag. Sie hat auf dem Feld überraschend ein kleines Mädchen geboren. Eine andere Arbeiterin hat ihr als Hebamme assistiert. Das Bündel liegt warm eingewickelt am Feldrand. Der Chef ordnet sofort an, daß die junge Mutter mit dem Neugeborenen nach Hause gefahren wird. Ich frage mich, was geschehen wäre, wenn die Expertengruppe aus Deutschland nicht auf das Feld gekommen wäre. Auch der Chef wäre nicht auf den Acker gekommen, und die junge körperlich durchtrainierte Mutter hätte nach einer Pause weitergearbeitet, weil sie das wenige Geld, das sie dabei verdient, für ihre Familie dringend braucht.

Unsere Gruppe wird nun zur Alkoholfabrik gefahren. Dort wird das angelieferte Zuckerrohr gemahlen, der Zuckersaft herausgepreßt und in riesigen Behältern zu Äthylalkohol vergoren.

Die Ingenieurskunst hat es bisher noch nicht geschafft, diesen biologischen Herstellungsprozeß von Alkohol kontinuierlich zu führen, eine Schwierigkeit, die die Alkoholgewinnung ganz wesentlich erschwert und vor allem verteuert.

Nach dem fachlichen Programm unserer Reise besuchen wir noch die Wasserfälle von Iguazu und fahren dann nach Rio de Janeiro, der Stadt der schönen Frauen und der hohen Kriminalität. Rio hat rund 4,5 Mio Einwohner. Das Stadtbild ist geprägt vom

380 Meter hohen "Zuckerhut" und dem 700 Meter hohen Corovado auf dem die bekannte 38 Meter hohe Christusfigur steht. Die ausgebreiteten Arme der Figur werden vom Volk so gedeutet: Jesus will sagen: „Ich kann euch auch nicht helfen!"

Wir wohnen in einem guten Hotel an der Copacabana. Man rät uns, den langen Tunnel zwischen dem Strand und der Altstadt nicht zu Fuß zu benutzen, da gäbe es viele Überfälle. Einige von uns wollen das mit der Kriminalität ganz genau wissen, ich nicht. Sie stecken sich kleines Papiergeld in die Taschen und ziehen los. Tatsächlich werden sie von drei Gangstern mit Pistolen angehalten und müßen ihre Taschen leeren. Die Verbrecher fühlen sich hereingelegt, weil sich der Überfall aus ihrer Sicht nicht lohnt, unsere Abenteurer bekommen ein paar Fußtritte ab. Dabei haben sie noch Glück, daß ihnen nichts schlimmeres passiert ist, sagt ihnen der Hotelleiter.

Wir fliegen nach Old Germany zurück. Sobald wir die Alpen überquert haben, grüßt mich das grüne Allgäu. Ich bin froh, wieder daheim zu sein.

Im November 1989 fällt in Berlin die Mauer. Trotz einer Geldspritze von etwa zwei Milliarden Mark, die unser großer Stratege FJS, Franz Josef Strauß, vor ein paar Jahren, der abgewirtschafteten DDR als letzte Blutspende der Bundesrepublik an den deutschen Bruderstaat vermittelt hat, ist der Ruin nicht mehr aufzuhalten. Bald schon ist klar, daß diesen Unrechtsstaat nichts mehr retten kann. Die Wiedervereinigung bahnt sich an.

In den ersten Monaten 1990 wird immer deutlicher, daß die Wiedervereinigung schon bald kommen wird.

Die Struktur der Wirtschaft in den beiden deutschen Staaten kann unterschiedlicher gar nicht sein, im Westen weitgehend freies Spiel der Marktkräfte, im Osten Plan- bzw. Mangelwirtschaft. Beide Systeme müßen irgendwie zusammengeführt werden, ohne daß es schlimme Reibungsverluste oder gar schmerzhafte Brüche gibt.

Unserem bayerischen Landwirtschaftsminister stellt sich die Frage: Wird sich unsere mittelbäuerliche Betriebsstruktur in

Bayern gegen die Großbetriebe im Osten längerfristig behaupten können?

Er schickt Herrn Dr. Siegfried Kögel und mich zu einem dreitägigen Erkundungsbesuch ins Gebiet Düben zur LPG "Ernst Thälmann", einer der größten und gut ausgerüsteten landwirtschaftlichen Produktionsgenossenschaften der DDR.

Wir werden erwartet, unser Auto, ein neuer BMW, wird respektvoll bestaunt.

Die Politspitze dieses Betriebes bemüht sich, gut da zu stehen bzw. einen guten Eindruck zu hinterlassen.

In der Felderwirtschaft ist das Unternehmen anscheinend einigermaßen auf der Höhe der Zeit, in der Rinderhaltung eher nicht.

Rund 800 Kühe sind in den Stallungen am Standort. Die Karusell-Melkanlage ist rund um die Uhr im Schichtbetrieb. Sehr viele Leute sind da unterwegs. Mein Tierzuchtkollege Dr. Kögel schüttelt bedenklich den Kopf als er die Kühe aus dem Gebäude heraushinken sieht. Die Klauenpflege ist dürftig, wahrscheinlich miserabel. Wir bekommen Bescheid: Drei Tierärzte kümmern sich um das Vieh, aber einer ist zur Zeit im Urlaub, der zweite auf Lehrgang und der dritte offenbar etwas überfordert.

Ein einziger guter Klauenpfleger könnte hier Wunder wirken.

Wie soll da eine hohe Milchleistung erzielt werden, wenn die Kühe ständig unter Schmerzen leiden. Dann fehlt auch noch das Kraftfutter, das bei uns im Westen die guten Betriebe in der Form des importierten Sojaschrotes oder anderweitiger Energieträger zur Verfügung haben. Das wird noch viele Jahre dauern, bis sie hier im Osten westliche Standards erreichen.

Der wesentliche Schwachpunkt der Betriebe im Osten ist aber der unglaublich hohe Arbeitskräftebesatz. Wir erfahren keine genauen Zahlen, aber nach gemeinsamer Einschätzung liegt ein sechs- bis achtfacher Arbeitskräftebesatz pro 100 ha im Vergleich zur bayerischen Landwirtschaft vor. Dabei würde man bei den sehr großen Feldschlägen und den riesigen Einheiten in der Viehhaltung eher das Gegenteil annehmen. Viele, viele Frauen arbeiten hier in der Landwirtschaft, aber eben nur im Acht-

Stunden-Tag, fünf Tage in der Woche. Sie arbeiten auch nicht mit persönlichem Engagement. Warum auch? Eine Bäuerin in Bayern aber schaut nicht auf die Uhr, sie ist an einem guten Arbeitsertrag bzw. Leistungsergebnis interessiert.

Die Frauen der LPG "Ernst Thälmann" geben ihre Kinder in den betriebseigenen Hort. Wenn nun ein Kind krank ist und wenn es nur Bauchweh hat, dann kann nach den sozial guten Regelungen eine Mutter ohne große Probleme bei ihrem Kind zu Hause bleiben. Solche Regelungen erklären auch ein wenig den hohen Arbeitskräftebesatz.

Meinem Kollegen und mir ist bald klar, daß der Abbau der Arbeitskräfte sehr schmerzhaft sein wird. Auch die Industrie im Osten wird einen starken Strukturwandel erfahren und sicher nicht in der Lage sein, in der Landwirtschaft freiwerdende Arbeitskräfte aufzufangen.

Die Folge wird eine längere Phase hoher Arbeitslosigkeit sein, plus einer Landflucht, also Abwanderung in Städte oder in westliche Bundesländer. Probleme über Probleme!

Zurück in München können wir unserem Minister berichten, daß die DDR-Landwirtschaft nach einer Vereinigung beider deutschen Staaten unsere bayerischen Höfe auf lange Zeit nicht bedrohen kann.

Als Kontaktmann zur bayerischen Zuckerwirtschaft habe ich auch Einblick in die Zuckerherstellung der DDR bekommen. Wir im Westen haben technisch erstklassige Zuckerfabriken. In Bayern sind dies Werke in Rain am Lech, Plattling und Ochsenfurt, organisiert in der Südzucker AG. In der DDR gibt es bis dato etwa 40 kleine Zuckerfabriken.

Die technischen Leiter unserer Fabriken haben diese Zuckermühlen im Osten in der Wendezeit besichtigt und auf ihre Weiterverwendung unter Bedingungen des Wettbewerbs geprüft. Ergebnis: alles ohne Ausnahme ist Schrott! Nicht die simpelste Investition würde sich lohnen.

Die Nordzucker AG in Hannover zusammen mit der Kölner Zuckerfirma Pfeiffer und Langen und die Südzucker AG in Mannheim sind übereingekommen, die Erzeugungsgebiete im

Osten etwa gleich zu teilen und je eine neue moderne Verarbeitungsfabrik mit allerneuerster Technik zu bauen.

Unsere Investitionsplaner treffen auch im Zuckerbereich auf das Phänomen, daß der Arbeitskräftebesatz pro tausend Tonnen erzeugtem Zucker im Osten bisher etwa das Zehnfache dessen beträgt, was im Westen gilt.

In der Zeit vor der Wende schaffte es die Sowjet-Union samt ihren Satellitenstaaten trotz einem riesigen Flächenangebot mit besten Böden nicht, die Bevölkerung ausreichend mit Zucker aus Rüben zu versorgen. Die Zuckerwirtschaft im Westen war immer recht gut über die üblichen Probleme der sowjetischen Zuckererzeugung informiert. Die Satelliten, die die Erde umkreisen, haben schon ab etwa 1975, zumindest aber ab 1980 genaue Daten über den Umfang der Zuckerrüben-Anbauflächen im Ostblock geliefert und über die zu erwartenden Erntemengen. Dazu kamen dann die großen Unsicherheiten in der Logistik infolge schlechter Erntewitterung, also bei den Rübentransporten vom Feld zu den Fabriken. Schließlich war auch ganz einfach sichtbar, wenn eine Fabrik wegen Maschinenproblemen still lag, nämlich wenn der Kamin des Werkes nicht rauchte.

Die westliche Welt, die Zuckerbörse in Chicago und in Paris konnten sich entsprechend einrichten. Jedenfalls waren sie weltweit über die Erzeugung und den Bedarf hervorragend informiert. So hatten sie in der Preisfindung immer den Informationsvorsprung.

Regelmäßig mußte das befreundete Cuba jährlich rund acht Millionen Tonnen Rohrzucker liefern, um die Versorgung im Ostblock, vor allem in Rußland einigermaßen sicher zu stellen. Was für ein Armutszeugnis für den glorreichen Sozialismus!

Es liegt auf der Hand, daß die gesamte Wirtschaft im Ostblock unter den Vorgaben des Staatskapitalismus zum Scheitern verurteilt ist. Es bedarf eines mutigen Neuanfangs in allen Staaten, die bisher der UdSSR hörig waren.

Tschernobyl

Am 26. April 1986, Irmgard und ich sind gerade auf einer organisierten Bildungsreise durch die Toskana, wird Europa von einer ganz schlimmen Katastrophe heimgesucht. Tölpelhafte Techniker verursachen eine Kernschmelze im sowjetrussischen Atomkraftwerk Tschernobyl. Die Welt ist geschockt. Zum ersten Mal passiert der Super-GAU. Eine Ostströmung treibt radioaktives Material über Polen nach Deutschland. Bayern ist stark betroffen. Gemessen wird die Strahlung des radioaktiven Cäsiums in Becquerel, 600 Einheiten sind ein gesundheitlich relevanter Grenzwert.

Das bayerische Landwirtschaftsministerium ist in die Sicherheitsmaßnahmen eingebunden, die verhindern sollen, daß sich Nahrungsmittel gesundheitlich negativ auswirken. Die Wissenschaftler kennen zwar die Gefahren und benennen sie auch, in der Praxis aber weiß niemand so recht bescheid, wie man Herr der Probleme werden kann.

Es gibt Leute, die die Welt schon untergehen sehen, andere wiederum sind ziemlich sorglos, denn die tödliche Strahlung kann man ja nicht einmal sehen. Daneben gibt es, wie man weiß, auch eine natürliche Strahlung, an die die Menschen seit Urzeiten angepaßt sind. Zurück in Bayern werde ich in die Beratungen einbezogen. Entspannend zeigt sich, daß die Menschen von Tag zu Tag gelassener werden, wenn man von einigen hysterischen Ausbrüchen absieht.

Etwa um den 20. Mai habe ich an einem Sonntag Dienst, denn das Ministerium hat ein Info-Telefon eingerichtet, wo sich vor allem die bäuerliche Kundschaft Auskunft einholen kann. Tiere dürfen nämlich nicht auf die Weide, weder Kühe noch Pferde und auch die Hühner nicht. Sie würden das frisch gewachsene Gras samt der Strahlung aufnehmen, Milch, Fleisch und Eier wären gesundheitlich belastend.

Eine Bäuerin aus der Gegend von Schongau ist in der Leitung. Ihr Problem sind die seit Wochen eingesperrten Hühner. Die werden langsam verrückt, sagt sie. Sie stehen am Fenster des Hühnerstalls, wiegen den Kopf hin und her, hacken aufeinander ein, flattern auf die Sitzstangen und gackern von früh bis spät laut durcheinander. „Was soll ich denn machen?", fragt sie mich. Ich weiß es eigentlich auch nicht und frage, ob sie Eier im größeren Umfang verkaufen will, was sie verneint.

„Lassen Sie die Viecher raus!", sage ich kurz entschlossen.

Wie erlöst sagt sie: „Mei, werd se mei Gockl gfrein!"

Ich sage noch, „Ich glaube, die Hennen auch."

Da lacht sie und wir verabschieden uns in guter Stimmung.

Zu meiner Rechtfertigung sage ich mir, meine Auskunft ist doch eine bürgernahe Beratung, wie sie die Staatsregierung und das Parlament von den Beamten immer erwarten und fordern. Später werde ich erfahren, daß im Rahmen des Tschernobyldesasters in Bayern, niemand ernsthaft erkrankt und vor allem niemand gestorben ist.

Einen Monat später haben wir ein Problem mit der Ausfuhr einiger zigtausend Tonnen Backweizen nach Italien. Die Italiener fordern von der BayWa für jede Lieferung Atteste, daß der Weizen nicht kontaminiert ist. Als zuständiger Getreide-Referent habe ich überhaupt keine Bedenken, diese Atteste auszustellen, da der Weizen aus der Vorjahresernte stammt, die vergangenen Monate in Silos lagerte und somit aus dem Tschernobylfallout überhaupt nicht kontaminiert sein kann.

Diese Logik ist den Italienern offenbar fremd oder nicht eingefallen. Zwei Güterzüge bayerischer Weizen warten in Rovereto auf die Freigabe. Die italienischen Zöllner verweigern die Freigabe und verlangen neuerdings Analysen zu den Attesten dazu, weil Rom das so verlangt. Dieser Analysen bedarf es aber überhaupt nicht, denn allenfalls der Weizen der neuen, diesjährigen Ernte, die erst heranwächst, könnte kontaminiert sein. Weizen der neuen Ernte steht dem Markt logischerweise aber erst frühestens ab August/September zur Verfügung. Erst mehrere Telefonate klären die einfache zwingende Logik auf.

Da sieht man, daß der Atomunfall in der Ukraine Überreaktionen auslöst. So gesehen ist es nicht verwunderlich, daß ein Arzt aus Ottobrunn mit seiner fünfköpfigen Familie wegen der Strahlenbelastung Hals über Kopf nach Paraguay auswandert. Hoffentlich wird er dort glücklich.

Auch in meiner Familie ist Tschernobyl ein großes Thema. Vor allem Judith (19) setzt uns zu. Wie wird diese Katastrophe in den Schulen behandelt? Ich vermute, daß junge Lehrer, geprägt durch die "68er-Philosophen" die Schüler scharf machen. Anders kann ich mir den klassenkämpferischen Aufstand gegen uns Eltern nicht erklären. Robert, der in unserer Familie am meisten Sachkenntnis beitragen könnte, hält sich sehr zurück. Liza und Judith aber wissen ganz genau, daß es in 15 Jahren keinen Baum mehr gibt, daß wir alle verstrahlt und vergiftet werden und daß die Welt langsam aber sicher untergeht.

Die Süddeutsche Zeitung organisiert ein Podiumsgespräch im Gasteig mit zwei Atom-Wissenschaftlern der Uni München, um sachlich zu informieren. Ich lade meine aufmüpfige Tochter Judith dazu ein und sie geht auch mit. Viele junge Leute sind da und heizen die spannungsgeladene Atmosphäre weiter auf.

Der Redakteur der SZ ist in der Diskussion um klare Wahrheit bemüht. Die beiden Professoren haben es schwer. Sobald den jungen Leuten ihre Auskünfte zu wenig schlimm erscheinen, fangen sie zu zischen an. Anscheinend sehnen sie den Weltuntergang herbei.

Die Atomwirtschaft birgt wirklich große Gefahren, das kann niemand leugnen. Aber sie sind beherrschbar. Darum müssen die Forscher und Experten sich immer wieder bemühen.

Als meine Generation mit 18 oder 20 Jahren Abiturienten waren, wollten wir aktiv in die Zukunft gehen, die Aussichten aber waren düster. Heute ist es fast umgekehrt.

Wie können wir unseren Kindern Hoffnung und Zuversicht vermitteln?

Bayerisches Bier

Deutschland muß eine Niederlage hinnehmen. Das ist bitter, vor allem für Bayern. Es geht um das Bayerische Reinheitsgebot für Bier. Der Europäische Gerichtshof in Luxemburg (EuGH) hat am 12. März 1987 entschieden, daß Bier in Deutschland auf den Markt kommen darf, das nicht nach dem Reinheitsgebot gebraut ist. Bisher darf solches Bier nicht nach Deutschland importiert werden.

Ein französischer Brauer aus dem Elsaß kämpft darum, aus Mais gebrautes Bier in Deutschland anbieten zu können.

Am Georgitag (23. April) des Jahres 1516 hat der Bayerische Herzog Wilhelm IV. in Ingolstadt das Reinheitsgebot für sein Herzogtum erlassen und verkündet.

Nur Hopfen und Malz aus Gerste und (später) auch aus Weizen darf neben Wasser verwendet werden. Die Bierhefe ist in dem Erlass des Herzogs nicht erwähnt, weil die Hefe den Menschen damals noch nicht sichtbar war.

Als zuständiger Referent für Getreide im Landwirtschaftsministerium ist mir die Förderung der Qualitätsbraugerste ein sehr wichtiges Anliegen. Bayerischer Hopfen und hochwertige Sommergerste mit möglichst niedrigem Eiweißgehalt sind die Grundvoraussetzungen für Bier hoher Qualität. Bayern bildet an seiner Technischen Universität München (TUM Fakultät Brauwesen) in Weihenstephan bei Freising, Braumeister aus, die weltweit tätig sind. Sie tragen das Reinheitsgebot für Bier auch in die weite Welt hinaus. Bayerischer Hopfen, vor allem Aromahopfen, findet Absatz in den USA, in Asien (Japan) und auch in allen anderen Erdteilen. Das bayerische Bier ist und bleibt ein Exportschlager erster Güte. Solange es nach dem Reinheitsgebot gebraut wird, werden immer mehr Menschen aus der ganzen Welt dem Bier zusprechen und viele werden sich zum Oktoberfest aufmachen, um ihre Bierseligkeit in München auf der Wiesn zu finden.

Die bayerischen Brauer haben sich verschworen, Bier aus anderen Stärketrägern (zum Beispiel Mais oder Hirse) nicht herzustellen. In den anderen Bundesländern ist auch keine Tendenz weg vom Reinheitsgebot erkennbar. Das sind optimale Voraussetzungen dafür, daß das Reinheitsgebot trotz des EuGH-Urteils Bestand haben wird. Diese natürliche Qualitätsgarantie wird den Verbraucher immer überzeugen, wenn sie auf dem Etikett steht. Da gibt es überhaupt keinen Zweifel. Alle Beteiligten sind guten Mutes, daß sich Qualität weiterhin durchsetzen wird.

Mich hat diese Problematik angeregt, mit meiner Schwiegermutter Margaretha Hopf ein kleines Spielchen zu machen, ein Streich, der sie aus ihrem Alltag heraushebt.

Ich mag Margaretha sehr. Sie ist für mich eine ganz großartige Frau. Neun Kinder hat sie geboren und zeitlebens für ihre große Familie gewerkelt. Sie stellt keine Ansprüche. Ihre Kraft schöpft sie aus ihrer tiefen Religiosität. Wenn sie nicht gerade arbeitet, betet sie für ihre Angehörigen, das ist ihr genug! Warum werden solche Frauen nicht heiliggesprochen? Warum müßen es immer Klosterfrauen sein, die zur Ehre der Altäre erhoben werden?

Kurzum, ich schreibe eine offiziell wirkende Einladung, gebe mich als Dr. Dr. Handreicher aus und mache der Frau Hopf vor, daß sie an einem "Repräsentativen Biertest in Bayern" teilnehmen soll. Wenn ich mich als Dr. Landstreicher bezeichnet hätte, wäre sie wohl gewarnt gewesen. Mit meinem Schwager Manfred, dem "Sonnen"-Wirt in Echenbrunn und seiner Frau Hilde ist alles vorbesprochen. Die beiden sind begeistert von meiner Idee und können den 1. April schier nicht mehr erwarten.

Ein braver Mensch wie meine Schwiegermutter denkt nicht an Aprilscherz, sondern freut sich auf das Besondere. Sie zieht sich schön an und legt drei goldene Kettchen um. Alles läuft wie geplant.

Ihre Schwiegertochter Hilde hat im Nebenzimmer den halbrunden Tisch mit einer weißen Tischdecke mit weißblauen Rautenbändern und einem weißblauen Blumengesteck geschmückt. Über dem Eingang zum Nebenzimmer schwebt ein Schild "Bayerische Bierprobe".

Es kommen drei Geschäftsleute ins Nebenzimmer, sie werden vom Wirt kurz über den geplanten Aprilscherz informiert, damit die Geschichte nicht entgleist. Manfred holt seine Mutter mit dem Auto ab und führt sie an den geschmückten Tisch, auf dem schon die Extraspeisekarte bereitliegt.

Die Oma nimmt Platz, sie ist sich ihrer Bedeutung als Testerin bewußt. Auf einem weißen Papierblatt soll sie nach dem Trinken die einzelnen Biere bewerten, mit zum Beispiel "exzellent", "feine Bittere", "vollmundig" oder "malzig, typisch".

Fünf Proben in kleinen Gläsern von der Bedienung, Frau Hägele, serviert, soll sie bewerten.

Dann kommen wir, meine Frau und ich.

Oma ist sehr überrascht und sagt: „Ja Sepp, du und Irmgard, ihr seid auch da?" Ich rechtfertige mein Erscheinen mit dem Hinweis, Dr. Dr. Handreicher habe überraschend zu einem sehr dringenden Termin nach Frankfurt fahren müssen und ich springe quasi für ihn ein.

Der Test nimmt seinen Lauf. Nach dem zweiten Biertest glauben wir, es sei genug und jetzt wollen wir die Geschichte als Aprilscherz auflösen. Aber wir haben nicht mit der Hartnäckigkeit der Oma gerechnet.

Sie will sich nicht von der Bierprobe abbringen lassen und besteht auf die weiteren drei Bierchen. Wir haben große Mühe, den Jux zu erklären und sind uns überhaupt nicht sicher, ob wir die Hopf-Oma aus ihrem Traumjob herauslösen können.

Nach dem opulenten Essen und dem anschließenden Kaffee mit Kuchen fahren wir sie nach Gundelfingen zurück.

Ich wünsche mir, daß die deutschen Brauer mit dem gleichen Engagement am Reinheitsgebot festhalten wie die Hopf-Oma am Biertest. Um die bayerischen Brauer mache ich mir ohnehin keine Sorgen.

Abdruck

DER BAYERISCHE STAATSMINISTER
FÜR ERNÄHRUNG, LANDWIRTSCHAFT UND FORSTEN
Nr. B.X. - 1998/1.4.

8000 MÜNCHEN 22, DEN 28.03.1987
LUDWIGSTRASSE 2
TELEFON 2182-200
TELEX 523830, 528157
TELEFAX 2182-604

Frau/Herr
Margaretha Hopf
Untere Vorstadt 28 a
8883 Gundelfingen

Repräsentativer Biertest in Bayern

Sehr geehrte(r) Frau Hopf!

Angesichts der Entscheidung des Europäischen Gerichtshofes gegen das Deutsche bzw. Bayerische Reinheitsgebot für Bier am 12. März 1987 in Luxemburg wird die Bayerische Staatsregierung umfassende Gegenmaßnahmen ergreifen und vielfältige Aktivitäten zur Rettung des Reinen Bayerischen Bieres entwickeln.

Zunächst wird ein repräsentativer Biertest mit einer Vielzahl unvoreingenommener Personen aus allen Schichten der bayerischen Bevölkerung durchgeführt. Dabei wurde aus jeder Gemeinde frei nach dem Zufallsprinzip eine Person für den Test ausgewählt.

Wir freuen uns mit Ihnen, sehr geehrte(r) Frau/Herr Hopf, daß für die Gemeinde (Stadt) Gundelfingen das Los auf Sie gefallen ist. Die Teilnahme am Test verpflichtet Sie selbstverständlich zu keinerlei Aufwendungen. Sofern durch den Bierkonsum Kosten entstehen, werden diese durch einen Vertreter der Bayerischen Staatsregierung getragen.

Sie werden hiermit zur Durchführung des Tests eingeladen.

Tag: Mittwoch, den 1. April 1987
Uhrzeit: 12:20
Ort: Gasthof zur Sonne, Gundelfingen - Ortsteil Echenbrunn, Nebenzimmer

Das o.g. Gasthaus ist durch Abdruck von dem Termin verständigt. Der Inhaber wird Sie zur angegebenen Zeit freundlich erwarten. Ihre Mitwirkung beim Test wird mit einem kleinen Geschenk belohnt werden.

Mit freundlichen Grüßen
Im Auftrage

Dr. net Dr. viel Händrewcher

Im Abdruck:

Herrn Gastwirt
Manfred Hopf
Gasthof zur Sonne
8883 Gundelfingen
Ortsteil Echenbrunn

mit der Bitte um gefl. Kenntnisnahme.

Einladungsschreiben Biertest an meine Schwiegermutter, Frau Margaretha Hopf, zum 1. April 1987

Neue Liebe

Sacramentum magnum (= großes Geheimnis) haben wir uns in die Eheringe eingravieren lassen, die Irmgard und ich. Das ist eine Art Beschwörung, ein bißchen auch Zauber, der unsere Ehe begleiten soll. Vielleicht schützt er uns vor Dummheiten, ja vielleicht sogar vor Scheidung. Wie dem auch sei, bisher bleibt das große Geheimnis bestehen und wir mögen uns immer noch. Die Silberne Hochzeit haben wir schon hinter uns. Wir reden nicht täglich von unserer Liebe und Treue, sie ist einfach da und ist unser unausgesprochenes Glück. Dafür sind wir dem Himmel oder sonst wem dankbar und freuen uns. So kann es noch ein paar Jahrzehnte anhalten.

Die Scheidungszahlen schwellen immer mehr an. Nur in wenigen Einzelfällen neuer Verbindungen hat man den Eindruck, daß die Leute dann glücklicher sind. Wir würden es jedem dieser Paare gerne wünschen. Uns selbst wünschen wir natürlich auch, daß dieser Schicksalsengel, oder ist es vielleicht ein Teufel, der verwirrte Ehegatten in die Scheidung führt, an unserer Tür vorbeigeht. Unsere Kinder möge er bitte auch verschonen, aber wer weiß?

Die Liebe ist eine Himmelsmacht, man ist ihr ausgeliefert. Du kannst eigentlich nichts dagegen machen, manchmal ist alle Gegenwehr umsonst. In den meisten Fällen sind es die Männer, die ausscheren, einen zweiten Frühling erwarten oder einfach nur neues Abenteuer, neues Glück suchen.

Wenn ich meinen Bekanntenkreis in Ottobrunn betrachte, da gibt es so gut wie keine Scheidungen. Wie kommt das? Sind unsere Freunde vielleicht zu langweilig für das Risiko einer neuen Verbindung? Ganz sicher nicht! Allerdings, unsere Generation mußte und muß um die Existenz viel härter ringen, als das unserer nächsten Generation bevorsteht. Für uns ist die Ehe wirklich eine Schicksalsgemeinschaft in guten wie in weniger guten Tagen.

Unseren Kindern ist es viel leichter gemacht, sich selbst zu verwirklichen oder Träume auszuleben.

Ich stelle mir vor, wie das wäre, wenn es mir passieren würde. Was würden da Ottobrunner Freunde sagen, von denen ich weiß, daß sie unseren Lebensweg mit nur guten Wünschen begleiten. Wie haben sie den Tod meiner Frau Stilla betrauert und sich um meine Familie gekümmert. Dann die guten Wünsche für meine zweite Ehe! Irmgard wurde von den Frauen meiner guten Bekannten bzw. Freunden mit offenen Armen aufgenommen und ist heute noch sehr, sehr beliebt, obwohl wir schon vor vier Jahren ganz von Ottobrunn nach Immelberg weggezogen sind. Was würden sie sagen, wenn ich mit einer jungen Freundin auftauchen und somit meine Irmgard verraten würde?

Soll ich sie auf die Probe stellen?

Ja, das werde ich tun und ich suche mir das Ehepaar Hennhöfer aus, denn ich weiß, daß Traudl und Alfons Hennhöfer für ein Liebesabenteuer vom Roßmair Sepp nicht das geringste Verständnis aufbringen werden. Beide sind kirchentreue Katholiken aus dem tiefsten Niederbayern; sie kommt aus Kößlarn und er aus der Domstadt Passau.

Ich rufe den Alfons an.

Nach einigen Belanglosigkeiten konfrontiere ich ihn mit dem Bekenntnis, „Ich habe mich unsterblich in eine großartige Frau verliebt. Es hat mich einfach überwältigt, ich weiß nicht mehr aus noch ein und ich frage mich, ob ich vielleicht spinne."

Er sagt: „Das ist schon möglich und sogar wahrscheinlich." Dann lacht er.

Aber ich lasse nicht locker und sage, „Es ist ernst, ich denke nur noch an sie und kann nicht mehr schlafen."

Dann sagt er: „Und was willst du von mir?"

Meine Rede: „Ich mag mit der geliebten Person nicht in ein Hotel gehen. Morgen will ich sie in Ottobrunn treffen, damit wir uns klar werden, wie es weitergehen kann. Mein innigster Wunsch ist, daß wir uns so gegen 10 Uhr zu einem Weißwurstfrühstück bei euch treffen können. Vielleicht können wir uns auch kurz in euer

Gästezimmer zurückziehen. Besprich das mal mit deiner lieben Traudl. Ich melde mich dann morgen früh nochmal."

Also, jetzt haben die Hennhöfers ein Problem. Ich wäre so gerne dabei, wie sich beide über mich entrüsten und wie sie gegen meine Dummheit vielleicht vorgehen wollen. Jedenfalls gelte ich als völlig verrückt und ganz undankbar gegen die gute Irmgard, die meine sieben Kinder aus erster Ehe unter viel Verzicht großgezogen hat usw. usw. Ich kann mir vorstellen, daß Worte fallen wie "blöder Hund", "verliebter Hanswurst" oder "komischer Vogel".

Am nächsten Tag rufe ich erst gar nicht an, damit sie mir nicht absagen können. Irmgard ist mit mir nach Ottobrunn gekommen, weil ich ihr gesagt habe, daß wir bei Traudl und Alfons zum Weißwurstfrühstück eingeladen sind, von meiner Gaudiverliebtheit weiß sie nichts. Ich will mir die Überraschung auf beiden Seiten offen halten. Ich sage Irmgard nur, sie soll hinter dem Hausvorsprung bleiben, weil es eine besondere Begegnung geben soll. Sie hält sich an meine Anweisung.

Dann läute ich Punkt 10 Uhr bei Hennhöfers. Beide treten heraus mit eisiger Ablehnung im Gesicht. Vor allem Traudl ist offenbar stinksauer auf mich. Ich stehe alleine da.

Alfons ist ziemlich wortlos, schließlich stößt er hervor: „Ja, wo ist sie?"

Ich sage: „Sie steht hinter dem Hauseck, weil sie sich geniert."

Dann rufe ich: „Jetzt komm schon."

Da tritt Irmgard hervor. Und was soll ich sagen, Traudl wechselt augenblicklich die Farbe, ihr frostiges Gesicht weicht einem breiten Lachen.

Alfons schüttelt erlöst den Kopf und sagt nur: „Du Schlawiner, du mistiger!"

Bei den Weißwürsten und einem frischen Weißbier herrscht eine sehr entspannte Freude über Rosses neue, alte Liebe. Wir müssen viel lachen und wir beiden Männer versprechen unseren Frauen Liebe und Treue bis auf weiteres.

Unruhiger Ruhestand

Ende 1991 gehe ich in den Ruhestand. Herr Staatsminister Hans Maurer verabschiedet mich mit vielen ehrlichen Dankesworten und stellt mir die Frage, warum ich so jung schon aufhöre. Ich sage: „Ich schau vielleicht aus wie 49, aber ich bin schon über 63. Ehrlich gesagt, fühle ich mich noch ganz fit, aber ich möchte noch Einiges unternehmen und im übrigen Platz machen für einen jungen Kollegen." Herr Maurer akzeptiert das, und wie ich erfahre, legt er ohne Not wenige Wochen später sein Ministeramt nieder.

So, was mache ich jetzt? Der Chefposten im Hause Roßmair ist schon von meiner Frau besetzt. Ich muß mir Aktivitäten außer Haus schaffen, sonst gehe ich ein.

An einem Sonntagvormittag streife ich zusammen mit dem Franz Dinzenhofer, einem Nachbarn in Immelberg, durch die Fluren und Wälder. Wir schlüpfen durch einen Wald in besonders üblem Zustand, ein richtiger Verhau. Ich frage den Franz, welchem liederlichen Waldbauern der gehört. Antwort: der Kirche! Das zündet in meinem Kopf. Die Kirche rafft immer mehr Grundbesitz zusammen, auch Wälder, und dann läßt sie so einen Wald elend verkommen. Bald steht mein Entschluß fest: Diesen Wald will ich haben, der wird mein Alter beleben.

Mir ist klar, dazu brauche ich eine zwingende Strategie, denn die Kirche verkauft nichts, was sie einmal hat. Ein erstes Gespräch mit Pfarrer Wolfgang Aumer verläuft für mich befriedigend. Ich male ihm den Wald in ganz düsteren Farben und gebe zu bedenken, die "Grünen" könnten über die Kirche herfallen, wenn sie den Wald mit seinen vielen Käferbäumen in Augenschein nehmen würden. Das könne leicht so kommen, wenn ihnen irgendjemand einen Wink gibt. Aumer schaut mich fragend an! Immer wieder verweist er darauf, "die in München" werden einem Verkauf nie und nimmer zustimmen. Er meint auch, ich könne den

Wald mit seinem Einverständnis pflegen, über meinen "Lohn" könne man reden.

„Das kommt nicht in Frage!", sage ich ihm. „Ich bin doch nicht euer Knecht, ich möchte als Herr und Eigentümer diesen Fleck Erde zu einem schönen gesunden Wald herrichten."

Wir verbleiben schließlich so, daß ich ein Kaufansuchen bei der Erzbischöflichen Finanzkammer stelle und reinschreibe, Herr Pfarrer Aumer sei angesichts des jämmerlichen Zustands des Waldes für einen Verkauf an mich. Das habe ich ihm richtig abringen müssen. Dann warte ich geduldig vier, sechs, acht Wochen, dann ist meine Geduld zu Ende.

Auf meine Bitte ruft Aumer in München an. Der zuständige Forstrat Meindl weiß nichts von meinem Antrag, hätte ihn aber zwingend auf seinen Tisch bekommen müßen. Offenbar hat mein Adressat, ein Herr Raab, mein Schreiben in den Papierkorb geworfen in dem Bewußtsein, da wird eh nichts draus, weil die Kirche ja nichts verkauft. Diese Panne kommt mir sehr gelegen.

Ich sage zu Aumer: „Wenn ein Bauer aus dem hinteren Niederbayern aus irgendeiner Verärgerung heraus dem Landwirtschaftsminister einen fetzengroben Brief schreibt, dann bekommt er innerhalb von 14 Tagen eine freundlich gehaltene Antwort. Und was bekomme ich? Nichts, nicht einmal ein LmaA!"

Das macht den Herrn Pfarrer sehr betroffen, soll es auch.

Ich sage ihm noch: „Warum zahle ich eigentlich Kirchensteuern, und das nicht zu knapp?"

Das hat gesessen, jetzt habe ich Oberwasser. Ich rufe den Sachbearbeiter Forstrat Meindl an und will von ihm einen Besprechungstermin. Dazu schicke ich ihm voraus eine Kopie meines Kaufansuchens. Dann geht alles ziemlich flott voran. Meindl kommt, schaut den Wald wegen der Schätzung an und legt schon 14 Tage später sein Gutachten vor. Wenige Wochen später gehen Herr Pfarrer Aumer und das Ehepaar Roßmair in Rosenheim zum Notar.

Jetzt kann ich loslegen. Zuerst muß alles dürre Zeug und die Käferbäume herausgeschafft werden. Dann erst kann ich mit der richtigen Pflege beginnen. Der Wald ist fünf Tagwerk groß. Es gibt

Teilflächen, wo Schilf wächst. Die werde ich trocken legen. Dazu ziehe ich ca. 200 Meter Kulturgräben. Das kann ich, das macht mir keine Mühe. Auf diesen Flächen pflanze ich dann Erlen, Ahorn, Eschen und ein paar Birken. Mit meinem Wald bin ich sehr glücklich. Ich habe mir angewöhnt, Bäume zu umarmen, bevor ich sie fälle, ich sage ihnen auch, warum ich sie umschneide. Ist das kindisch? Ich glaube nicht! Für mich ist der Wald Leben, jeder Baum hat eine Seele. Wenn wir das den Menschen und höheren Tieren zurechnen, dann muß es auch für einen Baum gelten. Es gibt Bäume, die sind 3000 Jahre alt!

Weil wir einen Wald haben, gehören wir auch der Jagdgenossenschaft an. Das Wild interessiert mich auch. Wildtiere sind für mich Kreaturen, die ihren Platz in der Schöpfung haben und deshalb zu respektieren sind. In unserem Wald halten sich Rehe auf, sie fressen natürlich auch mal einen Jungbaum ab. Soll ich deshalb jammern oder wild werden? Nein, ich freue mich über die vielen anderen Jungbäume, die sie in Ruhe lassen.

Am unteren Rand unseres Waldes beim Rothbach halten sich auch Wildschweine auf. Der Bernhard, der Huberbauer, der die Jagd von der Genossenschaft gepachtet hat, sagt mir, zeitweilig sei eine Rotte von 16 Wildschweinen bei unserm Holz unterwegs. Sechs habe er schießen können. Die anderen haben sich in die Filzen verzogen.

Natürlich freut mich auch der finanzielle Erfolg, den wir aus dem Verkauf von Brenn- und Nutzholz haben. Den größten Nutzen, den ich aus unserem Wald ziehe, sehe ich aber in dem körperlichen Einsatz, den er mir abverlangt. Manchmal bin ich hundemüde, habe großen Appetit und kann sehr gut schlafen.

Immer schon habe ich gerne körperlich gearbeitet. Auf dem Lehrbetrieb 1949 bis 1951 haben wir noch in der Handarbeitsstufe geschuftet, das ist mir gut bekommen; und jetzt im Rentenalter habe ich das Glück, mich vielleicht noch einige Jahre wieder mit harter Waldarbeit fit zu halten.

So mag es noch eine Weile weitergehen.

Grundgesetz, Artikel 6

"Ehe und Familie stehen unter dem besonderen Schutz des Staates"

Das ist eine große, hehre Aufgabe, die die Gründerväter unserer Verfassung allen späteren Parlamenten und Regierungen ins Stammbuch geschrieben haben. Mit dem Wort "besonderen" haben sie die Bedeutung der staatlichen Sorge und Hilfe für die Familien wesentlich verstärkt. Sie hätten das Wort "besonderen" weglassen können, haben es aber nicht. Es ist ganz bewußt so gewählt worden. Mit diesem Artikel 6 sind nicht nur die rechtlichen Rahmenbedingungen für Ehe und Familie gemeint, sondern ganz gewiß und vorrangig die sozialen Zielsetzungen. Gemeint sind nach meiner tiefen Überzeugung zwar auch die Eltern, aber zentral sind die Kinder gemeint. Den Kindern darf es an nichts fehlen, was ihre Entwicklung zu ausgeprägten Persönlichkeiten fördert.

Die Familie Roßmair war 1977 in einer umfangreichen Reportage der Zeitschrift "Eltern" (Heft 8 / 1977) den Lesern vorgestellt worden. Irmgard und ich waren da drei Jahre verheiratet, unser erster gemeinsamer Sohn Georg war ein Jahr alt. Schon damals habe ich die Familienpolitik als krämerisch, kurzsichtig und demütigend bloßgestellt. Seither hat sich einiges verbessert, vor allem das Kindergeld ist deutlich angehoben worden. Auch gibt es Hilfen für Eltern, die sich ganz bewußt um ihre kleinen Kinder kümmern und dazu ihre Berufsarbeit ein Jahr unterbrechen. Dafür habe ich großen Respekt. Auch Kindergärten und Horte werden verstärkt bereitgestellt.

Der "besondere" Schutz der Familie, vor allem die Förderung der Familien mit mehr als zwei Kindern und auch der Alleinerziehenden ist aber nicht erkennbar. Mit dem allmählichen Zerfall des alten kirchlich geprägten Famlienbildes ist die Wichtigkeit des Grundgesetzauftrages noch wesentlich gestiegen.

Eltern in gescheiterten Ehen setzen ihre Kinder oft erheblichen Gefährdungen aus, auch wenn sie das vermeiden wollen. Das wichtigste was Kinder brauchen ist Friede zwischen den Eltern.

Die Jugendämter sind den Herausforderungen vielfach nicht gewachsen. Das zeigen die katastrophalen Fälle, die durch die Presse gegangen sind und immer wieder passieren. Erprobte Patenfamilien und Pflegeeltern sollten in viel stärkerem Umfang eingebunden und besser finanziert werden.

Aus der "Eltern"-Reportage vom Jahr 1977 zitiere ich meine damalige Behauptung: „Eine Familie, die heute fünf oder gar acht Kinder erzieht, ernährt meist unter persönlichem Verzicht die Steuerzahler von morgen. Aber die Mutter dieser Kinder hat nicht einmal einen Anspruch auf eine eigene Rente. Im Regelfall steht sie finanziell weit schlechter da als eine kinderlos gebliebene Rentnerin, die durchgängig berufstätig sein konnte." Diese meine damalige Behauptung ist voll eingetreten und unbestreitbar richtig.

Unsere kleinen Kinder von damals sind heute erwachsene Leute, die nicht nur reichlich Steuern zahlen, sondern auch Rentenversicherungsbeiträge. Davon hat meine Frau nichts! Sie hat ihr Leben der Erziehung meiner und unserer Kinder gewidmet. Dafür bekommt sie sage und schreibe insgesamt netto monatlich 236 Euro Rente. Im Detail bekommt sie neben anders begründeten Ansprüchen aus der Zeit, als sie noch ledig war, zweimal den Rentenaufschlag von jeweils rund 28 Euro für die beiden Kinder, die sie selbst geboren hat. Für die sieben Kinder aus meiner ersten Ehe, die sie angenommen und erfolgreich erzogen hat, bekommt sie nichts, in Worten: Null Euro!

Das ist eine Schande, eine Schande für unseren Sozialstaat!

Angesichts der schändlich niedrigen Rente für die Lebensleistung meiner zweiten Frau, ist es uns ein ganz großes Ärgernis, wenn wir die "Altersentschädigung" für die bayerischen Landtagsabgeordneten dagegenstellen. Gegenwärtig erhält ein Abgeordneter, der dem Landtag 10 Jahre angehört hat und 67 Jahre alt ist, monatlich 2.688 Euro Entschädigung. Er muß dabei nicht wie die Rentner Beiträge eingezahlt haben. Nein, er bekommt dieses Geld nur in seiner Eigenschaft als ehemaliges Mitglied des Bayerischen Landtags, ganz unabhängig von seiner Vermögens- und Versorgungslage. Diese honorige Zahlung erhöht sich dann für jedes weitere Jahr der Landtagszugehörigkeit um satte 3,8 Prozent und beträgt bei 20 jähriger Abgeortneten-Tätigkeit maximal 5.756 Euro monatlich.

Das hat der Landtag schon vor vielen Jahren gleichsam in Selbstbedienung so beschlossen. Nur sehr hohe Beamte erhalten ähnliche Altersbezüge, wenn sie dem Staat mindestens 35 Jahre gedient haben.

Ja, das wäre sehr schön, wenn eine Familienmutter, die mehr als zwei Kinder groß gezogen hat, sich eine Zusatzrente von zum Beispiel monatlich 500 Euro für jedes weitere Kind aus dem bayerischen Steuerntopf selbst genehmigen könnte.

Ob diese fragwürdigen Geschenke an alte Abgeordnete verfassungsrechtlich von einem Gericht überprüft wurden, weiß ich nicht, vermute aber, daß dies nicht geschehen ist. Für den Normalbürger ist es jedenfalls ein ungerechter Griff in den Geldsack des bayerischen Steuerzahlers.

Wenn sich dadurch junge Menschen von der Politik abgestoßen fühlen und nicht mehr wählen gehen, dürfen sich die Politiker nicht wundern. Solche Regelungen sind neben manch anderen Ägernissen eine Quelle großer Staatsverdrossenheit.

Ich wollte die jämmerliche Rente meiner Frau nicht hinnehmen und habe mit der Bundesministerin für Arbeit und Soziales, Frau Dr. Ursula Von der Leyen, gestritten. Sie hatte sich am Muttertag 2012 vor die Presse gestellt und getönt, Frauen, die Kinder vor 1992 geboren und erzogen haben, müßten endlich im Rentengesetz den Müttern gleichgestellt werden, die Kinder nach 1992 geboren haben.

Ich legte der Frau Ministerin dar, es sei ein schweres Versäumnis im Gesetzentwurf, daß die Rentenansprüche meiner ersten, verstorbenen Frau aus Kindererziehungszeiten nicht meiner jetzigen Ehefrau übertragen werden.

Nochmals, am 9. August 2012 hat Frau Von der Leyen vor der Presse erklärt, wie wichtig ihr die Erziehungsarbeit der Mütter ist und daß diese Arbeit in der Rentenzahlung endlich ihren Niederschlag finden muß, ja sie sagte: „muß!"

Meine erste Frau hat sieben durch Geburten begründete Beitragszeiten erworben. Durch ihren frühen Tod sollen diese Ansprüche "verloren" sein? Kann eine solche Regelung rechtens sein?

Das wäre ja quasi ein finanzieller Vorteil für die Versichertengemeinschaft. Niemand kann wollen, daß die Versichertengemeinschaft vom frühen Tod einer Mutter profitiert. Es ist sehr einfach, das Recht verstorbener Mütter auf Stiefmütter zu übertragen. Dazu bedarf es nur zweier Belege: einer Sterbeurkunde und einer Heiratsurkunde.

Die Ministerin hat die Antwortschreiben an mich nicht selbst unterzeichnet, sondern sie hat sich hinter einer Referentin versteckt, die meine Schreiben windelweich beantworten mußte. Das ist eine besondere Feigheit einer Ministerin vor dem mündigen Bürger. Inzwischen ist sie Verteidigungsministerin und versucht deutschen Soldaten in fremden Ländern Mut, ja Mut zu machen. Dass sie sich wegduckt habe ich so von ihr nicht erwartet, weil sie selbst Mutter von sieben Kindern ist. Eigentlich müßte sie ein Empfinden für Frauen haben, die sich ganz intensiv Kindern widmen.

Meine zweite Frau Irmgard ist inzwischen 72 Jahre alt. Nachdem ihre Erziehungsarbeit im wesentlichen getan war, hat sie sich in die Kinder- und Jugendbetreuung der Kirche und bei der politischen Gemeinde eingebracht, was ihr viel Erfüllung gegeben hat. Geld ist ihr nicht so wichtig, Gott sei Dank! Mir geht es eigentlich auch nicht ums Geld, sondern um Gerechtigkeit.

Meine Familie hatte nach dem Tod meiner ersten Frau keinen "besonderen" Schutz, sondern ganz im Gegenteil erhebliche finanzielle Einbußen. Vor allem mußte ich gleich höhere Steuern bezahlen, weil ich von Steuerklasse III in die Steuerklasse II der Unverheirateten eingegliedert wurde. Damals hat sich mir geoffenbart, wie dumm das Ehegattensplitting ist, wenn das Paar keine Kinder hat.

Kindersplitting wäre richtig. Das hätte mir damals sehr geholfen.

Wo bleibt da die Gerechtigkeit, die Politiker in ihren Sonntagsreden so gerne in den Mund nehmen, wo die Gerechtigkeit zum Beispiel für alleinerziehende Mütter?

Es kommt mir schon sehr sonderbar vor, daß sich unser Staat um Homo-Paare offenbar mehr sorgt, als um ausreichenden Kindernachwuchs durch intakte Familien.

Deutschland fehlen jedes Jahr immer noch rund 200.000 Geburten. Jetzt will man mit einem Einwanderunggesetz die Lücken etwas schließen, damit die Überalterung unserer Gesellschaft gedämpft wird. Auch die Kinder, die im Flüchtlingsstrom ankommen, können das Problem entschärfen. Leute, die die Flüchtlinge ablehnen, sollten diese Zusammenhänge überdenken und versuchen, über ihren Tellerrand hinauszuschauen.

Im Jahr 2017 ist die Zahl der legalen Abtreibungen leicht angestiegen auf 101.200, so hat es die Süddeutsche Zeitung berichtet. Auch das Leben dieser rund 100.000 Kinder wäre dringend wichtig, damit die deutsche Bevölkerung nicht vergreist. Die Vergreisung zu verhindern wäre eine ganz wichtige Zukunftsaufgabe. Aber unsere Regierung und unser Parlament in Berlin berührt das offenbar wenig. Sie sind voll und ganz in die Tagesaufgaben verstrickt.

Der Generationenvertrag ist jetzt nicht in Ordnung, er weist schlimme Lücken auf. Diese zu schließen, wäre eine eigentliche Zukunftsaufgabe für die Regierungen.

Ich will sarkastisch werden: Ich fordere Parlament und Regierung auf, das Wort "besonderen" im Artikel 6 Grundgesetz bei nächster Gelegenheit zu streichen und zwar um der Wahrheit willen.

Ich hoffe, daß auch Politiker mein Buch zu lesen bekommen und dann auch wirklich handeln. Wenn man in diesem sozialen Bereich an den prominenten bayerischen Politiker Georg Schmid, genannt „Schüttelschorsch", denkt, der sich über viele Jahre Zig-Tausende Euro Steuern und Rentenbeiträge im Rahmen der

Beschäftigung seiner Frau gespart hat, könnte einem das große Kotzen kommen. Wenigstens ist er vor Gericht gestellt und wegen Sozialbetrug und Steuerhinterziehung verurteilt worden.

Leser meines Buches merken, daß ich sehr verärgert bin. Ja das bin ich wirklich. Ich leide richtig darunter, daß sich unsere Gesellschaft über jeden Schmarren aufregt, daß aber existenzielle Probleme offenbar gar nicht mehr wahrgenommen werden.

Parlamente und Regierungen werden anscheinend von den Lobbyisten gesteuert. Die Familien mit mehr Kindern haben leider keine Lobby, das ist offensichtlich.

Die Kirchen in Deutschland verschlafen viele große Fragen. Die Mutter Kirche zum Beispiel darf sich gar nicht über die ganz ungerechte Verteilung der Vermögen aufregen, weil sie selbst schon sehr reich ist und immer noch reicher wird. Ein deutscher Bischof wirft 30 Millionen Euro zum Fenster hinaus! Er wird nicht entlassen, sondern erhält einen gut dotierten Schlafposten in Rom. Im Bistum Eichstätt gehen rund 50 Millionen Euro durch dumme Spekulation verloren. Ein anderer Bischof aus Passau geht in den Ruhestand und beansprucht eine Wohnung von über 350 qm Wohnfläche. Das ist der Wohnraum, den eine Familie mit 12 Kindern bräuchte, wenn es solche Familien heute noch gäbe.

Da lobe ich mir allerdings unseren Papst Franziskus, wie der bescheiden lebt. Hoffentlich mistet er den Augiasstall in Rom mal richtig aus und schickt einige dieser eitlen Herren "in die Wüste".

Verschweigen will ich nicht, daß sich in den letzten Jahren die Familienpolitik sehr positiv entwickelt hat. Erfreuliches ist da in der Presse zu vernehmen. Die Geburtenzahl hat sich seit dem Tiefstand um rund 100.000 Babys erhöht. Hoffentlich hält der Trend an, daß junge Paare ihr Glück wieder mit zwei oder drei Kindern suchen.

Wenn ich Politiker und Kirchenleute kritisiere, weiß ich natürlich schon auch, daß die allermeisten Priester sich voller Hingabe für ihre Aufgaben einsetzen und ein ehrenwertes Leben führen. Das gilt genauso für die allermeisten Politiker; viele kämpfen gegen die Kurzatmigkeit der Politik an, können sich aber nicht durchsetzen.

Kinder

Im Mai 1976 wird unser Sohn Georg Lorenz geboren. Damit ist Irmgards Wunsch in Erfüllung gegangen, mit mir ein Kind zu haben. Aber eigentlich hatten wir uns eine Margaretha ausgedacht, nach der Hopf-Oma benannt. Georg bleibt nicht allein, Anfang 1978 wird er ein Geschwisterchen bekommen. Es ist wieder kein Mädchen, sondern unser Peter Ulrich. Wenige Tage später bin ich auf einer Dienstreise in Bonn. Anscheinend sieht man mir im Kollegenkreis an, daß ich manchmal ein bißchen abwesend bin. Ich erkläre ihnen, daß ich wieder einmal Vater geworden bin.

Schließlich muß ich den Kollegen offenbaren, unser Peter ist das neunte Kind meiner Familie. Das löst Erstaunen und Hilfsbereitschaft zugleich aus. Die Herren sammeln, lassen im übertragenen Sinn den Hut herumgehen, und es kommen 372 Mark zusammen, ein schöner Grundstock für Peters Sparbuch.

Statt „Danke", sage ich ein tiefempfundenes bayerisches „Vergelt´s Gott!" in die Runde. Das wird gerne angenommen.

Eines Tages wird das Wachstum unserer Familie auch Thema am heimischen Familientisch.

Tina, unsere älteste Tochter, verkündet die übereinstimmende Meinung der Geschwister: „Jetzt hören wir auf mit dem Kinderkriegen."

Irmgard und ich schauen uns an und nach kurzem Zögern stimmen wir kräftig zu. Wir Eltern spüren förmlich die Erleichterung bei den älteren Kindern, vor allem bei den Töchtern, die die Pubertät noch nicht ganz hinter sich gelassen haben.

1987 endlich bekomme ich Kontakt zu meinem Sohn Paul Scharl. Ich habe für ihn, wie das Gesetz es gebietet, immer gezahlt. Mit seiner Mutter hatte ich nur wenig Kontakt, heiraten hätten wir beide nicht wollen. Die Ausbildung von Paul zum Meister im

Galvaniseurhandwerk hab ich mit 20.000 Mark gefördert. Anfang 1987 hat er seine sympathische junge Frau, Annelies Heinrich geheiratet und am 18. April wird dann mein erster Enkelsohn Andreas geboren. Zu diesem Fest lädt mich die junge Familie ein. Seither sind wir eng verbunden. Vier Jahre später kommt dann mein Enkelsohn Michael Scharl auf die Welt. Die Familie hat sich in Egling an der Paar ein Haus gebaut, da hab ich finanziell keine Unterstützung gegeben. Sie haben es allein gestemmt. Im Jahr 2000 trifft diese junge Familie ein schwerer Schicksalsschlag. In der Nacht zum 14. September stirbt Paul plötzlich an einer Gehirnblutung. Er wird noch ins Klinikum Augsburg gebracht, aber bis er dort ankommt, ist der Hirntod bereits eingetreten. Annelies ruft mich am frühen Morgen an und bittet mich ins Klinikum zu kommen.

Die Ärzte wollen dem noch lebenden Körper gesunde Organe entnehmen. Auch Pauls Mutter ist inzwischen gekommen. Gemeinsam beschließen wir, dem Wunsch der Ärzte zu entsprechen. Wir sind der Überzeugung, dass damit dem scheinbar sinnlosen Tod eines Familienvaters doch noch ein Sinn gegeben werden kann. Wir haben uns nicht vorbehalten zu erfahren, welche Organe entnommenen, noch welchem Patienten sie gegeben werden. Auch später sind wir der Überzeugung geblieben, dass diese Entscheidung richtig war.

Die Witwe, meine Schwiegertochter, steht vor einer schwierigen Zukunft, die beiden Söhne sind erst 13 und neun Jahre alt. Zunächst helfe ich ihr, ein Darlehen von 50.000 Mark zum Hausbau abzulösen. Meine Hoffnung, dass Annelies ihre Familie in eine gute Zukunft führen kann, hat sich voll erfüllt.

Später haben wir den beiden Enkelsöhnen zur Berufsausbildung mit je 10.000 Euro in monatlichen Raten Hilfe geleistet.

Bei meinen Kindern halte ich es so, daß sie selbstverständlich Finanzhilfen immer dann erhalten, wenn sie was Wesentliches zu ihrer Existenzgründung oder -sicherung unternehmen. Das will ich im einzelnen nicht herausstellen, jedes Kind weiß es ohnehin, was es von den Eltern bekommen hat. Wir sind dazu auch in der

Lage, weil zum Beispiel der Hausverkauf in Zorneding 1994 mir einen Gewinn von einer halben Million Mark eingebracht hat.

Über unsere Kinder möchte ich in diesem meinem Lebensbericht nicht viel sagen, nur so viel: Sie sind uns alle gleich lieb und, Gott sei Dank, auch alle in der Spur. Wir feiern mehrmals im Jahr Familienfeste, zu denen jeder gerne kommt, der Zeit und Gelegenheit hat. Das genießen wir, vor allem meine Frau machen diese Feste glücklich, da kann sie ihre Kochkünste zeigen und Kuchen in allen Variationen anbieten.

Im Sommer 1990 ziehen wir ganz nach Immelberg um, das heißt, wir verlegen unseren Hauptwohnsitz hierher. Unsere beiden Söhne aus der Hopfehe nehmen wir mit. Die anderen Kinder bleiben in Ottobrunn in einer Wohngemeinschaft, im Schwalbennest, soweit sie sich nicht schon in die Selbständigkeit verabschiedet haben.

Robert, Jahrgang 1960, hat Physik und Medizin studiert. Er ist nach Sachsen gezogen. 30 km östlich von Leipzig bewohnt er mit seinem Jugendfreund ein neugebautes Haus. Er ist ein wichtiger Mitarbeiter einer Firma in Leipzig, die Sehhilfen bzw. Brillen auf wissenschaftlicher Basis optimiert und die Augenoptikindustrie voranbringt.

Tina, Jahrgang 1961, ist Kleinfarmerin in Australien, im Bundesstaat Neu Süd Wales (NSW). Im Outback betreibt sie eine Mutterkuhhaltung mit rund 100 Rindern. Mehr ernähren die 1.000 Tagwerk (ca. 340 Hektar) Grasland der Farm nicht dauerhaft. Das ist aber keine Existenz. Ihr Mann Willi Ewig betreibt eine Flugschule für Tragschrauber (Gyrocopter). Er importiert diese Kleinflugzeuge von einer Hildesheimer Firma und verkauft sie als Sportgeräte bzw. an Farmer, die sie bei der täglichen Arbeit einsetzen können.

Hier will ich etwas sehr Überraschendes zum besten geben: Irmgard und ich besuchen im Frühjahr 2000 Tochter Tina und Schwiegersohn Willi auf ihrer Farm. Sie haben noch kein Haus, sondern wohnen etwas primitiv in einer Cabin.

Aber Willi hat schon einen Hangar und ein paar kleine Flieger darin. Was sehe ich da? Einen "Fieseler Storch"! Ich will Willi gratulieren, aber er wehrt ab.

„Der Storch gehört dem Mäx, einem verrückten Hund, den wirst du morgen kennenlernen."

Also, am nächsten Tag erscheint ein "Soldat der Deutschen Luftwaffe" in Fliegeruniform mit Kokarden und Hakenkreuz am Schiffchen, baut sich vor mir auf, haut die Hacken zusammen, daß es nur so kracht, und reckt die rechte Hand in die Luft zum sogenannten Deutschen Gruß.

Ich bin perplex! Ja, Mäx ist ein glühender Verehrer der Deutschen Luftwaffe des Zweiten Weltkriegs. Er bedauert sehr, daß die deutschen Jagdflieger damals nicht alle Engländer und ihre Spitfires vom Himmel geholt haben. Er versteht es bis heute nicht, daß die Deutschen den Krieg verloren haben, da muß Verrat im Spiel gewesen sein, meint er. Ich verzichte darauf, ihm meine Überzeugung nahezubringen, daß wir Deutschen froh sein können, den Krieg verloren zu haben. Mäx ist nicht zu helfen. Er hat offenbar überhaupt keine Ahnung, was für ein Unrechtssystem mit den Nazis 1945 untergegangen ist.

Unsere Liza, Jahrgang 1962, lebt ihren Traum in Sri Lanka. Allerdings arbeitet sie einige Sommermonate hart in England, dann aber schwebt sie in dem Fremdenverkehrsort Hikkaduwa, ca. 120 km südlich von Colombo, über die Straße oder den Strand. Beim Tsunami am 26. Dezember 2004 hatte sie ganz, ganz großes Glück. Entgegen ihrer Gewohnheit war sie zum Zeitpunkt der Flut nicht am Strand, sonst würde sie vielleicht nicht mehr leben. Sie besucht uns jedes Jahr ein paarmal und bleibt dann drei, vier Wochen bei uns in Immelberg. Wir wünschen ihr weiter viel Glück.

Stilla, Jahrgang 1963, lebt mit ihrer Familie seit 2004 in Berlin. Sie ist Dozentin an der Fachhochschule des Mittelstandes und lehrt zur Zeit jungen Chinesen die deutsche Sprache und deutsche Kultur. Ihren Mann Christoph Zrenner kennen wir alle als "Seehofer" im Nockerberg-Singspiel. Unser Enkel Jakob besucht ein jüdisches Gymnasium und plagt sich mit Hebräisch ab. Bald schon hat er das geschafft.

Markus, Jahrgang 1965, lebt im Inntal. Er liebt die Berge und ist deshalb seit vielen Jahren bei der Bergwacht aktiv. Er arbeitet als IT-Ingenieur bei der Firma Schattdecor, die Spezialpapiere für die Möbel- und Fußbodenindustrie herstellt. Seine zwei Söhne, Maximilian und Simon, sind bereits erwachsen. Markus hat angefangen Bienen zu halten; er hat bereits fünf Völker. Auch ein paar Hühner hält er, die ihn und seine Familie mit frischen Frühstückseiern versorgen. Ich freue mich darüber sehr. Ich selbst hab es als Diplomlandwirt nicht zu einer Viehhaltung gebracht. Bei Markus treten Gene der bäuerlichen Vorfahren hervor.

Judith, Jahrgang 1967, ist eine sehr erfolgreiche Theaterschauspielerin. Viele große Rollen der klassischen Dichter, aber auch der Moderne hat sie unter der Regie bekannter Theatergrößen gespielt. 2007 war sie "Schauspielerin des Jahres" der deutschsprachigen Bühnen, also einschließlich Österreich und der Schweiz. Wir wünschen ihr weiterhin große Erfolge.

Bernhard, Jahrgang 1970, lebt mit seiner Familie mit zwei kleinen Söhnen in Putzbrunn am Rande von München. Seine Firma mit zwölf bis 14 Mitarbeitern stellt feinmechanische Sonderanfertigungen her. Als Geschäftsmann ist er erfolgreich und wohlhabend geworden.

Unser Georg, Jahrgang 1976, hat nach dem Abi in Rosenheim eine Schreinerlehre gemacht und dann in Rosenheim an der FH Holzbau studiert. Dann war er im Auftrag der Hilfsorganisation Cap Anamur einige Jahre in fernen Ländern unterwegs, zuerst gleich nach dem Untergang des Diktators Saddam Hussein in Bagdad im Irak, wo er Schulen und Krankenstationen sanierte. In Afghanistan baute er Brunnen und schließlich sanierte er in Liberia (Westafrika) ein Krankenhaus, das 40 Jahre vorher von Deutschen dort gebaut worden war. Jetzt arbeitet er bei einem Autozulieferer im mittleren Management. Er und seine Frau sind begeisterte Bergwanderer.

Peter, Jahrgang 1978, bewohnt mit seiner tunesischen Frau und den drei Enkeln Josef, Elias und Samar bei uns in Immelberg, das

Obergeschoß, das er sich ausgebaut hat. Im nahen Geiging hat er Arbeit bei einer Firma gefunden, die Jagdwaffen und Biathlongewehre herstellt.

Von unseren zehn Enkeln sind neun Buben und nur ein Mädchen, nämlich Samar.

Zur erweiterten Familie nehme ich auch Marlene herein, eine treue Freundin der Familie aus der Ergoldinger Zeit. Sie hat die mutterlosen Kinder in Ottobrunn mitbetreut und ist heute noch ein immer freudig begrüßter Gast der Familie. Auf sie war immer Verlaß. Ich danke ihr sehr!

Was mich besonders freut und was außerhalb meiner Familie mir große Genugtuung verschafft, ist der Aufstieg meines elterlichen Bauernanwesens in Ottershausen von einem "Armen-Schlucker-Hof" zu einem blühenden Bauernanwesen. Schon unter der Ägide meiner Mutter ist der Hof in den Jahren nach der Währungsreform Schritt für Schritt entwickelt worden. Meine Angehörigen haben die Chancen der Marktnähe genutzt und

Schweine und Kartoffeln direkt nach München verkauft. Da hat die Familie Roßmair in Ottershausen die Handelsspanne mitgenommen und dabei gut Geld verdient.

Das hat sich noch gesteigert und gefestigt, als meine Schwester Sofie zusammen mit ihrem Mann Siegfried Jobst den Hof übernahm. Siegfried ist ein ausgezeichneter, fachlich gut geschulter Landwirt, der den Markt beobachtet und in allem die Qualität im Blick hat, die heute den Verkauf der Erzeugnisse prägt. Wir wünschen der Familie Jobst "Beim Schusterbauern" weiterhin gutes Gedeihen.

Ausblick

Mehr als acht Jahrzehnte hab ich jetzt bewußt gelebt. Es waren viele gute Jahre! 70 Jahre Frieden und in den letzten Jahrzehnten satter Wohlstand. Die Bayern, die Deutschen können zurecht stolz sein.

Wir dürfen aber nicht übermütig werden. Demut tut uns gut, wir sollten uns vom Erfolg nicht blenden lassen. Unser Volk hat viel gelernt, vor allem auch im Umgang mit unseren Nachbarn jenseits der Landesgrenzen.

Ein Beispiel: Im Krieg waren die Polen unsere Feinde. Sie wurden brutal niedergekämpft und systematisch gedemütigt. Man hat ihnen nur schlechte Eigenschaften angehängt. Sie galten als faul, schmutzig, als Diebe und hinterhältige Lügner. Heute beschäftigen zwei meiner anverwandten Gärtner in Gundelfingen, die vor allem Feldgemüse in hoher Qualität erzeugen, seit vielen Jahren junge Polen. Sie sind voll des Lobes über sie! Unsere Verwandten wissen gar nicht, wo sie sonst fleißige Helfer für diese harte, verantwortungsvolle Arbeit herbekommen könnten.

Ein zweites Beispiel: 1990/91 habe ich zweimal Besuch eines Herrn Zdenek Rubin aus dem Prager Landwirtschaftsministerium. Ich habe die Aufgabe, ihm den europäischen Agrarmarkt zu erklären, denn Tschechien überlegt schon kurz nach dem Zusammenbruch des Ostblocks, ob es Mitglied der Europäischen Gemeinschaft und des europäischen Agrarmarktes werden kann und soll. Herr Rubin spricht gut Deutsch. Es bleibt nicht aus, daß wir uns persönlich näher kommen, dabei werden auch Probleme der Nachbarschaft beider Länder Deutschland/Tschechien nicht ausgeklammert. Wir sprechen über den Münchner Vertrag 1938, die Bewegung "Heim ins Reich" im Sudetenland und schließlich die Beneš-Dekrete, die 1946 zur Vertreibung der Deutschen aus ihrer Heimat führten. Ich fasse es kurz zusammen: Herr Zdenek Rubin hält die Vertreibung der Deutschen mit all dem Grauen, das sie vor allem für die deutschen Frauen und ihre Kinder mit sich gebracht hat, für den größten, den schlimmsten Fehler der neueren Geschichte seines Landes. Er erläutert mir das in einer genauen Analyse. Das zeigt mir, daß er mir keine Gefälligkeitsrede hält. Er lädt mich und meine Familie nach Prag, die "Goldene Stadt", ein und kümmert sich dabei rührend um unser Wohlergehen. Prag hatte im Mittelalter die erste deutschsprachige Universität. Wer weiß das schon?

Auch mit Frankreich, jahrhunderte lang der "Erzfeind" Deutschlands, haben wir seit langem keine Probleme mehr. Welch ein Glück für beide Länder!

Die Gegenwart ist schon schön, die Zukunft kann noch schöner, noch besser werden. Daran glaube ich.

Eine Zukunftsaufgabe unserer Parlamente und Regierungen müßte es sein, das Auseinanderdriften zwischen den Armen in unserem Staat und den Wohlhabenden allmählich umzukehren. Den Gegensatz zwischen Arm und Reich zu überwinden, zumindest abzumildern, ist eine ganz wichtige Zielsetzung, sonst könnte sich Sprengstoff in der Gesellschaft entwickeln. "Besitz" und "Arbeit" müßen durch Gewinnbeteiligung ausgesöhnt werden.

Ein wunder Punkt in unserem Staat ist der viel zu niedrige Anteil der Deutschen, die Haus- bzw. Wohnungseigentum haben. Er liegt bei nur 45 Prozent. Ein eigenes Dach über dem Kopf zu haben, ist ein ganz wichtiges Merkmal eines gerechten Staates. Der Prozentsatz der Besitzenden sollte wenigstens 66 sein, denn Wohnungseigentum fördert Zufriedenheit und Glück.

Ich bedanke mich herzlich bei allen, die meinen Lebensweg begleitet haben, vor allem bei meinen zwei Frauen. Das Leben hat mir mehr gehalten, als es mir als Kind versprochen hat.

Danke!

Zum Schluß will ich ein großes Danke sagen und ein paar Anmerkungen zur Entstehung dieses Buches machen. Einige meiner Kinder haben mich immer wieder gefragt und gebeten, meine Erzählungen in der Familie aufzuschreiben. Bei mir hat's lang gedauert, bis ich zu schreiben begonnen hab. Als ich dann anfing, ist die Lust zu schreiben immer größer geworden. Und am Ende ist es, glaube ich, was worden.

Besonders danke ich Markus und seiner Partnerin Penelope, die mir sehr aktiv mit guten Ideen geholfen haben. Dabei hatte ich keine Ahnung, daß beide so wichtige Talente einbringen konnten.

Auch Tochter Tina hat mich einen wichtigen Schritt voran gebracht. Sie hatte die Pferdezeichnung ihrer Mama parat, die das Cover schmückt. Ja, Stilla, meine verstorbene Frau, hatte eine große malerische Begabung. Ich schmeichle mir ein wenig und denke, als Stilla den Rosse kennen gelernt hatte, war die Idee für dieses sehr schöne Bild geboren.

Ich werde mich sehr freuen, wenn dieses mein Buch Erfolg hat und meine Lebensgeschichte dadurch weitergetragen wird.

An Gott hab ich geglaubt wie ein Blinder an die Sonne. Ich hab ihn nie gesehen, er hat nie zu mir geredet, oder ich hab nicht hingehört. Aber seine Kraft, seine Herrlichkeit hat mein Leben umfangen von Jugend auf. Und ich bin glücklich geworden in meinem Beruf als Landwirt, mit den Frauen, den Töchtern und Söhnen und ihrem Anhang. Alle habe ich sie geliebt. Und ich habe eine Heimat gefunden in Immelberg oberhalb Lauterbach, in Flur und Wald und in der Kirche. Gott sei Dank für dieses reiche Leben!

Anhang I

Damals, als Helmut Schmidt Kanzler und Hans-Dietrich Genscher Außenminister waren, hab ich das Märchen "Die Landeskinder" geschrieben. Ich füge es meinem Lebensbericht gerne bei.

Die Landeskinder
(Märchen - 1978)

Es war einmal ein großer König. Er war bei den Kaisern und Königen seiner Zeit hoch angesehen, denn er herrschte über ein gescheites und wohlhabendes Volk. Seine Getreuen priesen ihn ob seiner Geistesschärfe und wachen Augen. Doch sein Gehör war halb taub. Deshalb berief der König einen Hofmarschall mit gar großen Ohren, der sich umhören konnte, kluge Winke aufnahm und dem König gute Ratschläge gab. Der König und sein Marschall mehrten den Nutzen des Volkes und wendeten Schaden von ihm ab.

So lebte der König Jahre um Jahre glücklich inmitten seines geschäftigen Volkes. Das Volk war zufrieden und erfreute sich an vielen schönen Dingen. Es aß auch gern von den süßen Früchten in den Gärten der Lust, die ihm aufgetan worden waren.

Doch eines Tages erschrak der König sehr. Und mit ihm der Hofstaat, die Herzöge und das ganze Volk. Die Weisen auf den Lehrstühlen der Universitäten hatten bemerkt, daß viele Kinder des Volkes fehlten. Das Volk nahm ab. Nicht wie ehedem durch Pest, Hunger und Krieg, sondern nur so. Einige sagten ahnungsvoll voraus, das Land werde arm und ärmer werden und das Volk werde schließlich aussterben.

Die Gelehrten des Volkes hatten ein blitzgescheites biometrisches Entwicklungsmodell angefertigt. Zusammen mit den Priestern verkündeten sie düstere Prophezeiungen: Ein Moloch fresse viele Kinder des Volkes auf! Niemand hatte diesen bösen Höllenhund wirklich gesehen. Dennoch fürchteten sich viele vor ihm, weil sie seine Spuren erkannten, die er überall hinterließ, auf dem Lande und in den Städten, bei den Armen wie bei den Reichen. Die Priester hatten in den alten Büchern auch viele Namen ausgeforscht, unter denen sich der Moloch im Volke tarnte. Sie hießen: Ich-bin-ich, Mein-Bauch-gehört-mir, Friß-und-sauf, Denk-nur-an-dich und Man-lebt-nur-einmal.

Der König war tief besorgt, denn es waren auch Herzöge im Lande, die ihm die Macht streitig machen wollten. Diese gaben dem König die Schuld an der geheimnisvollen Schwindsucht der Kinder. Er sei ein schlechter Führer seines Volkes, sagten sie. Er habe dem Moloch die Tore des Reiches geöffnet. Und sein Hofstaat habe dieses Ungeheuer großgefüttert, das die Landeskinder jetzt auffresse.

Da berieten der König und seine Getreuen, was sie tun könnten, um das Volk zu beruhigen. Sie sprachen untereinander: Wir müßen dem Volk ein Spektakulum vorführen, damit es uns mehr glaubt, als jenen Herzögen in den fernen Landesteilen. Und es traf sich gut in jenen Tagen, daß nach dem Jahr des Baumes, dem Jahr der Frau und dem Jahr des Denkmalschutzes alle Könige und Kaiser der ganzen Erde zusammengetreten waren und ein Jahr des Kindes ausgerufen hatten.

So ließ der König allsogleich alle bekannten Zauberer und auch die bislang unbekannten Gaukler im Lande aufrufen, auf daß sie sich an der Vorbereitung des Schauspiels zum Jahr des Kindes beteiligten. Jeder konnte mit irgendeiner Zauberformel zur Geburtensteigerung aufwarten, und die Gaukler von den Provinztheatern hatten ihre Tricks und Kunststückchen aus allen Gauen des Landes anzubieten.

Die Oberzaubermeister am Hofe des Königs mit ihrer langjährigen Zauberpraxis fuhren nicht lange mit der Zauberstange im Nebel herum. Bald schrieben sie gar kluge Rezepte auf, wie man dem Moloch beikommen könnte.

Einige schlaue Hofnarren erfanden allerlei Spiele, um die Menschen abzulenken. Zum Beispiel sogenannte Wohltätigkeitsveranstaltungen zugunsten der armen Waisenkinder, der Behinderten und anderer Stiefkinder der Nation. Besonders die besseren Kreise des Volkes erfreuten sich bei solchen Galaabenden ihrer Wohltaten, lobten sich gegenseitig, ließen sich hochleben und gingen dann zufrieden nach Hause. Die Landeskinder hatten zu ihren Festen keinen Zutritt.

Ein Magier am Hofe, ein wahrer Hexenkünstler, erfand eine Zauberbrille, die den Moloch zu einem sanften Schoßhündchen verkleinern konnte. Sofort befahl der große König, diese Zauberbrille in Massen herstellen zu lassen und unters Volk zu bringen. Darob feierten ihn sein Hofmarschall und viele seiner Getreuen, lobten das Wirtschaftswachstum und berauschten sich weiter an dem hohen Bruttosozialprodukt.

Auch die Herzöge im Süden und Norden des Landes ließen von ihren Wahrsagern und Medizinmännern zauberhafte Gutachten anfertigen. Nach ihren Formeln wurde ein Gebräu gemacht, von dem die Küchenmeister an den Herzogpfalzen sagten, es werde dem Volke schon munden. Die Hofmagier des Königs aber nannten dieses Gebräu eine arg schwarze Suppe, die den Leuten dünn vorkommen werde. Sie sei mit einer starken Prise Verzicht versalzen und werde dem Volke nicht schmecken. Das Volk wolle würzige Schlemmermahlzeiten und bunte Spiele. Es wolle schmausen und schmusen, und niemals mehr werde es auf die süßen Früchte aus den Gärten der Lust verzichten. Außerdem könnten nur sie, die Hofmagier, den Geschmack des Volkes so recht zufriedenstellen.

So erhob sich ein großer Streit und bald schlugen sie alle aufeinander ein. Und es wollte kein Friede mehr einkehren.

Inzwischen war eine lange Zeit vergangen. Der große König war längst verstorben. Kein Sohn war ihm geboren worden und auf dem Throne gefolgt. Das hatte ihn lange vor seinem Tod schon traurig gemacht. Das Volk war klein geworden.

Die Menschen in dem Königreich waren schier noch klüger, aber auch gelassener als zur Zeit des großen Königs. Doch die

Sorge um das Schwinden der Kinder war ihnen geblieben. Deshalb befragten sie nunmehr ihre Priester ganz ernsthaft nach dem Geheimnis, wie das Volk erhalten bleibe und glücklich werde.

Die Priester schlugen die ganz alten Bücher auf. Und sie forschten eifrig nach. Sie fanden die Wahrheit niedergeschrieben und sagten:

Der Gott unserer Väter hat zu uns gesprochen: Wachset und mehret euch ... und liebet eure Nächsten wie euch selbst.

Das Volk hörte es mit seinen Ohren. Es staunte darüber und fragte: Wer sind unsere Nächsten?

Die Priester sagten: Das sind euere Kinder!

Von dieser Zeit an ging es den Landeskindern gut. Alle Verbotstafeln wurden eingesammelt und allerorts begann ein fröhliches Treiben.

Jenes Volk aber wurde wieder groß und bedeutend.

Anhang II

Zu meinem 85. Geburtstag habe ich meine Lebensgeschichte bereits in einem Singstück zusammengefaßt:

De Moritat vom Sepperl aus Ottershausen

(Immelberg, 08. August 2014)

Bayern is a scheenes Landl
Bavaria de große Frau
Mittendrin da is's am schönsten
Mittendrin liegt de Holledau

Beim Osterma z' Degerbo hams 8 Kinder ghabt
D' Wally war so was von stoiz
Sie wollt an Bauern mit am großen Hof
Mit am Hopfa, vui Viech und aa vui Hoiz

G'heirat is glei und sie sitzt boid
Ois a Stalldirn unter de Küa
Da Bauer Christ fahrt nach Pfahofa nei
Und sitzt mit de Freind beim kühlen Bier

Sowas kon halt net lang guat geh
So kemma si schnell auf de Gant
Und landn auf am kloana Hinterguat
In Ottershausen im Dachau-Land

Der Traum vom großn Hof is platzt
Aber d' Muatta gibt so schnell net auf
Der kloane Sepperl kunnt a Pfarrer wern
Domals war er ja no ziemlich brav

D' Muatta sigt'n scho am Altar steh
Vielleicht sogar im fernen Rom
Aber der Bua, der hat de Deandlsucht
Und wird a Bauer mit Diplom

Z' Landsberg am Lech war er ois Lehrer
Und hot an guat'n Eindruck gmacht
Und de Stilla, de war a scho do
Und hot eam einfach so o' glacht

Da Sepp hat gmerkt, des is a Deandl
Mit am ganz am bsondern Charme
Und ohne dass er vui überlegt hat
Nimmt er sie in seinen Arm

Sie san a Paar und es wird g'heirat
„De passn zamm" sogn alle Leit
Und wos de zwoa erst gar net denkt ham
Sie war a Weib von großer Fruchtbarkeit

Vier g'sunde Deandl und drei g'sunde Buama
Des war a Gschenk und a großes G'schick
De Eltern war'n wohl selber baff
Und meistens stumm im tiefen Glück

Wenn alles passt und alles schee is
Na dauerts oft gar net so lang
Dass a Krise und a Krankheit kimmt
Do wird's oam glei furchtbar bang

Da Boandlkrama hat leise o'klopft
Und s'Glück und s' Leben war schnell davo
Da bist du reich an g'sunden Kindern
Und trotzdem bist du a armer Mo

De Welt de draht se oafach weiter
Edle Damen, scharfe Weiber kemma glei
D' Freundin für de Kinder und a Frau fürn Vadda
War aber leider net dabei

D' Muatta sagt, beim Frühbeis s'Zolling
Do gibt's a no a junge Frau
De is no ledig, de kunnt dir passn
Schaug amoi hi, na woascht's genau

In Zolling triff i de oide Muatta
Und frag sie, ob vielleicht was geht
Sie fragt nach Kinder, i sog siebene
Sie sogt: Mei Tochter is doch net bled

I bett zum Himmivadda, was soll i macha?
Soll i gar nach Thailand fahrn?
Der sagt: Um Gott's Willn, tua bloß des net
Und mach di net zu einem Narrn

So geht's net weida
Eine Fachkraft muaß iaz endlich her
Und brauch i mi vielleicht verstecka?
I bin doch so was wiea'r a nobler Herr

D' Stilla war aus Mittelfranken
Scheene Madla san dort bekannt
Iaz schaug i amoi nach Niederbayern
Oder gar ins Schwabenland

De richt'ge Frau amoi zum finden
Is für an Gstudierten gar net so leicht
Mi soll si meng und a de Kinder
Was der Quadratur des Kreises gleicht

Irgendwann hob i a Sternstund ghabt
Wia wenn ma a Goldstück findt
I hab de Irmgard am Telefon g'habt
Und hab drum bett, das's amoi g'lingt

I hob glei gmerkt, si is a frische
Und dann schee war si no aa
A halbs Jahr ham mir uns beschnuppert
Hoppla: De große Liab, de war iaz da

De Töchter ham de Irmgard o'gschaut
Und warn sich sicher: de passt zu uns
Des is a Hauserin und a Freundin
Und für'n Vadda des beste G'schpuns

Dann hamma g'heirat, es kemma Kinder
Schorsch und Peter, der Buben zwei
Die Töchter gebn iaz die Parole aus:
„Des mit m Kinderkriagn is jetzt vorbei"

Dann kam Immelberg und 's Geld war weg
Und mir warn so richtig blank
Aber wichtiger is a volles Leben
Des hab i g'habt! Gott sei Dank!

Wenn i mi umschaug dann sieg i Kinder
Des derfts ma glauben, des tuat mia guat
De wachsen her und werden Burschen
Des is a Glück für mi oidn Huat

Selbst wenn i nimmer bi,
s Leben geht weida auf dera Welt
und i g'frei mi weil mei Gen dabei is
des is mir mehr wert als vui Geld

Iaz sog i no moi a Vergelts Gott
Meiner Frau und überhaupt
Vielleicht segn mir uns s'nachst Johr wieder
Aa wenn's mancher net leicht glaubt

(Loblied auf Irmgard)
An meiner Ziege, da hab ich Freude
Sie ist ein wundervolles Tier
Haare hat sie wie von Seide
Hörner hat sie wie ein Stier
Meck-meck-meck-meck
Meck-meck-meck-meck

Bayern is a scheenes Landl
Bavaria de größte Frau
Mittendrin is Bayern am schönsten
Mittendrin liegt die Holledau

Des Liad widme ich
meine zwoa Frauen und meine zehn Kinder

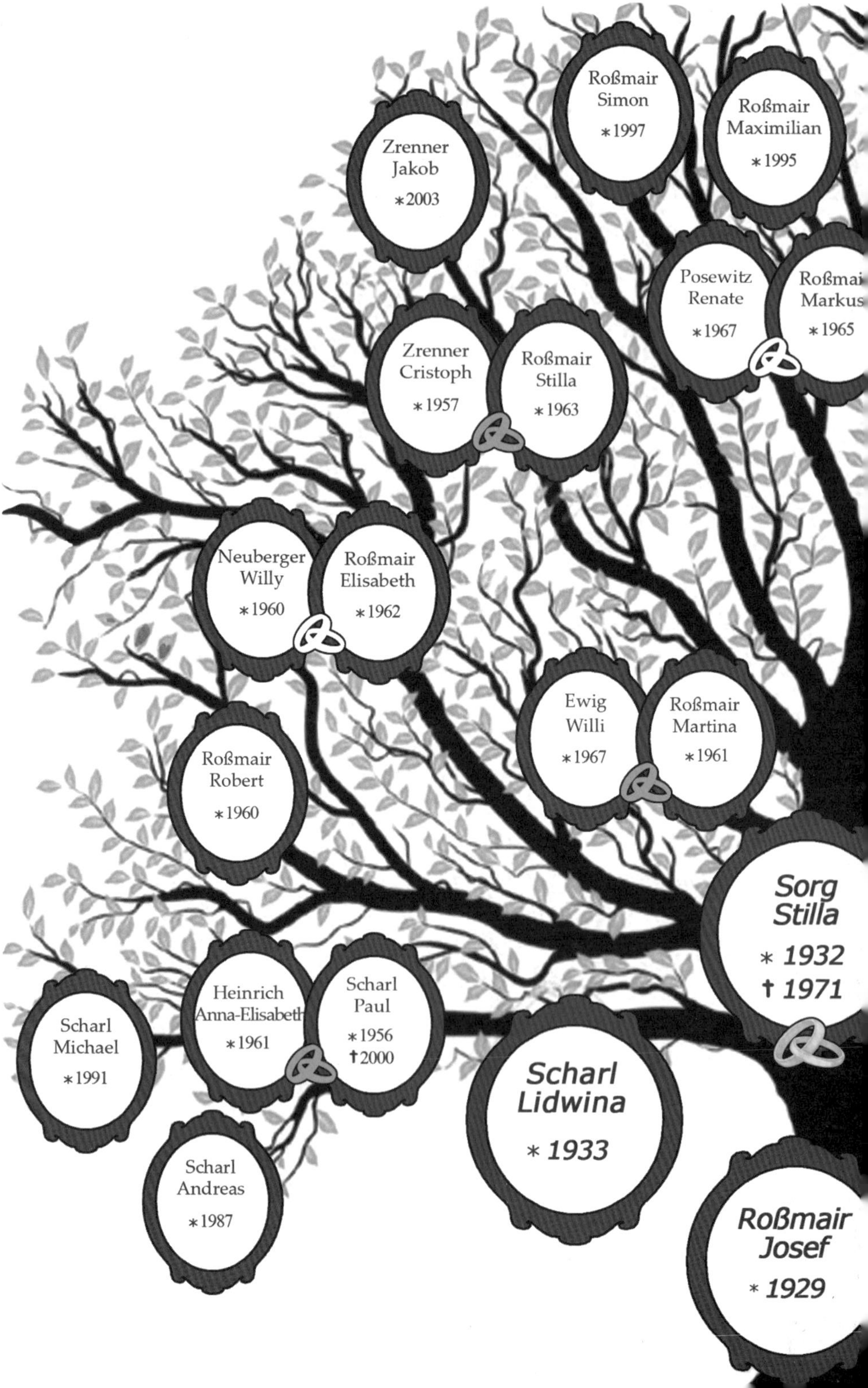

Roßmair Simon *1997
Roßmair Maximilian *1995
Zrenner Jakob *2003
Posewitz Renate *1967
Roßmai Markus *1965
Zrenner Cristoph *1957
Roßmair Stilla *1963
Neuberger Willy *1960
Roßmair Elisabeth *1962
Ewig Willi *1967
Roßmair Martina *1961
Roßmair Robert *1960
Sorg Stilla * 1932 † 1971
Heinrich Anna-Elisabeth *1961
Scharl Paul *1956 †2000
Scharl Michael *1991
Scharl Lidwina * 1933
Scharl Andreas *1987
Roßmair Josef * 1929